KB042023

해러웨이
선언문

도나 해러웨이 지음
황희선 옮김

해러웨이
선언문

Manifestly Haraway

책세상

일러두기

- 각주는 독자의 이해를 돕기 위해 옮긴이가 쓴 것이며, 저자 주는 모두 후주로 처리했다.
- 원서에서 이탤릭체로 강조한 부분은 고딕체로 표기했으며, 본문에서 이해를 돕기 위해 역자가 추가한 설명은 〔 〕로 표시했다.
- 서명은 국내에 번역 출간된 경우 번역 제목으로 표기했다.

차례

서문

캐리 울프

나로서는 30년 넘게 비판이론과 문화이론에 관한 문헌을 읽어왔지만, 〈사이보그 선언〉에 견줄 만한 걸작은 아직 본 적이 없는 것 같다. 그 글을 처음 읽었을 때가 어렴풋이 기억난다(논문은 복사해서 모서리를 접어놓은 모양을 하고 있었는데, 당시 대학원생들이 늘 쓰던 방법이다). 그 글을 읽고 나와 같은 경험을 한 사람들을 수없이 만났다. 이 경험을 떠올리는 것은 9/11이 발생했을 때 있었던 장소를 떠올리는 것보다는, 홀딱 반해버린 레코드판을 맨 처음 들었던 순간을 떠올리는 것과 더 비슷하다. 나의 지적 배경을 잠깐 언급하자면, 나는 그레고리 베이트슨 Gregory Bateson의 《마음의 생태학 Steps to an Ecology of Mind》에 적지 않은 영향을 받아서 학부생 무렵부터 이미 체계 이론(당시에는 대개 "사이버네틱스 cybernetics"라고 불렀다)에 관심이 있었으므로 〈사이보그 선언〉에 끌렸다. (한참 후에야 베이트슨과 해러웨이 모두 캘리포니아 산타크루스에서 의식사 History of Consciousness 과정, 지금은 학과 형태가 된 학제 간 프로그램에서 교수직을 얻어 정착했다는 사실을 알게 되었다.) 나는 당시 (적어도 약간은) 학제 간 교류나, 그 선언문처럼 과학, 기술문화, 공상과학 소설, 철학, 사회주의-페미니즘 정치, 이론을 뒤섞는 글쓰기 스타일에 얼마간 익숙해진 상태였다. 하지만 나는—나뿐 아니라 다른 많은 사람 역시 마찬가지였을 것이라고 생각하는데—그 글의 파격적인 문체와 화법, 스웨거swagger라고 불러도 괜찮을 스타일을 받아들일 수 있을 정도까지는 마음의 준비가 되어 있지 않았다 (여기서 나는 선언문 자체의 정신에 충실하게, 일부러 이단자가 되려는 중이다). 글을 "사이보그의 '섹스'는 양치식물과 무척추동물의 매혹적인 복제 패턴(이성애주의 예방에 효과적인 천연 약품)을 일부 복원한다"는 관찰에서 시작한 다음 "나선의 춤에 갇혀 있다는 점에서는 마찬가지이지만, 나는 여신보다는 사이보그가 되겠다"라는 문장으로 끝내는 사람이 대체 또 어디에 있겠는가?

　이 선언문은 내가 글을 쓸 때 명확하게 표현하려 했던 논점을 깨닫게 해준 것 이상으로 많은 영향을 주었다. 이론적인 용어로는 "동물의 문제"라고 부르는 것이 실제로는 후에 포스트휴머니즘(뒤에서 논의하는 이유로 해러웨이는 달가워하지 않는 용어다)이라고 명명된, 보다 광범위한 문제의 한 부분이라는 사실을 다시 생각해보게 된 것이다. 그 많은 내용이 선언문을 여는 도입부인 "(인간과 동물, 유기체와 기계, 물질과 비물질 간의) 세 가지 중요한 경계 와해"를 다루는 유명한 구절, 그러니까 모두 합해 세 쪽도 안 되는 분량으로 선포되어 있다. 나에게는, 아니 그리고 대부분의 독자도 그럴 것이라고 보는데, 독자가 직접 의미를 만들게 하는 파격적인 스타일이 그 글을 잊지 못하게 만드는 것 같다. 빙 돌아서 접히고, 다양한 어조와 목소리와 주술이 뒤섞인 채로 독자에게 윙크하는 듯하다가, 바로 다음 페이지로 가면 또다시 근엄한 태도로 뒤집어버리는 식이다. (이 책에 수록된 우리의 대화와 더불어 해러웨이 본인이 직접 설명하는 대로) 글에 빈번하게 나오는 용어는 아이러니인데, 아이러니라는 단어만으로는 해러웨이가 선언문의 각 쪽마다 등장하도록 자리를 마련해둔 어조나 페르소나, 목소리가 드러내는 인상적인 다양성을 포착해내기에 한참 부족하다.

수사학적 퍼포먼스가 너무나 인상적이라는 이유로, 이 글이 백과사전을 만들고도 남을 만큼 박식한 내용을 대단히 넉넉하게 담고 있다는 사실을 깜빡하기 쉽다. 이런 글을 쓰겠다는 엄두라도 내려면 대체 얼마나 많은 내용을 알고 있어야 하는 걸까? 게다가—이미 학계 스타 시스템이 단단히 자리 잡았던 당시에—이만큼 인용을 후하게 하는 글이 또 어디에 있을까? (나와 해러웨이가 나눈 대화를 읽는 독자는 알게 되겠지만, 해러웨이는 인용 문제를 매우 진지하게 취급한다.) 글에서 언급되는 고유명사 목록을 만들어보면 알 수 있는 사실이다. 이러한 (그리고 물론 그 이상의) 이유로 〈사이보그 선언〉은 수많은 독자에게 더없는 해방감을 느끼게 했다. "하고 싶은 대로 다 할 자유"의 의미에서가 아니라, 진지한 학술적 글에서 참신하면서도 유례없을 만큼 드넓은 표현과 실험의 범위를 열고, 모델을 제시했다는 의미에서의 해방감이었다. 저돌적인 전개와 다채로운 정서 및 담론적 질감의 조합을 보면, 학술 논문을 읽고 있다는 느낌보다는 소설이나 실험적인 글을 읽고 있다는 느낌이 더 강하게 들기도 한다. 이 선언문을 처음 읽게 된 사람 대부분은 이렇게 생각했을 것 같다. "아니, 정말 글을 이렇게 써도 괜찮은 건가?" 글쎄, 그렇다고 할 수도 있고 아니라고 할 수도 있다. 도나 해러웨이라면 이렇게 쓸 수 있기 때문이다.

하지만 〈사이보그 선언〉은 시대의 산물이기도 하다. 또 그렇게 수용되어야 한다. 왜냐하면 (해러웨이 자신이 글에서 여러 차례 주의를 주듯이) 사이보그는 무시간성이나 불멸성과는 아무 관련이 없기 때문이다. 오늘날 이 글을 다시 읽어보면 스타워즈 시대(할리우드 영화 산업과 레이건 시대 미사일 방어 체계 모두를 뜻한다)에 보관된 타임캡슐이나 문화적 두뇌에서 채취한 조직 샘플과 비슷하다. 따라서 이 글은 그 문제에 뛰어들기로 작정한 사회주의 페미니스트가 신성모독의 방법으로 사태를 다시 해석한 결과다. 이 선언문은 글을 읽는 나와 독자에게 도와달라고 부탁하면서, 손에 잡히는 도구는 모두 이용해 좋은 출발점 하나를 만들고자 했다. 그로부터 거의 20년이 지난 후, 해러웨이는 상황에 필요한 도구가 바뀌었다고 판단했다. 우리를 친구로 만들어주기도 했던 공통의 경험도 한몫을 했다. 바로 아주 오랜 시간 동안 개와 함께 살면서 개 훈련에 진지하게 참여했던 경험이다. (우리 둘은 고인이 된 비키 헌Vicki Hearne의 생각에 공감해서 친구가 되기도 했다. 우리가 헌의 주장을 이해하고 존중하는 방식은, 학계에서 활동하는 학자 중에서는 극소수만 수긍할 수 있을 것이다.) 해러웨이가 〈반려종 선언〉에서 쓴 것처럼, "나는 사이보그를 더 크고 이반적인 반려종 가족에 속한 동생으로 여기게 되었다".

　물론 생물학적인 것과 기술적인 것은 해러웨이의 전기와 후기를 아우르는 글에서 늘 완전히 뒤얽혀 있었다. 첫 번째 선언문을 마감하는 "나선의 춤" 안에 함께 둘둘 감겨 있는 것이다. 하지만 〈반려종 선언〉은 생명/기술 문제의 반대편 극점인 육신 the flesh을 향해 뻗어나가며, 심지어 열망한다. (다만 두 번째 선언문의 서두에서 주의를 주는 것처럼 "이들 형상은 정반대와는 거리가 멀다"는 점을 기억할 필요가 있다.) 해러웨이가 두 번째 선언문에 적은 것처럼 "사이보그나 반려동물은, 종의 경계를 더 잘 관리하면서 범주 이탈자의 번식을 막는, 순수성을 지향하는 사람들에게는 영 못마땅할 것"도 사실이다. 하지만 육신과 대지를 다루는 두 번째 선언의 느낌은 사뭇 다르다. 육신과 대지는 회로나 칩 또는 알고리즘보다 촘촘히 짜인―존재론적·윤리적·정치적인―복잡성의 장소라고 밝혀진다는 정도의 이야기를 하는 것이 아니다. 또 이 선언문은 기술과학에 관한 것이면서도 "생명권력과 생명사회성"의 이야기에 더 가까워서, 어떻게 "자연문화에서 역사가 중요"한지 알려준다. 해러웨이 자신의 개인사("스포츠 기자 딸의 노트"를 볼 것) 및 "오스트레일리아 셰퍼드"라는 이름을 지닌 복합적인 피조물creature의 역사, 그리고 이 둘이 사이보그와 여신보다는 그들 자신, 곧 암캐, 식구messmates, 그리고 해러웨이가 (푸코Michel Foucault를 비판하면서) "개집의 탄생"이라고 부르는 것이 모두 함께 "나선의 춤"을 추는 것이다.

　미국애견협회AKC가 승인한 "순종견"의—역사적, 유전적, 기타 등등의—복잡성을 파헤치게 되면, 전적으로 생명정치적인biopolitical 영역으로 들어가게 된다. 이제 잘 알려진 사실이지만 생명정치가 작동할 때 그 중심에는 인종이 놓여 있고, 인종에 대해 말하려면 종에 대해 말할 수밖에 없기 때문이다. 홀로코스트와 나치 수용소를 다룬 모든 생명정치 문헌에 견주어보면, 순종이라는 단어는 두 번째 선언문이 등장했을 무렵 뭔가 불길한 역할을 맡게 된다. 이 글은 반복해서 떠올릴 필요가 없는 사실을 떠올리게 만든다. 그러니까 도나 해러웨이는 현재 공식적으로 "생명정치적 사유"라고 일컬어지는 것의 역사에서 가장 중요한 사상가 중 한 사람이라는 점이다. (생명정치의 계보는, 어쩌면 그 자신에게 유리하도록 지나치게 순종인 감이 있는 백인 남성 유럽 철학자들이 이루는 행렬로 볼 수 있다. 다만 나는《포스트휴머니티Posthumanities》시리즈의 저자인 로베르토 에스포지토Roberto Esposito가 해러웨이에게 합당한 경의를 표하는 것을 보게 되어 기쁠 따름이다.) 생명정치의 주요 사상가(나는 미셸 푸코도 여기에 넣는다) 중 해러웨이처럼 폭넓은 전문성, 문헌과 담론, 정치 공동체를 부지런히 넘나드는 사람이 또 있을까? 내 생각에는 없는 것 같다. 〈반려종 선언〉(과 이 책에서 자라 나온 해러웨이의 책 《종들이 만날 때 *When Speices Meet*》)이 생명정치의 사유에서 독특하고도 매우 시의적절한 이론적 기여를 하는 것은 분명하다. 하지만 이 글에서 정말 강조하고 싶은 것이 하나 더 있다. 〈생물학적 기업: 인간공학에서 사회생물학에 이르는 분야의 성, 정신 그리고 이윤 *The Biological Enterprise: Sex, Mind, and Profit from Human Engineering to Sociobiology*〉과 같은 논문을 보면, 해러웨이는 생명정치가 하나의 분야로 코드화되기 이전부터 "생명정치를 하고" 있었다는 것이다.

　　마지막으로 이 책의 제목(원서의 제목은 "Manifestly Haraway"다)에 관해 덧붙이고 싶다. 독자들은 우리가 나눈 대화의 뒷부분에서 해러웨이의 글에서 지금까지 간과된 요소가 증폭되는 모습을 보게 될 것이다. 현대의 이론과 철학에서 "종교의 회귀"라고 일컬어지는 것 말이다. 나는 그 효과가 유익하길 바란다. 따지고 보면 '**현시하다** manifest'라는 단어의 일차적인 의미는 옥스퍼드 영어 사전에 따르면 "특히 초자연적인 존재를… 눈이나 이해에 분명히 드러나게 하는 것"이다. 《라마크리슈나의 복음 *The Gospel of Ramakrishna*》에 등장하는 사례와 마찬가지다. "신이 모든 인간의 형상으로 걷고, 현자와 죄인 모두를 통해 현시하는 모습을 본다." 우리의 대화에 언급된 것처럼, "육신이 된 말씀 the word made flesh"이라는 강력한 수사는 해러웨이의 글에서 개념에 머물지 않고 윤리적·정치적 그리고 물론 **생명**정치적으로 중요한 역할을 수행하며 세속주의, 개신교, 자본주의 그리고 현대 미국사에서 국가의 형식이 이루는 특정한 배치 및 헤게모니적 기반에 맞서는 중요한 대항 논리를 제공하기도 한다. 해러웨이는 스스로 밝히듯 천주교 신자로 자라났기 때문에 이와 같은 수사에 이끌리게 된다. 하지만 그녀 자신의 실체변화transubstantiation는 천주교인으로 성장했다는 내력뿐 아니라 스푸트니크Sputnik와 우주 경쟁의 시대에 교육을 받고 성년이 된 천주교인 여성이라는 사실에 영향을 받기도 했다. 그렇다면 〈사이보그 선언〉의 도입부로 돌아가서, 해러웨이가 사용하는 어구 "육신이 말씀이 되다"는 어쩌면 "신성모독"일 수도 있지만, 바로 그 덕분에 훨씬 더 진지하고 충실할 수 있다. 따지고 보면 해러웨이 자신이 분명하게 밝히며 상기시키듯 "신성모독은 믿음을 배반하는 것과는 다르"기 때문이다.

사이보그 선언

20세기 후반의 과학, 기술
그리고 사회주의 페미니즘

—

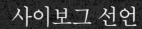

A Cyborg Manifesto

SCIENCE, TECHNOLOGY,
AND SOCIALIST-FEMINISM
IN THE LATE TWENTIETH CENTURY

집적회로 속 여성들을 위한
공통 언어라는 아이러니한 꿈

이 글은 페미니즘, 사회주의, 유물론에 충실하면서 아이러니한 정치 신화를 세우려고 시도한다. 나의 화법은 엄숙한 경배나 동일시identification보다 오히려 더 충실한 신성모독blasphemy에 가까울 것이다. 신성모독은 언제나 진지함을 요구하는 일처럼 보인다. 내가 아는 한, 사회주의 페미니즘socialist-feminism을 포함하여, 세속화된 종교와 복음주의가 깊이 스며든 미국 정치의 전통에서 채택하기에 신성모독보다 나은 입장은 없다. 신성모독은 공동체의 필요성을 주장하면서도 그 내부의 도덕적 다수파moral majority ⑰로부터 보호받게 해준다. 신성모독은 믿음을 배반하는 것과는 다르다. 아이러니는 변증법을 통하더라도 더 큰 전체로 통합할 수 없는 모순에 관한 것이며 양립할 수 없는 것들이 모두 필연적이고 참되기 때문에 그대로 감당할 때 발생하는 긴장과 관계가 깊다. 아이러니는 유머이며 진지한 놀이다. 일종의 수사학적 전략이자 정치의 방편인 아이러니는 사회주의 페미니즘에서 더 존중받을 필요가 있다. 나의 아이러니한 믿음, 신성모독의 한복판에 사이보그의 이미지가 있다.

---

⑰ 임신중절 반대 등 보수 기독교적 가치를 대변하는 미국 내 정치적 입장을 일컫는다.

사이보그는 인공두뇌 유기체cybernetic organism로, 기계와 유기체의 잡종이며, 허구fiction의 피조물이자 사회 현실social reality의 피조물이다. 사회 현실은 삶에서 겪는 사회관계이자 가장 중요한 정치적 구성물이고 세상을 바꾸는 허구다. 국제 여성 운동은 "여성의 경험"이라는 꼭 필요한 공동의 대상을 발견하고 드러내는 데 머물지 않고, 그 자체를 만들어내기도 했다. 이 경험은 가장 중요한 정치적 허구이자 사실이다. 해방은 억압 및 억압의 가능성에 대한 의식, 즉 상상적 이해의 구축에 달려 있다. 사이보그는 허구이면서도 삶 속 경험의 문제로, 20세기 후반에 '여성 경험'으로 간주될 수 있는 것의 기준을 바꾼다. 이 문제는 삶과 죽음을 좌우하는 투쟁의 문제로, SFscience fiction와 사회 현실을 갈라놓는 경계는 착시일 뿐이다.

현대의 SF에는 사이보그—자연적인지 인공적인지 모호한 세계에 사는 동물이자 기계인 피조물—가 단골로 등장한다. 현대 의학에서 역시 무수히 많은 것들이 사이보그이며, 이들은 섹슈얼리티sexuality의 역사에서 출현한 적 없는 친밀성과 권력power으로 잉태된 유기체와 기계, 이 두 코드화된 장치의 결합물이다. 사이보그의 "섹스"는 양치식물과 무척추동물의 매혹적인 바로크적 복제 패턴(이성애주의 예방에 효과적인 천연 약품)을 일부 복원한다. 사이보그의 복제는 유기체적 생식과 분리된다. 현대의 생산 체제는 사이보그 식민화 작업을 꿈꾸는 듯 보이는데, 이에 비하면 테일러주의라는 악몽은 한가로운 고민처럼 보일 지경이다. 그리고 현대의 전쟁은 1984년 미국 국방 예산의 840억 달러를 차지하는 명령−통제−통신−첩보command−control−communication−intelligence, 즉 C^{3}I로 코드화된 광란의 사이보그 축제다. 나는 이러한 사이보그가 우리의 사회적·신체적 현실의 지도를 그리는 허구이자, 매우 생산적인 결합의 가능성 또한 제시하는 상상적 자원이라고 주장하려 한다. 미셸 푸코의 생명정치biopolitics는 가능성이 무궁무진한 사이보그 정치를 맥빠진 모습으로 예감한 것에 그칠 뿐이다.

우리 시대, 신화의 시대인 20세기 후반에 우리는 모두 키메라chimera로, 이론과 공정을 통해 합성된 기계와 유기체의 잡종, 곧 사이보그다. 사이보그는 우리의 존재론이며, 정치는 여기서 시작된다. 사이보그는 역사적 변환 가능성의 구조를 만드는 두 개의 구심점, 곧 상상과 물질적 실재가 응축된 이미지다. "서구"의 학문과 정치의 전통 ─ 인종주의적이고 남성 지배적인 자본주의의 전통, 진보의 전통, 자연을 문화 생산의 원재료로 전유appropriation하는 전통, 타자를 거울삼아 자아를 재생산하는 전통 ─속에서 유기체와 기계는 줄곧 경계 전쟁을 벌였다. 이 전쟁의 요충지는 생산, 재생산, 상상의 영토가 되어왔다. 이 글은 경계가 뒤섞일 때의 **기쁨**, 그리고 경계를 구성할 때의 **책임**을 논한다. 이 글은 사회주의−페미니즘 이론과 문화에 기여하려는 노력의 한 갈래이면서 포스트모더니즘과 비−자연주의의 방식으로, 어쩌면 태초도 종말도 없을, 젠더 없는 세계를 상상하는 유토피아적 전통을 따른다. 사이보그의 현신incarnation은 구원의 역사와 무관하다. 사이보그는 오이디푸스 달력 위에 맴돌면서, 구강기적 공생 유토피아oral symbiotic utopia나 포스트-오이디푸스적 종말post-oedipal apocalypse을 통해 끔찍한 젠더 분열을 치유하려 들지도 않는다. 조이 소풀리스Zoë Sofoulis가 자크 라캉Jacques Lacan과 맬러니 클라인Melanie Klein 그리고 핵 문화에 관해 쓴 미발표 원고에 나오는 주장처럼, "라클라인Lacklein", 즉 사이보그 세계에서 가장 기괴하고 어쩌면 전망이 가장 밝을 괴물은 억압의 논리가 오이디푸스와는 다른 서사로 구현되며, 그 서사는 우리의 생존에 꼭 필요하다.[1]

사이보그는 포스트젠더postgender 세계의 피조물이다. 사이보그는 양성성bisexuality, 오이디푸스 이전의 공생symbiosis, 소외되지 않은 노동을 비롯하여 부분들을 상위에서 통합해 그 전체의 권력을 최종적으로 전유하여 얻어지는 유기적 총체성을 향한 유혹과 거래하지 않는다. 사이보그는 어떤 면에서 서구적 의미의 기원 설화가 없다. 이것이 사이보그 "최후"의 아이러니다. 사이보그는 추상적 개체화로 지배력을 확장한다는 "서구의" 끔찍한 종말론적 목표telos, 마침내 모든 의존에서 벗어난 궁극적 자아, 다시 말해 우주인a man in space이기도 하기 때문이다. "서구의" 인본주의적 의미의 기원 설화는 본원적 일체original unity, 충만함, 은총과 공포의 신화에 의존하며, 이는 남근적 어머니로 표상된다. 인간이면 누구나 이 어머니로부터 분리되어야 하는데, 개인의 발달과 역사의 발전이라는 이 과제, 강력한 쌍둥이 신화는 특히 정신분석학과 마르크스주의를 통해 우리에게 강하게 각인되어 있다. 힐러리 클라인Hilary Klein은, 마르크스주의와 정신분석학 모두 노동과 개체화 및 젠더 형성의 개념을 다룰 때 본원적 일체라는 서사 장치에 기대는데, 이는 본원적 일체로부터 차이가 생산된 뒤 여성/자연에 대한 지배력을 넓혀가는 드라마에 편입되어야 한다고 논했다.[2] 사이보그는 이와 같은 본원적 일체, 서구적 의미의 자연과의 동일시 단계를 건너뛴다. 이것이야말로 사이보그가 자신을 탄생시킨 목적teleology인 스타워즈Star Wars[ㄲ]의 전복으로 이끌 수 있는 사이보그의 불법적 약속이다.

사이보그는 부분성, 아이러니, 친밀성, 도착성perversity에 투

[ㄲ] 조지 루커스George Lucas가 제작한 영화 시리즈를 의미할 뿐 아니라 레이건 시대 대륙 간 탄도 미사일 방어 프로젝트인 전략 방위 구상Strategic Defense Initiative, SDI을 뜻하기도 한다. 냉전 시대에는 대륙 간 탄도탄을 비롯한 공격 기술들을 막기 위한 군사 전략이 여럿 고안되었는데, 전략 방위 구상은 미사일 공격이 발생할 경우 우주 공간에 있는 군사용 장비로 해당 미사일을 격추하여 목표 지점에 명중되는 것을 막는다는 계획이다. 이는 기존의 냉전 패러다임인 "상호 확증 파괴Mutual Assured Destruction", 즉 전쟁이 발발할 경우 전멸이 초래될 수 있다는 점을 확증함으로써 역으로 전쟁 발발을 막을 수 있다는 개념에 대한 대안으로 제시되었으나 실효성이 없다는 판단으로 클린턴 정부 시절 철회되었다. SDI는 1983년 로널드 레이건의 1차 대국민 보고 이후 비판자들에 의해 당시 유행하던 영화 〈스타워즈〉에 빗댄 이름을 달게 되었고 계획의 비현실성 및 군비 확장과 관련된 숱한 논란을 불러일으켰다.

신한다. 사이보그는 대항적이고 유토피아적이며 순수성innocence 따위는 전혀 없다. 공the public과 사the private로 양극화된 구조를 벗어난 사이보그는 오이코스oikos, 즉 가정에서의 사회관계 혁명에 일부 기반을 두고 테크노폴리스technological polis를 정의한다. 자연과 문화가 새로 제작되기 때문에 더는 어느 한쪽이 다른 쪽의 전유나 통합을 위한 자원일 수 없다. 이처럼 양극성과 위계적 지배의 관계를 비롯하여 부분으로 전체를 형성하려는 관계가 사이보그 세계에서 쟁점이 된다. 사이보그는 프랑켄슈타인이 만든 괴물의 소망과 달리, 아버지가 에덴을 복원해, 즉 이성애적 짝을 제작하고 도시city와 조화로운 세계cosmos라는 총체를 제공해 자신을 완성해줌으로써 자신을 구원해주기를 바라지 않는다. 사이보그는 이번에는 오이디푸스적 기획 없이, 유기체적 가족 모델을 따라 설계된 공동체를 꿈꾸지 않는다. 사이보그는 에덴동산을 알아볼 수 없을 것이고, 흙으로 빚은 것도 아니므로 흙dust으로 돌아가리라는 꿈을 꿀 수도 없다. 바로 이 점에서, 적 the Enemy을 규정하려는 광적 충동에 사로잡힌 시대에 핵먼지로 되돌아가리라는 종말을 사이보그가 전복할 수 있는지 확인해보고 싶은 마음이 드는 것인지도 모른다. 사이보그는 경건하지 않다. 사이보그는 조화로운 세계를 기억하지도 못하고 바라지도 않는다. 사이보그는 전체론을 경계하지만, 연결을 필요로 한다. 사이보그는 전위당 없는 연합 전선의 정치에 친숙함을 느낀다. 사이보그의 큰 문제는 국가 사회주의는 물론이고 군사주의와 가부장제적 자본주의의 사생아라는 점에 있다. 하지만 사생아는 너무하다 싶을 만큼 자신의 기원을 배신할 때가 많다. 결국 그들에게 아버지는 있으나 마나 별반 차이 없는 존재다.

이 글의 끝에서는 사이보그 SF로 돌아가겠지만, 이 시점에서는 세 가지 주요 경계의 와해를 알리려 한다. 이는 모두 뒤에 나올 정치-허구적(정치-과학적) 분석의 기틀이 되는 현상이다. 20세기 후반 미국 과학 문화에서 인간과 동물의 경계는 완전히 파괴되었다. 인간이 특별한 존재라는 믿음을 수호할 마지막 교두보는 아예 난장판이 되지 않았을 수는 있어도, 오염된 것만큼은 확실하다. 언어, 도구 사용, 사회적 행동, 심적 사건 등 그 어떤 것도 인간과 동물을 완벽히 갈라놓는 척도가 될 수 없다. 그런 분리가 필요하다고 느끼는 사람조차 이제는 거의 없다. 정말이다. 실제로 다양한 갈래의 페미니즘 문화가 인간과 다른 생명체가 연결될 때 체험할 수 있는 쾌감을 긍정한다. 동물 권리 운동은 억지를 부리면서 인간의 특수성을 부정하는 입장이 아니다. 오히려 자연과 문화를 갈라놓는 수상쩍은 틈을 가로지르는 연결선을 또렷이 인식할 따름이다. 생물학과 진화론은 지난 두 세기에 걸쳐 근대적 유기체라는 지식 대상을 만들어왔고, 인간과 동물의 구분을 생명과학과 사회과학 간의 이념적 투쟁 내지는 전문가 논쟁 속에 흔적처럼 남은 희미한 자취로 축소했다. 이러한 구도에서 현대 기독교의 창조론 교육은 아동학대로 간주하고 맞서 싸워야만 한다.

생물학적 결정론의 이념은 인간의 동물성이 갖는 의미를 둘러싼 논쟁에서 과학이라는 문화 안에 개진된 하나의 입장일 뿐이다. 급진radical 정치에서는 경계 위반의 의미를 두고 논쟁할 수 있는 공간이 훨씬 더 넓다.[3] 사이보그는 인간과 동물의 경계를 넘어서는 바로 그 지점에서 신화로 출현한다. 사이보그는 인간의 둘레에 장벽을 쳐서 다른 생명체와 인간을 서로 격리하는 것을 나타내기는커녕, 거북하고 짜릿할 만큼 단단한 결합을 암시한다. 수간bestiality은 현재의 혼인 교환 주기에서 새로운 지위를 지닌다.

경계에 틈이 생긴 두번째 구분은 동물-인간(유기체)과 기계 사이에 있다. 인공두뇌 이전 기계들은 귀신에 들릴 수 있었다. 기계 속에는 늘 유령이 깃들어 있었다. 이와 같은 이원론dualism은 유물론과 관념론 사이에서 이루어지는 대화의 구조를 결정했고, 이 대화는 취향에 따라 '정신' 또는 '역사'로 부를 수 있는 변증법적 자손의 탄생과 더불어 끝을 맺었다. 하지만 기본적으로 기계는 혼자 움직이거나 자기 자신을 설계하거나 자율적일 수 없었다. 그것들은 (남성)인간Man의 꿈을 실현해줄 수 없었으며 조롱할 뿐이었다. 그것들은 (남성)인간, 곧 자신의 저자author가 아니라 남성 중심적 재생산이라는 꿈의 풍자에 불과했다. 이와 다른 생각은 망상에 불과했다. 하지만 이제는 그렇게 확신할 수 없다. 20세기 후반의 기계들은 자연과 인공, 정신과 육체, 자생적 발달과 외부로부터의 설계를 비롯해 유기체와 기계 사이에 적용되던 수많은 차이를 철저히 섞어버리고 말았다. 우리가 만든 기계들은 불편할 만큼 생생한데, 정작 우리는 섬뜩할 만큼 생기가 없다.

　기술결정론은 세계를 읽고 쓰는 놀이play에 참여하는 과정에서 기계와 유기체를 코드화된 텍스트로 재개념화함으로써 열린 이데올로기적 공간 중 하나일 뿐이다.[4] 포스트구조주의와 포스트모더니즘 이론은 모든 것을 "텍스트"로 만들면서, 자의적인 읽기 "놀이"가 근거하고 있는 삶 속의 지배 관계에 관해서는 마치 유토피아에 살기라도 하는 듯 무관심한 태도를 보였다는 이유로 마르크스주의자들과 사회주의 페미니스트들의 비난을 샀다.[5] 물론 포스트모더니즘 전략은 나의 사이보그 신화처럼 수많은 유기적 총체(예를 들면 시poem, 원시 문화, 생물학적 유기체)를 전복한다. 이를테면 자연—영감의 원천이며 순수성의 약속—으로 여겨지던 것의 확실성이 돌이킬 수 없게 무너져버린 것이다. 해석의 초월적 권위가 상실되면서 "서구" 인식론을 정초하는 존재론도 사라졌다. 하지만 냉소나 불신, 가령 "텍스트"가 "중요한 정치 활동"을, 혹은 기술결정론적 설명처럼 "기계"가 "(남성)인간"을 파괴한다는 식으로 추상적 존재를 각색한 해석은 대안이 되지 못한다. 사이보그는 어떤 존재가 될 것인가? 이것이 바로 급진적인 질문이며 그 답에 생존이 걸려 있다. 침팬지와 인공물도 정치를 하는데(드 발de Waal 1982; 위너Winner 1980), 우리라고 왜 못 하겠는가?

세 번째 구분은 두 번째 구분의 부분 집합이다. 물질과 비물질 사이의 경계가 매우 불분명하다는 것이다. 양자론이나 불확정성 원리에서 잠재적으로 도출되는 결론을 다룬 대중적인 물리학 서적이 대중과학에서 담당하는 역할은, 대중문화에서 할리퀸 로맨스[6]가 미국의 백인 이성애에 생긴 근본적 변화를 보여주는 지표가 되는 것과 비슷하다. 말하자면, 잘못 이해했어도 주제는 제대로 짚어낸 것이다. 현대 기계는 전형적으로 초소형 전자공학 장치여서 어디에나 있으며 보이지는 않는다. 현대의 기계장치는 벼락출세한 오만불손한 신으로, 성부聖父의 편재성과 영성을 조롱하며 흉내 낸다. 실리콘 칩은 글을 쓰는 표면이며 핵의 악보를 근본적으로 다시 쓰는 원자 소음을 통해서만 교란시킬 수 있는, 분자 단위 음계로 새겨져 있다.

　　문명의 기원에 관한 서구의 설화에서 글쓰기, 권력, 기술은 오랜 공범자다. 그 메커니즘의 경험을 바꾼 것은 소형화다. 소형화는 결국 권력의 문제라는 사실이 드러났다. 크루즈 미사일의 경우와 마찬가지로 작은 것은 아름답기보다 위험천만하다. 1950년대의 텔레비전 수상기나 1970년대의 뉴스 카메라를 요즘 광고에 보이는 팔찌형 텔레비전이나 손바닥 크기의 캠코더와 비교해보면 알 수 있는 사실이다. 우리 시대 가장 좋은 기계들은 태양빛으로 제작되었다. 이 기계들은 신호, 전자기파, 스펙트럼의 한 부분에 불과하므로 가볍고 깨끗하며 휴대와 이동이 간편한 한편으로 디트로이트와 싱가포르에서는 인간을 엄청난 고통에 시달리게 하는 문제다. 반면 인간은 어디서든 물질이며 불투명하기 때문에 유동적일 수가 없다. 사이보그는 에테르ether이며 정수精髓, quintessence다.

사이보그의 편재성과 비가시성은 선샤인 벨트에서 생산된 기계를 더없이 치명적인 것으로 만든다. 이런 기계는 물질로 보기도 힘들지만, 정치적 사물로 보기도 힘들다. 사이보그는 의식 또는 의식의 시뮬레이션simulation에 관련된다.[7] 사이보그는 부유하는 기표floating signifier로, 배송 트럭에 실려 유럽을 횡단한다. 본래의 작동 방식 자체가 방어 작업을 요구하는, 종래의 남성주의적 정치의 거리 투쟁보다 사이보그 권력망을 정확하게 읽어내는 비자연적 유랑민 여성들, 그린햄Greenham 여성 반핵 평화 캠프의 마녀 띠 엮기witch-weaving[m]가 사이보그의 이동 경로를 더 효과적으로 봉쇄한다. 궁극적으로 "가장 견고한" 과학은 경계 혼란이 가장 큰 영역, 순수한 수와 순수한 정신과 C^3I와 암호 기법의 영역, 그리고 강력한 기밀의 보호와 관련된다. 새로 나온 기계들은 결점 없이 깨끗하고 깃털처럼 가볍다. 그 기계를 만드는 이들은 후기 산업 사회라는 밤의 꿈과 결부된 새로운 과학 혁명을 중재하는 태양 숭배자의 무리다. 이 깨끗한 기계들이 불러내

---

[m]   영국 잉글랜드의 그린햄 공유지Greenham Commons에 크루즈 미사일을 배치하려는 정부 계획에 저항하는 여성들이 모여 그곳을 점거한 일로, 1981년부터 2000년까지 19년 동안 이어진 반핵 평화 시위다.

는 질병은 면역 체계 속 항원 유전 암호의 아주 작은 변화에 "불과"하며 스트레스 경험에 "불과"하다. "동양" 여성의 민첩하고 가느다란 손가락, 빅토리아 시대 앵글로색슨 소녀를 매혹한 인형의 집, 그러니까 여성이면 작은 것에 집착해야 마땅하다고 강요받아왔던 역사는, 오늘날의 세계에서 매우 새로운 차원에 접어든다. 이 새로운 차원을 설명해줄 사이보그 앨리스가 있을지도 모른다. 이와 같은 앨리스는 아이러니하게도, 아시아에서 칩을 만들거나 샌타 리타 감옥에서[8] 나선의 춤spiral dance을 추는 비자연적 사이보그 여성들일지도 모른다. 이들은 연합을 구성해 효과적인 대항 전략을 알려줄 것이다.

따라서 나의 사이보그 신화는 경계 위반과 융합의 잠재력, 위험한 가능성을 탐색하며 진보 정치의 자원을 찾아보는 것과 관련된다. 내 전제 중 하나는 대부분의 미국 사회주의자와 페미니스트가 "하이테크" 및 과학 문화와 결합한 사회적 실천과 상징적 구성 및 인공물 속에서 정신과 육체, 동물과 기계, 관념론과 유물론의 간극을 심화시키는 이원론을 본다는 것이다. 《일차원적 인간One Dimensional Man》(마르쿠제Marcuse 1964)에서 《자연의 죽음The Death of Nature》(머천트Merchant 1980)까지 진보 진영이 개발한 분석 자원은, 기술은 지배를 행사하기 마련이라고 보면서 상상된 유기적 신체로 우리의 시선을 돌려 저항을 통합하려 했다. 나의 또 다른 전제는, 세계적인 지배 체제 강화에 저항하는 연대가 지금처럼 절박한 시기가 없었다는 것이다. 다만, 기술 매개 사회에서 생겨나는 대안적인 권력과 기쁨 및 의미의 주도권을 둘러싼 논쟁에서는 약간 삐딱한 관점이 더 좋을 수도 있다.

어떤 관점에서 보면, 사이보그 세계는 지구상에 통제의 회로를 완성하고 방어를 명목으로 등장한 스타워즈 종말론을 최종 구현하며, 남성주의적 전쟁의 광란 속에서 여성의 신체가 최종 전유되는 사태와 관련되어 있다(소피아Sophia 1984). 다른 관점에서 보면, 사이보그 세계는 사람들이 동물 및 기계와 맺는 친족관계를 비롯해 영원히 부분적인 정체성과 모순적 입장을 두려워하지 않으면서 살아가는 데서 경험하는 사회적·신체적 현실과 결부될 수 있다. 이 두 관점을 동시에 보는 것이 정치 투쟁이다. 각각이 다른 시점에서 상상할 수 없는 지배와 가능성을 드러내는 데 유리하기 때문이다. 단일한 시각은 이중적인 시각이나 머리가 여럿 달린 괴물의 시각보다 나쁜 환상을 만들어낸다. 사이보그 연합체는 기괴하고 위법적이다. 지금 우리가 직면한 정치적 상황에서 이보다 더 강력한 저항과 재결합의 신화를 바라기는 힘들다. 나는 사이보그 사회의 일종으로 LAG, 즉 리버모어 활동가 모임Livermore Action Group[20]을 상상하곤 한다. LAG는 기술종말론의 도구를 가장 격렬하게 구현해 토해내는 실험실을 현실에 맞게 전향시키고 국가가 무장해제될 때까지 마녀,

---

[20] 미국 캘리포니아 리버모어에 있던 핵무기 개발 실험실을 타깃으로 1980년대 초반 반핵 캠페인을 벌였던 집단의 이름이다.

공학자, 노인, 변태, 기독교인, 어머니, 레닌주의자를 분열되지 않게 하는 정치 형태를 마련하는 데 전념한다. 나의 고장에 있는 결연 집단affinity group[m]의 이름은 "불가능한 분열Fission Impossible"이다(결연: 혈연이 아닌 선택에 따른 관계. 하나의 주기족 chemical nuclear group이 다른 주기족에 발휘하는 호소력, 갈망).[9]

금이 간 정체성들

오늘날에는 각 사람의 페미니즘을 한 개의 수식어를 붙여 명명하기 힘들다. 심지어 페미니즘이라는 명사를 어떤 상황과 무관하게 주장하기도 어렵다. 명명이 배제를 낳는다는 의식이 첨예하다. 정체성은 모순적이고 부분적이며 전략적인 것처럼 보인다. 매우 힘든 과정을 거쳐 자신들이 사회적·역사적 구성물이라는 인식을 쟁취한 젠더·인종·계급의 개념은 "본질적" 통일성 essential unity을 믿게 하는 근거가 되지 못한다. "여성female"됨에는 여성을 자연스레 묶는 것이 없다. 심지어 여성"됨being"과 같은 상태가 없으며, 그 자체가 성과 관련된 과학 담론 및 사회적 관습을 통해 구성된 매우 복합적인 범주다. 젠더·인종·계급 의식

---

[m] 평소 친분이 있어서 함께 직접 행동을 기획하거나 준비하면서 집회에 참석하는 10명 남짓한 소규모 집단을 일컫는다.

은 가부장제·식민주의·자본주의라는 모순적인 사회 현실을 경험해온 우리의 비참한 역사가 강제로 떠안겨준 성과다. 그렇다면 내 화법에서는 누가 "우리"가 되는가? "우리"라는 강력한 정치 신화를 정초하는 정체성은 무엇이며 이 집단에 속하게 만드는 동기는 무엇일까? 있을 법한 모든 단층선을 따라 (여성들은 말할 것도 없고) 페미니스트들이 고통스럽게 분열되면서, "여성"이라는 개념을 규정하기 어려워졌고 여성들 사이에 자행되는 각종 지배를 정당화하는 변명거리가 생겨났다. 나 자신 그리고 나와 비슷한 역사적 위치(백인, 전문직, 중산층, 여성, 급진정치, 북아메리카, 중년의 신체)에 있는 사람들 대부분에게 정치적 정체성 위기의 근원은 너무나 많다. 많은 갈래의 미국 좌파 및 페미니즘이 최근 밟아온 역사는 이런 위기에 대한 반응이자, 본질적 통일성의 근거를 다시 찾으려 끝없이 분열하면서 탐색을 거듭해온 결과다. 하지만 정체성 대신 결연과 연대로 위기에 대처할 수 있다는 인식 또한 확장되어왔다.[10]

챌라 샌도벌Chela Sandoval(n.d.; 1984)은 유색인 여성women of color이라는 새로운 정치 집단이 형성되는 특정한 역사적 순간을 주시하며 희망적인 정치적 정체성 모델을 이론으로 만들었다. "대립 의식oppositional consciousness"이라는 이름의 이 모델은 인종·성·계급이라는 사회 범주에 안정적으로 소속되기를 거부했던 이들이 권력의 그물망을 읽어내던 기술로 탄생했다. 유색인 여성은 타자성otherness, 차이, 특수성에서 포스트모더니즘적 정체성과 비슷한 무언가를 구축해낸다. 유색인 여성이라는 이름은 시작부터 그 이름에 포함될 사람들 자신에게 도전받아온 것일 뿐 아니라, "서구" 전통의 (남성)인간의 기호 전체가 체계적으로 붕괴하고 있다는 사실을 알리는 역사의식이다. 다른 가능한 포스트모더니즘에 대해 뭐라고 하든, 이 유색인 여성이라는 포스트모더니즘 정체성은 완전히 정치적이다. 샌도벌의 대립 의식은 모순적인 위치 짓기와 이질적 시간의 역법heterochronic calendars과 결부되는 한편, 상대주의나 다원론은 아니다.

샌도벌은 누가 유색인 여성인지 판별하는 어떤 본질적 기준도 없다는 점을 강조한다. 그녀는 이 집단이 부정negation의 의식적 전유를 통해 정의되었다고 언급한다. 예를 들어 멕시코계 미국 여성이나 흑인 미국 여성은 여성으로서 발화할 수 없었고 흑인 또는 멕시코계 사람의 자리에서도 발화할 수 없었다. 따라서 이 여성들은 부정적 정체성이 이루는 연쇄의 맨 밑바닥에 있었고, 중요한 혁명을 이룩했다고 주장했던 "여성과 흑인"이라는 특권을 지닌 억압받는 저자의 범주에서조차 배제되었다. "여성"이라는 범주는 모든 비非-백인 여성을 부정했다. "흑인"이라는 범주는 흑인 여성뿐만 아니라 모든 비非-흑인을 부정했다. 하지만 미국 유색인 여성이라는 역사적 정체성을 긍정했던 미국 여성 집단에는 "그녀"도, 단독성singularity도 없는 차이의 바다만 있었다. 이 정체성은 자연스러운 동일시에 입각한 행위 능력을 긍정할 수 없는 대신, 의식적인 연대나 결연, 정치적 친족관계만을 행위 능력의 근거로 긍정할 수 있는 의식적으로 구축된 공간을 그려낸다.[11] 미국 백인 여성 운동의 몇몇 갈래에서 언급되는 "여성"과는 달리 이러한 정체성은 그 기반이 자연화되는 일도 없고, 적어도 샌도벌의 주장에 따르면, 대립 의식의 힘을 통해서만 쓸 수 있다.

샌도벌의 주장은 전 세계적으로 전개되는 반식민주의 담론, 즉 "서구"와 그 최고의 성과물―동물, 야만인, 여성이 아닌 존재, 즉 역사라고 일컬어지는 우주의 저자인 (남성)인간―을 해체하는 담론에서 등장한 강력한 페미니즘 공식의 하나로 보아야 한다. 오리엔탈리즘이 정치적으로나 기호학적으로나 해체됨에 따라, 페미니즘이 제시한 것을 포함해 서양의 모든 정체성들이 안정성을 잃는다.[12] 샌도벌은 "유색인 여성"이, 탈식민화 과정에서 출현한 무질서한 다성음악polyphony의 전개를 대면한 경험이 없었던, 기존 마르크스주의 및 페미니즘 혁명 주체의 총체화나 제국화를 반복하지 않으면서도, 효과적인 통일성을 이뤄낼 가능성이 있다고 주장한다.

케이티 킹Katie King은 정체성[정치]의 한계와 함께 문화적 페미니즘cultural feminism의 생성적 구심점인 "시" 읽기를 이루는 정체성의 정치적/시적 역학을 강조해왔다. 킹은 서로 다른 실천의 "순간"이나 "대화"에서 나온 현대의 페미니스트들이 자신의 정치적 성향을 전체의 텔로스인 것처럼 보이게 분류하는 경향을 계속 보였다고 비판한다. 이런 분류법은 페미니즘의 역사를 시간이 지나도 유지되는 일관된 유형들, 특히 래디컬radical·자유주의·사회주의 페미니즘이라고 일컬어지는 전형적 단위 사이에 발생하는 이념적 논쟁인 것처럼 재구성하는 경향이 있다. 명시적인 존재론과 인식론을 구축함으로써, 다른 페미니즘 모두를 말 그대로 통합하거나 주변화하는 것이다.[13] 페미니즘 분류법은 공식적인 여성 경험에서 이탈할 수 없게 만드는 인식론을 생산해낸다. 그리고 물론 "여성 문화"는 유색인 여성과 마찬가지로 결연을 유도하는 메커니즘을 통해 의식적으로 창조된다. 시와 음악이라는 의례, 어떤 학문적 실천 방식은 탁월했다. 미국 여성 운동의 인종 및 문화 정치는 서로 긴밀하게 결부되어 있다. 킹과 샌도벌에게 공통된 성과는 전유, 통합, 분류학적 정체화의 논리에 기대지 않고 시적/정치적 통일성을 직조해낼 수 있는 방법을 알게 된 데 있었다.

지배를—통한—통일 또는 통합을—통한—통일에 대항하는 이론적·실천적 투쟁은 가부장제·식민주의·인본주의·실증주의·본질주의·과학주의를 비롯해 사라져도 별로 아쉬울 것 없는 다른 여러 주의들의 근거만이 아니라, 아이러니하게도 유기체적 또는 자연적 관점을 옹호하는 모든 주장의 근거 또한 무너뜨린다. 나는 래디컬 페미니즘과 사회주의/마르크스주의 페미니즘 역시 그들/우리의 인식론적 전략을 와해시켜왔고, 이를 통해 가능한 통일의 방법을 상상할 수 있는 범위를 확장하는, 매우 중요하고 가치 있는 발걸음을 내디뎠다고 생각한다. 서구의 정치적 인민들이 접했던 모든 "인식론들"이 효과적인 결연을 구축하는 과정에서 쓸모가 있을지 없을지는 두고 볼 일이다.

세계를 바꾸기로 결심한 인민들이 이뤄낸 성과인 인식론, 곧 혁명관을 구성하려는 노력이, 정체화의 한계를 드러내는 과정의 일부였다는 사실을 언급하는 것이 중요하다. 포스트모더니즘 이론이 내놓은 강산성 도구들과 혁명 주체의 존재론적 담론을 구성하는 도구들은, 서구적 자아를 생존의 이해관계 속에 녹이면서 아이러니한 동맹을 맺었다고 볼 수도 있을 것이다. 우리는 역사적으로 구성된 육체를 갖는다는 것의 의미를 뼈를 깎는 심정으로 의식한다. 하지만 우리의 기원이 순수성을 잃으면서 에덴으로부터의 추방도 사라진다. 우리의 정치는 순수성의 순진함 naïveté과 더불어 면죄부도 상실한다. 하지만 사회주의 페미니즘을 위한 또 다른 정치 신화는 어떤 모습일 수 있을까? 어떤 유형의 정치가 부분적이고 모순적이며 영원히 개방된 개인적·집합적 자아의 구성을 포용하면서도 충실하고 효과적이며 또한 아이러니하게도 사회주의 페미니즘적일 수 있을까?

내가 아는 한, 역사상 "인종" "젠더" "섹슈얼리티" "계급"의 지배에 효과적으로 맞서기 위해 지금처럼 정치적 통일이 필요했던 시점은 없었다. 지금을 제외하면 우리가 시도하는 것과 같은 통일이 가능했던 시기 또한 없었다. "우리" 중 누구도 "그들" 중 누구에게 현실이 이런 모습을 갖춰야 한다고 명령할 수 있는 상징적·물질적 능력이 없다. 적어도 "우리"는 그런 지배에 가담할 경우 결백하다고 주장할 수 없다. 사회주의 페미니스트를 포함해 백인 여성은 "여성"이라는 범주가 순수하거나 결백하지 않다는 사실을 발견했다(발로 차고 소리를 질러서 간신히 알아듣게 되었다). 이와 같은 의식은 기존 범주의 지형 전체를 바꾸고, 열이 단백질을 변성시키는 것처럼 범주를 변성시킨다. 사이보그 페미니스트라면 "우리"는 자연적 통일성의 기반을 더 이상 원치 않으며 총체적 구성 같은 것은 없다고 주장해야 한다. 순수성 및 그와 결부된 피해자됨victimhood을 유일한 통찰 근거로 삼는 바람에 생겨난 피해는 이미 겪을 만큼 겪었다. 하지만 새로 구성된 혁명 주체는 20세기 후반을 살아가는 인민에게 진지하게 생각해볼 여유를 주어야 한다. 정체성이 너덜너덜해지는 동안 정체성을 구성하는 반성적 전략 속에서, 종말 이후를 대비한 수의가 아니라 구원의 역사를 선지자적으로 마감해줄 다른 무언가를 직조할 가능성이 열린다.

　　마르크스주의/사회주의 페미니즘과 래디컬 페미니즘 모두는 "여성"이라는 범주와 "여성들"의 사회적 삶에 대한 의식을 자연화하는 동시에 탈자연화해왔다. 개요표를 그려보면 양쪽의 경향이 모두 드러날 수 있을지도 모르겠다. 마르크스주의적 사회주의는 임노동을 분석함으로써 계급 구조를 폭로한다. 임금 관계에서는 노동자가 자신의his 생산물과 분리되면서 체계적으로 소외된다. 여기서는 추상과 환영이 지식을 통제하고, 지배관계가 실천을 통제한다. 노동은 마르크스주의자가 환영을 극복하고 세계를 바꾸는 과정에서 필요한 관점을 찾을 수 있게 해주는 범주로, 아주 특별한 위상을 지닌다. 노동은 인간을 생산하는 인간화의 활동이다. 노동은 주체가 지식을 형성하면서 자신의 예속과 소외를 깨닫게 해주는 존재론적 범주이다.

마르크스주의의 충실한 자손인 사회주의 페미니즘은 마르크스주의의 기본 분석 전략과 동맹을 맺으면서 진전했다. 마르크스주의 페미니즘과 사회주의 페미니즘 모두의 주요 성과는, 자본주의적 가부장제 속의 노동에 초점을 맞추고 임금 관계 전체를 그 하위 범주로 포괄하는 정도까지 노동의 범주를 확장함으로써 (일부) 여성들이 했던 일을 노동의 범주에 포함한 것이다. 특히, 여성의 가사 노동과 어머니로서 행하는 활동(사회주의 페미니즘 용법에서의 재생산)을 마르크스의 노동 개념에 유비하는 방식으로 마르크스의 권위를 빌려 이론으로 정립할 수 있었다. 이때 여성 개념은 단일한 실체로 보일지 몰라도, 사실은 마르크스주의 노동 개념의 존재론적 구조에 기반을 둔 인식론을 토대로 한 개념이다. 마르크스주의/사회주의 페미니즘은 여성을 단일한 실체로 자연화하지 않는다. 이와 같은 성과를 가능하게 만든 것은 사회관계에 뿌리내린 관점이다. 오히려 마르크스주의/사회주의 페미니즘이 본질화하는 것은 노동의 존재론적 구조, 혹은 그 유비물인 여성의 활동이다.[14] 내가 볼 때 이 입장에서 해결하기 어려운 문제는, 마르크스적 인본주의를 계승하면 지나치게 서구적인 자아를 함께 물려받게 된다는 점이다. 마르크스주의/사회주의 페미니즘의 경우, 단일한 여성이라는 실체와 같은 것이 있다는 식으로 자연화한 데 문제가 있는 것이 아니다. 그보다는 위와 같은 공식화를 통해 여성들의 통일성을 만들고자 현실의 여성들이 일상에서 감당하는 의무를 강조했다는 점에 있다.

캐서린 매키넌Catharine MacKinnon(1982, 1987)이 제시하는 래디컬 페미니즘은 그 자체가 전유·통합·총체화 경향을 보이는, 행위의 근거가 되는 서구 정체성 정초 이론의 풍자화caricature이다.[15] 래디컬 페미니즘이라는 이름을 달게 된 최근 여성 정치학의 다양한 "순간" 및 "대화" 전체를 매키넌의 해석에 동화시키게 되면, 사실의 측면에서나 정치적 측면에서나 오류를 범하게 된다. 하지만 매키넌의 이론이 함축한 목적론적 논리는, 인식론과 존재론—및 그에 대한 부정—이 차이를 삭제하거나 단속하는 방식을 보여준다. 사실 매키넌의 이론이 발휘한 효과 중 하나는 래디컬 페미니즘이라고 일컬어지는 다형적多型的, polymorphous 장의 역사를 다시 썼다는 것이다. 그 주요 효과는, 모든 혁명관의 종말을 암시하는 여성 경험과 정체성 이론을 만든 것이다. 말하자면 이 래디컬 페미니즘의 이야기 속에 구축된 총체화는 급진적인 비존재 경험과 증언을 강제함으로써 그 자체의 목적—여성의 통일—을 달성한다. 마르크스주의/사회주의 페미니스트가 볼 때 의식은 성취하는 것이지 당연하게 주어진 사실이 아니다. 그리고 매키넌의 이론은 인본주의적 혁명 주체 안에 확립된 난점을 일부 제거하지만, 대신 급진적 환원주의에 수반되는 대가를 치른다.

매키넌은 래디컬 페미니즘이 마르크스주의와 다른 분석 전략을 채택한 것이 필연이라고 주장한다. 계급 구조보다는 성/젠더, 그리고 그로부터 파생되는 관계, 즉 남성이 여성을 성적으로 구성하고 전유하는 구조를 우선해서 보는 것이다. 아이러니하게도 매키넌의 "존재론"은 비주체, 비존재를 구성한다. 본인의 노동이 아니라 타인의 욕망이 "여성"의 기원이다. 따라서 매키넌은 무엇이 "여성들의" 경험—성적 침해를 명명하는 모든 것, 즉 "여성"이 관련될 수 있는 한에서 성 그 자체—으로 간주될 수 있는지 규제하는 의식론을 발전시킨다. 그리고 페미니즘 실천이란 그런 형태의 의식을 구성하는 것, 즉 자신이–아닌–자신에 대한 자기 지식을 구성하는 일이 된다.

난감하게도 이 래디컬 페미니즘에서 성적 전유는 노동이 갖는 인식론적 지위, 이를테면 세계를 바꿀 분석을 가능케 하는 관점이라는 위상을 여전히 보유한다. 하지만 이와 같은 성/젠더 구조의 결과물은 소외가 아닌 성적 대상화다. 지식의 영역에서 성적 대상화의 결과물은 환영이며 추상이다. 하지만 여성은 단순히 자신의 생산물에서 소외되는 것이 아니라, 보다 깊은 의미에서 주체로 존재하지 않으며, 심지어는 잠재적 주체도 되지 못한다. 여성은 여성으로서의 실존을 성적 전유에 빚지기 때문이다. 타인의 욕망에 의해 구성되는 것은 노동자가 자신의 생산물과 폭력적으로 분리되며 소외되는 것과 동일하지 않다.

　매키넌의 근본주의적 경험론은 극단적인 총체화를 하게 되며, 다른 여성들의 정치적 발화나 행위의 권위를 주변화하는 정도가 아니라 말소한다. 이는 서구 가부장제 자체가 한 번도 해낸 적 없는 수준의 총체화다. 곧 여성은 남성 욕망의 산물이라는 점을 제하면 실존하지 않는다는 페미니스트 의식을 생산한다. 내 생각에 매키넌은 마르크스주의가 내놓은 정체성 해석 중어떤 것도 여성이 여성으로서 통일성을 수립할 기반을 확고히 제시하지 못했다는 점을 정확히 파악한다. 하지만 매키넌은 서구의 모든 혁명 주체가 갖는 모순의 문제를 페미니즘의 목표에 맞게 해결하는 과정에서 한층 더 권위주의적인 경험 원칙을 발전시킨다. 사회주의/마르크스주의 관점에 대한 내 불만이, 그와 같은 입장은 반식민주의 담론과 실천에서 드러난 다성적多聲的, polyvocal이고 동화 불가능하며 급진적인 차이를 의도치 않게 삭제했다는 데 있는 만큼, 매키넌이 여성의 "본질적" 비실존이라는 장치를 통해 모든 차이를 의도적으로 삭제한 것은 별반 위로가 되지 않는다.

　여느 분류법과 마찬가지로 역사를 다시 새기는 나의 분류법에 비추어보면, 사회주의 페미니즘이 노동의 형태라고 부른 여성의 활동들을, 섹슈얼리티와 연관시킬 방법이 있는 한에서는 모두 수용할 수 있는 것이 래디컬 페미니즘이다. 재생산은 두 가지 경향에서 서로 다른 의미의 결을 드러낸다. 곧 하나는 노동, 다른 하나는 성에서 출발하는데, 양쪽 모두 지배의 결과와 사회 및 개인 수준의 현실에 대한 무지의 결과를 "허위의식"이라고 부르는 것이다.

특정 저자의 주장이 드러내는 난점과 기여 모두를 넘어, 마르크스주의 페미니즘이나 래디컬 페미니즘의 관점 모두에서 부분적 설명을 포용하는 경향을 찾을 수는 없었다. 두 관점은 하나같이 총체로서 구성되었다. 서구적 설명 방식이 그만큼을 요구하기 때문이다. 그렇지 않고서야 "서구" 저자가 타자를 통합할 방법이 달리 또 있을까? 각자는 자신의 기본 범주를 유비, 열거, 추가를 통해 확장해서 다른 지배 형태를 포괄하려 했다. 백인 래디컬 페미니스트와 사회주의 페미니스트는 인종 문제에 관해 당혹스러울 정도로 침묵을 지킴으로써 무겁고 파국적인 결과를 불러일으켰다. 계보를 세우려는 정치적 분류법 속으로, 역사와 다음성polyvocality이 사라져버린 것이다. 여성이라는 범주, 그리고 단일하거나 총체적인 것으로 만들 수 있는 전체로서의 여성이라는 사회 집단이 어떻게 구성되는지 폭로하겠다고 주장하는 이들 이론에, 인종(및 또 다른 많은 것들)을 위한 구조적 자리는 없었다. 내가 그려본 그림은 다음과 같다.

사회주의 페미니즘—계급 구조 // 임노동 // 소외
노동, 재생산이라는 유비적 범주, 성이라는 확장 범주, 인
종이라는 추가 범주

래디컬 페미니즘—젠더 구조 // 성적 전유 // 대상화
성, 노동이라는 유비적 범주, 재생산이라는 확장 범주, 인
종이라는 추가 범주

또 다른 맥락에서 프랑스의 이론가 줄리아 크리스테바Julia Kristeva
는 여성이 청년과 마찬가지로 2차 대전 이후에야 등장한 역사
상의 집단이라고 주장했다.[16] 크리스테바가 제시한 역사적 등장
시점에는 의문의 여지가 있다. 하지만 우리는 이제, 지식 대상
내지는 역사의 행위자로서 "인종"은 늘 있었던 것이 아니고, "계
급"은 역사적으로 생겨났으며, "동성애자"는 매우 최근에 등장
했다는 사실을 무리 없이 떠올릴 수 있다. 인간 가족이라는 상
징체계—따라서 여성의 본질 역시—는, 지구상의 모든 인민이
이루는 연결망이 유례없이 다중적이고 의미심장하며 복합적인
형태를 취하는 순간 붕괴했다. "선진 자본주의"는 이 역사적 순
간의 구조를 전달하는 데 부적절하다. 여기에는 "서구적" 의미
에서 인간의 종말이 걸려 있다. 우리 시대에 여성woman이 여성들
women로 해체된 건 단순한 우연이 아니다. 어쩌면, 사회주의 페
미니스트는 여성들의 특수성과 모순적 이해관계를 억압하는 본

질주의적 이론의 생산에 큰 책임이 없을지도 모른다. 하지만 내 생각에는 책임이 얼마쯤 있었던 것 같다. 최소한 백인 인본주의의 논리나 언어 또는 실천에 반성하지 않고 가담해왔거나 우리 자신의 혁명의 목소리를 쟁취하려는 목적으로 단일한 지배 기반을 찾아내려 했기 때문이다. 이제는 변명할 여지가 거의 없다. 하지만 지금껏 겪은 실패를 곱씹으면서 우리는 무한한 차이 속으로 과감히 뛰어들고, 부분적이고 진정한 연결을 구성해야 한다는 까다로운 과제를 끌어안고 실패를 무릅쓴다. 어떤 차이들은 즐거운 반면 다른 어떤 차이들은 세계사적 지배 체계의 극점을 이룬다. "인식론"이란 그러한 차이를 아는 것과 관련된다.

지배의 정보과학

특정한 인식론적·정치적 입장을 취한 이 글을 통해, 나는 사회주의와 페미니즘의 설계 원칙에 따라 모색해볼 수 있는 방식으로 가능한 통일성을 그려보고 싶다. 내가 구상하는 틀은 과학기술에 묶인 전 세계적 사회관계가 재배치되는 범위와 그 중요성에 따라 결정된다. 산업 자본주의가 만든 변화에 비견할 만큼 새롭고 광범위한 변화를 일으키는 세계 질서가 출현하는 중이다. 나는 그 과정에서 계급·인종·젠더의 본질 자체가 근본적으로 변화하고 있다는 주장에 뿌리내린 정치를 옹호한다. 현재 우리는 유기체적이고 산업화된 사회로부터 다형적인 정보 체제로 이행하는 흐름 속에서 살고 있다. 전면적인 노동에서 전면적인 놀이로 진행되는 이 변화는 치명적인 게임이다. 종래의 안락한 위계적 지배에서 내가 지배의 정보과학이라고 부르는 무섭고 새로운 네트워크로의 이행은, 물질적이자 이념적인 이분법을 표현하는 다음 표로 개괄해볼 수 있다.

지배의 유기역학 Organics of Domination		지배의 정보과학 Informatics of Domination
표상	>	시뮬레이션
부르주아 소설, 리얼리즘	>	공상과학 소설, 포스트모더니즘
유기체	>	생체 요소biotic component
깊이, 통합성	>	표면, 경계
열	>	소음
임상학적 실천으로서의 생물학	>	기입inscription으로서의 생물학
생리학	>	커뮤니케이션 공학
소집단	>	하부 체계
완벽성	>	최적화
우생학	>	인구 통제
퇴폐,《마의 산Magic Mountain》	>	노화,《미래의 충격Future Shock》
위생	>	스트레스 관리

미생물학, 결핵	>	면역학, 에이즈
유기체적 노동 분업	>	인간공학/노동의 사이버네틱스
기능적 특화	>	모듈형 구축
번식	>	복제
유기적인 성 역할 분화	>	최적의 유전 전략
생물학적 결정론	>	진화적 관성과 제약
군집 생태	>	생태계
인종적 위계를 정하는 "존재의 사슬"	>	신제국주의, UN 인본주의
가정/공장에서의 과학 경영	>	전 지구적 공장/전자 가내 공업
가족/시장/공장	>	집적회로 속의 여성들
가족 임금	>	동일 노동에 대한 동일 임금
공公/사私	>	사이보그 시민권
자연/문화	>	차이의 장
협동	>	커뮤니케이션 개선
프로이트	>	라캉
성	>	유전공학
노동	>	로봇공학
정신	>	인공지능
2차 대전	>	스타워즈
백인 자본주의 가부장제	>	지배의 정보과학

종래의 안락한 위계적 지배로부터 무섭고 새로운 지배의 정보과학 네트워크로의 이행.

이 목록은 여러 가지 흥미로운 문제를 제시한다.[17] 첫째로, 오른편의 대상은 "자연적"인 것으로 코드화coding될 수 없다. 이 사실을 깨닫게 되면 왼편의 대상 역시 자연적인 것으로 코드화할 수 없게 된다. 이제 이념적으로나 물질적으로나 과거로 돌아갈 수 없다. "신"만 죽은 것이 아니다. "여신" 또한 죽었다. 또는, 둘 모두가 미세전자공학과 생명과학기술 정치로 충만한 세계에서 다시 태어났다. 생체 요소 같은 대상을 생각하려면, 본질적인 속성을 일컫는 용어가 아니라 설계 전략, 경계 제약, 유속, 시스템 논리, 한계 절감 비용과 같은 용어들을 활용해야 한다. 유성 생식은 다양한 번식 전략 중 한 가지에 불과하며 시스템 환경의 함수에 따라 도출되는 비용과 이익을 지닌다. 이제, 특정한 성과 성 역할 개념이 유기체나 가족 같은 자연적 대상의 유기체적 속성이라는 유성 생식 이데올로기는 설득력을 잃는다. 그와 같은 방식의 정당화는 비합리적이라는 사실이 드러날 것이고 비합리성을 폭로해나가는 과정에서 《플레이보이Playboy》를 읽는 기업체 중역과 반포르노 운동을 벌이는 래디컬 페미니스트는 아이러니하고도 기묘한 동침에 들어가게 될 것이다.

인종이라는 쟁점도 마찬가지다. 인간 다양성 이데올로기는 혈액형 및 지능지수 같은 매개 변수의 빈도로 표현되어야 한다. 원시나 문명 같은 개념을 떠올리게 만드는 것은 "비합리적"이다. 차별 없이 통합된 사회 체계를 추구하던 자유주의자 및 급진주의자의 기획은 "실험적 민족지ethnography"라는 새로운 실천 양식에 자리를 내주게 되며, 글쓰기 놀이에 몰입한 동안 유기체적 대상은 산산이 흩어져버린다. 이데올로기의 수준에서는 인종주의와 식민주의가 개발과 저개발, 현대화의 속도와 제약이라는 언어로 번역되는 모습을 보게 된다. 모든 대상과 인격이 합리적으로 사고되려면 해체와 재조립이라는 개념을 거쳐야 한다. 시스템 설계를 제약하는 "자연적 구조"는 없다. 이와 같은 측면은 전 세계 도시에 자리 잡은 금융 지역, 그리고 수출 가공업 및 자유 무역 지대가 함께 분명하게 드러내는 "후기 자본주의"의 기본 사실에 해당한다. 과학으로 알 수 있는 대상 전체가 이루는 우주는 (관리자에게는) 커뮤니케이션 공학 또는 (저항하려는 이들에게는) 텍스트 이론의 문제로 진술되어야 한다. 두 가지 모두 사이보그 기호학이다.

우리는 통제 전략이—자연 대상의 온전성integrity이 아닌—경계 조건과 인터페이스, 경계를 넘나드는 흐름의 비율에 집중될 것이라고 예상해야 한다. 서구 자아의 "온전성"이나 "진정성"은 의사결정 과정과 전문가 체계에 자리를 내주었다. 예를 들어, 새로운 인간을 출산할 수 있는 여성의 능력을 통제하는 전략은 인구 통제와 결정자 개인의 목표 성취 극대화라는 언어로 개발될 것이다. 통제 전략은 비율, 제한 비용, 자유의 정도와 같은 용어를 통해 진술될 것이다. 인간이라는 존재는 다른 모든 구성 요소나 하위 체계와 마찬가지로 기본 작동 양식이 확률론적·통계학적 체계를 갖춘 구조 속에 놓여야 한다. 대상, 공간, 신체는 그 자체로 신성하지 않다. 공통 언어common language를 매개로 신호를 처리할 수 있는 적절한 기준과 코드만 있다면, 모든 구성 요소가 인터페이스를 매개로 접합될 수 있는 것이다. 이세계의 교환은 마르크스가 그토록 잘 분석한 현상, 즉 자본주의 시장이 모든 것을 화폐로 교환할 수 있게 만들면서 도입한 보편적 번역의 한계마저 초월한다. 이 우주의 모든 구성 요소에 영향을 주는 특권적 병은 스트레스, 즉 소통의 실패다(호그니스Hogness 1983). 사이보그는 푸코의 생명정치에서 벗어난다. 사이보그는 잠재력이 훨씬 큰 실천의 장場인 정치를 흉내 낸다.

역사적으로 2차 대전 이후에 등장한 과학적·문화적 지식 대상에 대한 이와 같은 분석을 통해, 아리스토텔레스 이래 "서구" 담론의 질서를 규정한 유기체적·위계적 이원론이 여전히 우세한 듯 진행되는 페미니즘 분석에 크나큰 부적절함이 있다는 사실을 눈치챌 수 있다. 이원론은 재조립되기 위해 해체되었다. 조이 소피아Zoë Sofia(1984)라면 "기술−소화techno-digested"되었다고 말할 것이다. 정신과 육체, 동물과 인간, 유기체와 기계, 공과 사, 자연과 문화, 남성과 여성, 원시와 문명 등에서의 이분법은 하나같이 이데올로기적으로 의심스럽다. 여성들이 실제로 처한 상황은 지배의 정보과학이라는 생산/재생산과 커뮤니케이션의 세계 체제 속으로 통합/착취된 것이라고 할 수 있다. 가정, 일터, 시장, 공적 영역, 몸 자체, 이 모든 것이 거의 무한하게 다형적으로 분산되고 인터페이스로 접합될 수 있으며 이 과정은 여성과 다른 이들에게 막대한 영향을 끼치지만, 사람마다 대단히 다른 방식으로 영향을 받기 때문에 이에 대응하는 국제적 저항 운동을 만들어내기가 무척 힘들어지는 동시에, 살아남기 위해서는 그 어느 때보다 이와 같은 운동이 절실하다. 상상력을 구성하는 신화와 의미 체계를 포함해 과학기술의 사회관계를 다루는 이론과 실천은, 사회주의-페미니즘 정치를 재구성할 수 있는 중요한 경로 가운데 하나다. 사이보그는 해체되고 다시 조립되는, 포스트모던 집합체의 일종인 동시에 개인적 자아이다. 이것이 바로 페미니스트가 코드화해야 하는 자아이다.

커뮤니케이션 기술과 생명공학은 우리의 몸을 다시 가공하는 필수 도구이다. 이런 도구는 전 세계 여성이 맺는 새로운 사회관계를 구현하는 동시에 강제한다. 기술과학 담론은 어느 선까지는 형식화로, 즉 유동적 사회관계가 얼어붙은 순간으로 이해해볼 수 있지만, 의미를 강제하는 수단으로도 봐야 한다. 도구와 신화, 기구와 개념, 사회관계의 역사 체계와 지식 대상을 포함한, 가능한 신체 유형의 역사 해부학 사이에 놓인 경계는 투과될 수 있다. 신화와 도구는 분명 서로를 구성한다.

게다가 커뮤니케이션 과학과 현대 생물학은 공통의 움직임에 의해 구성된다. 이는 세계를 코드화의 문제로 번역하기, 즉 도구적 통제에 맞서는 저항을 모두 소멸시키면서 모든 이질성을 분해·재조립·투자·교환에 종속시키는 공통 언어에 대한 추구다.

인공두뇌의 (피드백-통제) 체계 이론은 커뮤니케이션 과학에서 세계가 코드화 문제로 번역되는 양상을 잘 보여준다. 사이버네틱스 이론은 전화 통신 기술, 컴퓨터 설계, 무기 배치, 또는 데이터베이스의 구축과 유지에 적용되는 이론이다. 각 사례에서 핵심 문제를 해결하는 방법은 언어 및 통제 이론에 달려 있다. 정보라고 불리는 양의 흐름이 지니는 비율, 방향, 확률을 결정하는 것이 핵심 작업이다. 세계는 정보 투과력이 서로 다른 경계들로 나뉘어 있다. 정보는 이처럼 양화 가능한 요소(단위unit, 즉 통일성unity의 기초)이자, 보편적 번역을 허용함으로써 견제받지 않는 (효율적 소통으로 일컬어지는) 도구적 권력을 허용한다. 이 같은 권력을 가장 크게 위협하는 것은 소통의 방해다. 시스템 붕괴는 종류를 불문하고 스트레스의 함수가 된다. 이 기술의 기본 원칙은 군사 작전 이론의 상징인 명령-통제-소통-첩보, 즉 C^3I의 은유로 응축될 수 있다.

현대 생물학이 세계를 코드화의 문제로 번역하는 방식은 분자유전학, 생태학, 사회생물학적 진화론 및 면역학에서 잘 드러난다. 유기체는 유전적 코딩과 판독의 문제로 번역되어 왔다. 글쓰기 기술인 생명공학은 생물학 연구 전반에 광범위한 영향력을 행사한다.[18] 어떤 면에서 유기체는 더 이상 지식 대상이 아니다. 이제 특별한 유형의 정보 처리 장치인 생체 요소가 지식 대상의 위치를 그 대신 차지한다. 생태학에서 드러나는 비슷한 경향을 추적하려면, 생태계라는 개념의 역사와 효용성을 조사하면 된다. 면역학을 비롯해 그와 관련된 의학적 실천은, 코드화 및 인식 시스템이 지식의 대상이자 신체적 현실의 구성물로서 특권적 위상을 차지하는 경향을 풍부한 사례를 통해 보여준다. 여기서 생물학은 암호 해독법의 일종이다. 연구는 첩보 활동과 같은 무엇이 되어버리고 만다. 아이러니가 넘쳐난다. 스트레스를 받은 시스템은 망가지고 커뮤니케이션 과정이 붕괴되어 남과 나의 차이를 인식하지 못한다. 개코원숭이의 심장을 이식받은 인간 아기들이 전국적으로 윤리적 혼란을 불러일으키는 것이다. 이 문제를 마주하게 되면, 인간 순수성의 수호자들뿐 아니라 동물 권리 활동가들도 혼란스러워한다. 미국에서 게이 남성 및 주사약 사용자들은 경계의 혼란과 도덕적 오염을 표시하는(몸에 새긴) 끔찍한 면역계 질병의 "특권적" 희생자들이다(트리힐러Treichler 1987).

　이제까지 살펴본 커뮤니케이션 과학 및 생물학의 예는 일상과 동떨어진 현상처럼 보일 수도 있다. 그렇지만 이런 과학기술의 변화는 우리가 사는 세계에 근본적인 구조 변화가 일어나고 있다는 점을 시사하며 나의 이러한 주장은 평범한 일상의 현실, 주로 경제적 현실로 뒷받침된다. 커뮤니케이션 기술은 전자공학에 의존한다. 현대 국가, 다국적 기업, 군사력, 복지국가 기구apparatus, 인공위성 시스템, 정치 과정, 우리 상상력의 구성, 노동-통제 시스템, 우리 신체가 의학적으로 구성되는 양식, 상업화된 포르노, 국제적 노동 분업, 종교적 복음주의 모두가 전자공학과 밀착되어 있다. 전자공학은 시뮬라크라simulacra, 즉 원본

없는 모사의 기술적 기반이다.

　전자공학은 노동을 로봇공학과 워드프로세서로, 성을 유전공학과 생식 기술로, 정신을 인공지능과 의사결정 과정으로 번역하는 과정을 매개한다. 새로운 생명공학은 인간 생식을 넘어서는 문제에 관여한다. 생물학은 재료와 과정을 재설계하는 강력한 공학으로 산업에서 혁명적 의미를 지니는데, 현재는 발효·농업·에너지 산업에서 가장 두드러지는 효과를 보인다. 커뮤니케이션 과학과 생물학은 기계와 유기체의 차이가 완전히 모호한 자연–기술적 지식 대상의 구성물이다. 정신, 신체, 도구는 아주 밀착된 관계를 맺는다. 일상생활의 생산 및 재생산을 구성하는 "다국적" 물리적 조직, 문화 및 상상력의 생산과 재생산이 갖춘 상징적 조직이 그 속에 나란히 함축되어 있다. 토대와 상부구조, 공과 사 내지는 물질과 관념의 경계를 유지하는 이미지가 이렇게 허술해 보인 적이 없을 정도다.

　나는 레이철 그로스먼Rachel Grossman(1980)이 보여준 집적회로integrated circuit 속 여성의 이미지를 활용해서, 과학기술의 사회관계가 특정 방식으로 실감되는 재구조화된 세계에서 여성들이 겪는 상황을 지목해왔다.[19] 과학기술의 사회관계라는 이상한 완곡어법은, 우리가 다루는 문제가 기술에 의해 결정되는 것이 아니라 구조화된 인간관계가 좌우하는 역사적인 체계라는 사실을 강조하기 위해 채택한 표현이다. 이 어구를 읽을 때는 과학기술이 새로운 권력의 원천이 되는 지금, 우리에게도 분석과 정치

활동에 자극을 줄 신선한 원천(라투르Latour 1984)이 필요하다
는 뜻으로도 읽어야 한다. 하이테크가 촉발한 사회관계에 뿌리
내린 인종·성·계급의 재배치는 사회주의 페미니즘을 효과적인
진보 정치에 더 적절하게 만들 수 있다.

"가정 밖의" 가사 경제

"신新산업혁명"은 섹슈얼리티와 민족성을 비롯해 세계 노동 계
급을 새로운 형태로 생산하고 있다. 극단적으로 유동화되는 자
본과 국제적 노동 분업의 출현은 새로운 집단의 등장보다 친숙
한 집단의 약화와 관계가 깊다. 이런 발전은 젠더 중립적이지도
않고 인종 중립적이지도 않다. 선진 산업사회의 백인 남성은 영
구적인 일자리 상실에 새로 노출된 집단인 반면, 일자리 회전에
서 여성이 사라지는 비율은 남성이 사라지는 비율과 동일하지
않다. 제3세계 국가의 여성들이 특히 전자제품 제조와 같은 수
출업 분야에서 과학적 기반을 갖춘 다국적 기업이 선호하는 노
동력이라는 정도의 이야기를 하자는 것이 아니다. 전체 그림은
훨씬 더 체계적이며 재생산, 섹슈얼리티, 문화, 소비, 생산의 문
제를 포괄한다. 원형적 실리콘밸리에서 여성 다수의 삶의 구조
가 전자제품과 관련된 일자리의 고용 주변부에서 형성되었고,
이 여성들의 피부에 와닿는 현실에는 연속적인 이성애 일부일

처, 육아와 관련된 협상, 확대 가족을 비롯한 전통 공동체로부터의 이탈, 연령과 더불어 증가하는 고독과 극단적인 경제적 취약성이 포함된다. 실리콘밸리 여성들의 민족적·인종적 다양성은 상호 충돌하는 문화·가족·종교·교육·언어적 차이의 소우주를 구조화한다.

리처드 고든Richard Gordon은 이와 같은 새로운 상황을 가사 경제homework economy라고 불렀다.[20] 고든은 이 가사 경제라는 말을 통해 전자제품이 도입되면서 말 그대로 집안일이 늘어난 현상을 분석하려는 한편, 예전에는 말 그대로 여자들만 하는 일로 간주되었던 여성적인 일과 동일한 성격을 공유하는 형태로 노동이 재구조화되는 현상을 명명하려는 의도를 지니고 있었다. 노동은 남성이 하든 여성이 하든, 말 그대로 여성적이며 여성화된 것으로 다시 정의되고 있다. 여성화된다는 것은 극단적으로 취약해진다는 것을 뜻한다. 곧, 해체되고 재조립되며 예비 노동력으로 착취될 수 있다는 것, 노동자보다는 서비스 제공자로 여겨진다는 것, 노동일 제한을 비웃기라도 하듯 급여가 지급되다 말았다 하는 노동 시간 배치에 종속된다는 것, 언제나 외설적이고 부적절한, 성으로 환원되는 실존의 경계에서 살아간다는 것이다. 탈숙련화는 한때 특권적 위치에 있던 노동자에게 새로 써먹을 수 있는 빤한 수법이다. 하지만 가사 경제는 대규모로 이루어지는 탈숙련화만 지시하는 것이 아니며, 이전까지 숙련 노동에서 배제된 여성과 남성 모두에게 새로운 고도 숙련의 노동 영역이 출현한다는 점을 부정하지도 않는다. 탈숙련화라는 이 개념은 오히려 공장·가정·시장이 새로운 차원에서 통합되고 있으며, 여성의 위치가 매우 중요할 뿐 아니라 여성들 사이의 차이 및 다양한 상황에서 남녀 관계가 갖는 의미를 분석할 필요가 있다고 지적한다.

세계 자본주의의 조직 구조인 가사 경제는 신기술에 따라 (생겨난 것이 아니라) 가능해졌다. 상대적으로 특권적인 일자리와 백인 남성이 대부분인 노동조합이 방어하던 일자리에 대한 공격의 성공, 대대적인 분산과 탈중심화에도 불구하고 노동을 통합하고 통제하려는 시도는 새로운 커뮤니케이션 기술의 권력과 맞물려 있다. 여성들은 신기술 도입의 결과를 이중으로 체감하게 된다. (이 같은 백인 특권에 접근할 기회가 있었던 한에서) 가족 (남성) 임금이 사라지고, 사무직 및 육아 같은 자신의 일들이 자본 집약적으로 탈바꿈하는 변화를 체험했다.

새로운 경제적·기술적 배치는 복지국가의 붕괴, 그리고 여성에게 본인뿐 아니라 남성, 아이, 노인의 일상까지 챙기라는 주문이 점점 강해지는 것과도 관련된다. 빈곤의 여성화는—복지국가가 해체되는 과정에서 안정된 직장이 예외가 되어버린 가사 경제에 의해 산출되고, 여성 임금은 자녀 부양을 위한 남성 임금과 같을 수 없다는 예측으로 뒷받침되는데—긴급한 관심의 대상이 되었다. 다양한 형태의 여성 가장 가구가 생겨나는 원인은 인종·계급·섹슈얼리티의 함수다. 하지만 이 추세가 일반화되면서 여성 연대의 기반이 다양해진다. 여성들에게 어머니라는 지위를 강요해온 현실이 어느 정도 작용한 결과, 여성이 일상을 지탱하는 역할을 으레 맡게 되는 현상은 전혀 새로울 것이 없다. 하지만, 전반적으로 자본주의적이며 갈수록 전쟁 의존적인 경제와 통합되는 현상 자체는 새롭다. 예를 들어 급여가 거의 없는 가사 서비스에서 탈출하는 데 성공한 뒤 사무 보조와 같은 일자리에 대량으로 투입된 미국 흑인 여성은 특수한 압력을 체감하며, 이 압력은 고용이 이루어져도 사라지지 않는 흑인 빈곤을 이해하는 데 많은 시사점을 던진다. 제3세계의 산업화 지역에 사는 십 대 여성들은, 경작지를 확보할 가능성이 점점 낮아지는 가운데 가족 부양에 필요한 현금을 마련할 수 있는 주요하거나 유일한 원천이 자기 자신이라는 점을 깨닫게 된다. 이와 같은 발전은 젠더와 인종의 정치 및 정신 역학에 큰 영향을 준 것이 분명하다.

자본주의 주요 3단계라는 틀(상업/초기 산업, 독점, 다국적)—각각 민족주의, 제국주의, 다국적주의에 연결되고 제임슨의 분석처럼 리얼리즘, 모더니즘, 포스트모더니즘이라는 세 개의 미학적 시기에 연결되는 틀—에서 나는 가족의 특수 형태가 자본의 형태 및 그 정치적·문화적 부수물의 형태에 변증법적으로 연결된다고 주장할 것이다. 문제와 불평등으로 체험될 수는 있겠지만, 아무튼 가족의 이념형ideal forms은 다음과 같은 도식으로 정리해 볼 수 있다. (1) 가부장제적 핵가족: 공과 사의 이분법으로 구조화되고, 개별적으로 분리된 [삶의] 영역들이라는 백인 부르주아 이념 및 19세기 앵글로-아메리칸 부르주아 페미니즘을 수반. (2) 근대 가족: 복지국가 및 가족 임금 같은 제도가 매개(또는 강제)하며, 1차 대전을 전후한 시기, 그리니치 빌리지[m]가 급진적인 형태로 표상한 비-페미니즘적 이성애주의 이념의 만개. (3) 가사 경제의 "가족": 여성 가장 가정이라는 형용모순의 구조와 폭발하는 다양한 갈래의 페미니즘, 그리고 젠더 자체의 역설적 강화와 붕괴.

이는 신기술로 인한 전 세계의 구조적 실업이, 가사 경제라는 그림의 일부로 편입되는 맥락이라고 할 수 있다. 로봇공학 및 관련 기술들이 "발전된" 국가에서 남성들을 실업 상태에 빠지게 하고, 제3세계의 "발전" 과정에서 남성의 일자리를 창출해내는 데 실패하며, 사무 자동화가 노동력이 과잉인 국가에서조차 표준이 되면서 노동의 여성화가 강화된다. 미국 흑인 여성은, 흑인 남성이 구조적인 불완전 고용("여성화")에 직면한다는 것이 어떤 것인지, 임금 경제에서 자신들이 배정받은 극도로 취약한 위치가 어떤 것인지 늘 알고 있었다. 섹슈얼리티·재생산·

---

[m] 뉴욕 맨해튼 남쪽의 부유한 동네다. 19세기 말엽에서 20세기 초반에는 예술가들이 터를 잡고 비트를 비롯한 아방가르드 예술 및 보헤미안적인 대안 문화를 추구했던 지역이지만, 20세기 후반에 재개발 및 고급화 과정을 거치면서 그러한 전통이 소실되었다. 20세기 전후에는 유럽인들이 이 지역으로 이주해오면서 유럽의 아나키즘 문화가 유입되기도 했다.

가족·공동체의 삶 등이 이와 같은 경제 구조와 얽혀 있다는 점, 그 수많은 얽힘의 방식을 따라 백인 여성과 흑인 여성의 상황이 분화되었다는 점은 이제 더는 비밀이 아니다. 더 많은 뭇 여성과 남성이 이와 같은 상황에 맞서게 될 것이며, (직업의 유무와 별도로) 기초 생활 보장의 문제와 관련해서 젠더와 인종을 넘어서는 연대를 구축하는 일은, 단지 좋은 정도가 아니라 필수적인 과제가 될 것이다.

신기술은 기아 및 세계의 자급 식량 생산에도 깊은 영향을 미치고 있다. 레이 레서 블럼버그Rae Lessor Blumberg(1981)는 여성이 전 세계적으로 자급 식량의 50퍼센트를 생산한다고 추정한다.[21] 여성들은 식량 및 에너지 작물의 상품화가 하이테크를 매개로 가속되면서 나오는 이윤에서 일반적으로 배제되는 한편, 음식을 생산해야 하는 의무는 줄지 않은 데다 재생산의 조건이 한층 복잡해졌기 때문에 더욱더 고된 나날을 보내고 있다. 녹색 혁명 기술은, 다른 하이테크를 통해 산업화된 생산과 상호작용하면서, 젠더화된 노동 분업과 젠더에 따른 이주 패턴을 바꾸려 하고 있다.

신기술은 로절린드 페체스키Rosalind Petchesky(1981)가 분석한 "사유화privatization" 형식에 깊이 연루된 것처럼 보인다. 이와 같은 사유화 형식에서는 군사화, 우익의 가족 이념과 정책, 기업 (및 국가) 자산을 더욱더 사적인 것으로 정의하는 현상이 시너지를 일으키며 상호작용한다.[22] 새로운 커뮤니케이션 기술들은 "공공의 삶"을 모두에게서 박탈하는 과정에서 근본적 역할을 담당한다. 이 기술들은 대부분의 사람, 특히 여성의 문화적·경제적 손실을 대가로 영구적인 하이테크의 군사 체제가 급속하게 성장하도록 촉진한다. 비디오게임 및 소형화된 텔레비전과 같은 기술은 현대적 형태의 "사적 삶"을 만들어내는 핵심 동력인 것 같다. 비디오게임 문화는 개인 간 경쟁 및 외계인과의 전쟁에 심하게 치중되어 있다. 하이테크의 젠더화된 상상력, 지구 파괴 및 SF적인 탈출을 생각할 수 있게 만드는 상상력은 바로 이 지점에서 생겨난다. 우리의 상상력만 군사화되는 것이 아니다. 전자공학과 핵기술을 이용한 전쟁이라는, 또 다른 현실에서도 벗어날 수 없는 것이다. 이와 같은 기술들은 최대의 이동성과 완벽한 교환을 약속한다. 우연하게도, 완벽한 이동과 교환의 실천 양식인 관광 산업이 세계에서 가장 큰 단독 산업 중 하나로 출현한다.

신기술은 섹슈얼리티와 재생산 모두의 사회관계에 영향을 주는데, 늘 같은 방식으로 작동하지는 않는다. 섹슈얼리티와 도구성instrumentality, 그리고 몸을 사적 만족감과 효용성을 극대화하는 기계로 보는 관점이 맺는 긴밀한 관계는 사회생물학적 기원 설화에 잘 기술되어 있다. 사회생물학적 기원 설화는 유전학적 미적분을 강조하면서 젠더 역할과 지배의 변증법이 불가피하다고 설명한다.[23] 이와 같은 사회생물학적 설화는 신체를 생체 요소 또는 사이버네틱스 커뮤니케이션 시스템으로 보는 하이테크적 관점에 의존한다. 재생산 환경에서 목격되는 수많은 변환 중에는 의학적 변환도 있다. 여기서 여성 신체의 경계는 "시각화"와 "개입"이 새롭게 투과할 수 있는 형태로 변경되었다. 당연한 이야기지만, 의학의 해석학에서 신체 경계에 대한 해석을 누가 좌우할 것인지는 페미니즘의 주요 쟁점 중 하나다. 1970년대에 자궁 검경은 여성이 자신의 신체에 대한 권리를 주장하는 과정에서 상징적 위상을 차지했다. 하지만 이 간단한 도구는 사이보그 재생산의 실천 과정에서 현실을 두고 협상을 벌일 때, 우리에게 필요한 몸 정치학에 맞지 않는다. 자구책은 충분하지 않고, 시각화 기술은 카메라로 하는 사냥이라는 중요한 문화적 실천 양식과 사진학적 의식의 깊은 곳에 잠복한 포식자 본성을 떠올리게 만든다.[24] 성, 섹슈얼리티, 재생산은 개인과 사회의 가능성에 대한 우리의 상상력을 구조화하는 하이테크 신화 체계의 중심에 있는 행위자들이다.

신기술의 사회관계가 지닌 또 다른 결정적 측면은 거대 과학기술 노동력을 위한 [삶의] 기대치·문화·노동·재생산이 재형식화되는 현상이다. 심하게 양극화된 사회 구조의 등장은 사회·정치적으로 중요한 위협이 된다. 모든 민족 집단의 여성과 남성, 특히 유색인 집단이 유흥부터 감시와 사각지대에 이르기까지 하이테크의 억압 장치로 통제되면서 가사 경제, 다양한 유형의 문맹, 일반화된 정리해고 및 무기력 속에 감금되는 것이다. 사회주의-페미니즘 정치가 적절한 형태가 되려면 특권화된 직업군, 그중에서도 과학기술의 담론·과정·대상을 생산하는 과학기술 업무에 종사하는 여성들의 문제를 상정해야 한다.[25]

이 문제는 페미니즘 과학의 가능성을 찾아가는 과정의 한 단면에 불과하지만, 중요하다. 지식, 상상, 실천 양식을 생산할 때 새로 형성된 과학 종사자 집단들은 어떤 구성적 역할을 담당할 수 있을까? 이와 같은 집단들은 진보적 사회·정치 운동과 어떻게 연대할 수 있을까? 정치적 책임을 어떤 형태로 구성할 때, 여성들이 서로를 갈라놓는 과학기술의 위계를 넘어 단결할 수 있게 될까? 반군사주의 과학 활동가 집단과 연대해서 페미니즘 과학/기술 정치를 발전시킬 방법이 있을까? 하이테크 카우보이를 비롯해 실리콘밸리에서 일하는 과학기술 노동자 상당수는 군사 과학을 연구하고 싶어 하지 않는다.[26] 이와 같은 개인적 취향과 문화적 성향이, 유색인을 포함한 여성의 수가 상당히 증가한 전문직 중산층의 진보 정치와 결합될 수 있을까?

집적회로 속의 여성들

여러 선진 산업사회에서 여성의 위치가 과학기술의 사회관계를 통해 일부 재구조화되면서 역사적으로 변경된 양상을 간단히 기술해보려 한다. 노동계급의 삶이 공장과 가정으로, 중산층의 삶이 시장과 가정으로, 젠더의 실존이 개인의 영역과 정치의 영역으로 나뉜다는 이미지에 드러나는 것처럼, 공적 영역과 사적 영역을 구분함으로써 여성의 삶을 특징짓는 것이 이데올로기적으로 가능했던 시절이 설령 있었다고 가정해볼 수 있을지는 몰라도, 지금은 그런 구분을 하는 것 자체가 상황을 왜곡하는 이데올로기에 불과하다. 앞서 이분법의 양쪽 항이 실천과 이론에서 서로를 구성하는 것을 보여주는 정도로도 어림없다. 나는 네트워크라는 이념적 이미지를 선호한다. 만개하고 있는 공간과 정체성들을 드러내는 것은 물론이고, 개인의 신체와 정치적 신체의 경계가 서로 투과될 수 있음을 암시하는 개념이기 때문이다. "네트워킹"은 페미니즘 실천이자 다국적 기업의 전략이다. 대항적인 사이보그에게는 엮기weaving가 있다.

이제는 앞에서 제시했던 지배의 정보과학 이미지로 돌아가서 집적회로 속 여성의 "자리"에 대한 전망을 하나 추적해보자. 여기서는 주로 선진 자본주의 사회의 관점에서 관념화된 사회적 위치 몇 가지만을 다룰 것이다. 바로 가정, 시장, 직장, 국가, 학교, 병원, 교회다. 관념화된 각각의 공간은 논리적으로나 실천적으로나 서로를 함축하기 때문에, 홀로그램 사진에 비유할 수 있을 것이다. 나는 현재 요구되는 분석과 실천 작업을 정비하는 데 힘을 보태기 위해, 신기술이 매개하고 강제하는 사회관계의 영향을 검토해보고 싶다. 하지만 이런 네트워크에는 여성의 "자리"란 없으며, 여성이 사이보그 정체성을 구성하는 데 꼭 필요한 차이와 모순의 기하학만 있다. 이와 같은 권력과 사회적 삶의 그물망을 읽는 법을 배우면, 새로운 결합 또는 새로운 연합을 이뤄낼 방법을 배울 수 있을지도 모른다. 다음에 제시된 목록은 통합된 자아의 관점, "정체화(동일시)identification"의 관점에서 읽어낼 수가 없다. 쟁점은 분산되어 있고, 과제는 디아스포라에서 생존하는 것이다.

가정: 여성 가장 가구, 연속적인 일부일처, 남성의 도주, 독거하는 노년 여성, 가사 노동의 테크놀로지, 가사 노동의 임노동화, 가정 노역장의 재출현, 가정 기반 사업과 재택근무, 전자화된 가내 공업, 도시의 홈리스, 이주, 모듈화된 건축, 강화된 (시뮬레이트된) 핵가족, 강도 높은 가정 폭력.

시장: 신기술로 제작된 신상품이 범람하는 가운데 새로 마케팅 대상이 된 여성들의 지속적 소비 노동(특히, 산업화된 국가들과 산업화 중인 국가들이 대량 실업의 위험을 모면하려 경쟁하게 되면서, 딱히 왜 필요한지 알 수 없는 상품을 판매할 시장을 넓히려 애를 쓸 수밖에 없다); 기존의 대중 시장을 무시한 채 부유층을 노린 광고 전략과 짝을 이루는, 양극화된 구매력; 부유층 하이테크 시장 구조에 대응하는 비공식 노동 및 상품 시장의 중요성 확대; 전자 금융을 통한 감시체제; 경험의 시장적 추상화(상품화)의 강화, 그로부터 등장한 실효성 없는 유토피아적 공동체 이론이나

그에 준하는 냉소적 이론들; 시장/금융 체계의 극단적인 유동성(추상화); 성적 시장과 노동 시장의 상호 침투; 추상화되고 소외된 소비가 섹슈얼리티와 한층 더 결부되는 현상.

직장: 성과 인종에 따른 노동 분업의 지속적 강화, 다만 특권적 직업군에 소속된 백인 여성과 유색인 수의 상당한 증가; 사무직·서비스직·생산직(특히 섬유)·농업·전자산업에서 일하는 여성들에게 신기술이 미치는 영향; 노동 계급의 국제적인 재구조화; 가사 경제를 촉진하는 새로운 시간 배치의 발달(가변 노동시간, 파트타임, 초과 근무, 수시 근무 no time); 가사 노동과 가정 외부에서의 노동; 양극화된 임금 구조를 강화하는 압력; 현금이 필요한 세계 인구의 상당수가 안정적인 고용을 경험한 바 없거나 기대하기 어려운 현실; 노동 대부분이 "주변적"이거나 "여성화"되는 현상.

국가: 복지국가의 지속적 붕괴; 감시 및 통제의 강화와 더불어 진행되는 탈중심화; 컴퓨터 통신을 매개로 한 시민권; 정보 부유층과 빈곤층의 분화 형태로 행사되는 제국주의와 정치권력; 하이테크 군사화의 강화와 다양한 사회 집단의 저항 증가; 직업의 이동성이 유색인 여성에게 미친 영향과 함께 사무직의 자본 집약적 성격 강화로 인한 행정직 감소; 물질적·이념적 삶과 문화가 점점 더 사유화되는 현상; 사유

화와 군사화의 긴밀한 통합, 부르주아 자본주의적인 개인의 삶과 공적 삶의 하이테크 형식; 추상적인 적을 믿는 심리 메커니즘과 관련해 상이한 사회 집단들이 서로를 인식할 수 없는 현상.

학교: 인종·계급·젠더에 따라 분화된 공교육의 매 단계가 하이테크 자본의 요구와 점점 더 강하게 맞물리는 현상; 학생과 교사를 위한 진보적이고 민주적인 교육 구조를 희생시키는 교육 개혁 및 정부 지원에 관여하는 관리 계급; 기술 관료적이고 군사화된 문화 속에서 대중의 무지와 억압을 낳는 교육; 의견을 달리하는 급진주의 정치 운동 속에서 증가하는 반과학적 신비주의와 그 추종; 백인 여성 및 유색인 집단에서 상대적인 과학 문맹의 지속; 과학 기반의 다국적 기업(특히 전자공학과 생명공학에 의존하는 회사들)이 산업화된 교육(특히 고등교육)을 강화하는 경향; 점차로 양극화되는 사회에서 고등교육을 받은 수많은 엘리트.

병원: 강화된 기계-신체 관계; 생식과 면역 체계의 기능 및 "스트레스" 현상과 특히 관계 깊은 개인의 신체적 경험들을 소통하는 공적 은유에 대한 재협상; 여성의 재생산 통제력이 실현되지 않고 잠재된 상황이 세계사적으로 갖는 의미에 대한 반응으로 재생산 정치가 강화되는 현상; 역사적

으로 특수한 새로운 질병의 출현; 하이테크 상품과 처리 절차가 침투한 환경 속에서 건강이 갖는 의미와 건강을 성취할 수단들을 둘러싼 투쟁; 건강에 대한 국가 책임을 둘러싼 투쟁의 강화; 미국 정치의 주요 형식으로서 대중 보건 운동이 차지하는 이념적 역할.

교회: 전자화된 자본과 자동화된 물신의 결합을 경배하는 전자공학적 근본주의자 "초구세주super-saver" 전도사들; 군사화된 국가에 저항하는 과정에서 교회가 차지하는 비중의 강화; 여성이 종교에서 갖는 의미와 권위에 대한 주요 투쟁들; 성 및 건강과 결합된 영성이 정치 투쟁에서 계속 발휘하는 중요성.

지배의 정보과학이 갖는 특징을 서술하는 유일한 방법은 가장 취약한 위치에 있는 사람들이 생존을 위한 네트워크를 이루는 데 종종 실패하여 불안정성과 문화적 빈곤이 크게 강화된다는 점을 지적하는 방법이다. 이 그림의 상당 부분은 과학기술의 사회관계와 얽혀 있으며, 과학기술의 문제를 다루는 사회주의-페미니즘 정치가 긴급하다는 점은 두말할 나위가 없다. 현재 많은 일이 이루어지고 있어 정치적 작업을 할 수 있는 밑바탕은 풍부하다. 임노동자 여성들이 집합적 투쟁 형식을 발전시키는 SEIU 925지부[27] 같은 노력은 우리 모두의 우선순위에서 상위에 있어야 한다. 이와 같은 노력은 노동 과정의 기술적 재구조화 및 노동계급의 개혁과 매우 깊게 연결되어 있다. 이 노력은 또한 백인 남성의 산업 노조에서는 거의 특권화된 적이 없던 쟁점들, 즉 공동체, 섹슈얼리티, 가족과 관련된 사안을 포함하는 보다 포괄적인 형태의 노동자 조직을 이해하도록 해준다.

과학기술의 사회관계에 관련된 구조적 재배치는 강렬한 양가감정을 불러일으킨다. 하지만 20세기 후반을 살아가는 여성들이 노동, 문화, 지식 생산, 섹슈얼리티, 재생산의 모든 양상과 맺는 관계의 함의가 순전히 우울하기만 한 것은 아니다. 마르크스주의 논의의 대부분은 아주 타당한 이유로 지배를 가장 잘 꿰뚫어 보면서도, 후기 자본주의 사회의 허위의식 또는 사람들 자신이 피지배에 공범으로 연루되어 있다고 볼 수밖에 없는 현상을 이해하는 데 어려움을 겪고 있다. 특히 여성의 관점에서 볼 때, 이른바 상실된 것이란 현재 자행되는 침해에 대한 반작용으로 낭만화되고 자연화된 형식의 해로운 억압일 때가 많다는 점을 잊지 않는 것이 매우 중요하다. 하이테크 문화로 형성된, 통일성이 분열되는 현상에 대한 양가감정은 우리가 의식을 "탄탄한 정치적 인식론을 정초하는 명쾌한 비판" 대 "조작된 허위의식"이라는 범주로 분류하는 대신, 막강한 잠재력을 지닌 쾌감이나 경험 그리고 역량의 출현을 섬세하게 이해함으로써 게임의 규칙을 바꿀 수 있기를 요구한다.

인종·젠더·계급을 가로지르는 새로운 통일성의 기반이 출현하는 가운데 희망의 근거가 드러난다. 사회주의 페미니즘 분석의 기초단위가 되는 이 범주들 자체가 다채로운 변환을 겪고 있기 때문이다. 과학기술의 사회관계와의 관련 속에서 점점 더 빠른 속도로 더 큰 어려움을 겪게 되는 현상은 전 세계적으로 심각한 수위에 도달했다. 하지만 사람들의 경험은 완전히 투명하지 않고, 효과적인 경험 이론을 집합적으로 구축하는 데 필수적인 섬세한 접속도 충분하지 않다. "우리의" 경험을 해명하고자 하는 마르크스주의, 정신분석, 페미니즘, 인류학의 노력조차 아직 초보적인 단계에 있다.

나는 내 관점이 나 자신이 처한 역사적 위치 탓에 별종에 가깝다는 사실을 의식하고 있다. 스푸트니크호의 발사가 미국의 국가 과학 교육 정책에 미친 영향 덕분에 나 같은 아일랜드계 천주교 신자 여성이 생물학 박사가 될 수 있었다. 나의 몸과 마음은 페미니즘 운동뿐 아니라 2차 대전 이후의 군비 경쟁과 냉전에 의해서 역시 구성되었다. 현재의 패배보다 정치가 발휘하는 모순적 효과에 주목하면 희망을 품을 이유가 더 많아진다. 체제를 옹호하는 미국 기술관료technocrats를 생산하기 위해 설계한 정책이 반체제자를 양산해내기도 한 것이다.

페미니즘 관점의 영구적 부분성은 정치 조직과 참여의 형식에 대한 우리의 기대치에 영향을 미쳐왔다. 총체성이 있을 때만 잘 해낼 수 있는 것은 아니다. 완벽하게 진실한 언어를 향한 꿈, 경험을 완벽히 충실하게 명명하는 가능성을 향한 모든 꿈과 마찬가지로 공통 언어를 향한 페미니스트의 꿈은 전체주의적이며 제국주의적인 꿈이다. 모순을 해결하려 하는 변증법 역시 그런 의미에서 꿈의 언어다. 우리는, 아이러니하게도, 동물 및 기계와의 융합을 통해 서구 로고스의 체현인 (남성)인간이 되지 않는 방법을 배울 수 있을지도 모른다. 과학기술의 사회관계를 통해 불가피해진, 강력하고 금기시되는 융합에서 체험하는 쾌감에 주목하면 페미니즘 과학이 정말로 가능할지도 모른다.

사이보그: 정치적 정체성의 신화

20세기 후반의 정치적 상상력에 영향을 줄, 정체성 및 경계에 관련된 신화 하나를 제시하며 글을 마무리하고 싶다. 나의 논의는 조안나 러스Joanna Russ, 새뮤얼 R. 들레이니Samuel R. Delany, 존 발리John Varley, 제임스 팁트리 주니어James Tiptree Jr., 옥타비아 버틀러Octavia Butler, 모니크 위티그Monique Wittig, 본다 매킨타이어Vonda Mc-Intyre 같은 작가들에 신세를 지고 있다.[28] 우리의 이야기꾼인 이들은 하이테크 세계에 체현된다embodied는 것의 의미를 탐사한다. 이들은 사이보그를 위한 이론가다. 몸의 경계에 관련된 개념들과 사회 질서를 탐구한 인류학자 메리 더글러스Mary Douglas (1966, 1970)는 몸의 이미지가 세계관과 정치 언어에 얼마나 근본적인 영향을 주고 있는지 깨닫게 해준 사람이다.

뤼스 이리가레Luce Irigaray 및 모니크 위티그와 같은 프랑스 페미니스트들은 서로 간의 차이에도 불구하고 모두 몸에 관해 쓰는to write the body 방법을 알고 있으며 체현의 이미지, 그리고 특히 위티그의 경우에는 몸의 파편화와 재구성의 이미지로부터 에로티시즘과 우주론, 정치를 직조해내는 방법을 안다.[29] 수전 그리핀Susan Griffin, 오드리 로드Audre Lorde, 에이드리엔 리치Adrienne Rich 같은 미국 래디컬 페미니스트들은 우리의 정치적 상상력에 깊은 영향을 주었다. 한편으로는 이들의 영향 때문에 우리가 친근한 신체적·정치적 언어로 허용할 수 있는 언어의 범위가 지나치게 제한된 것 같기도 하다.[30] 이들은 유기체적인 것을 옹호하면서 기술적인 것과 대립시킨다. 하지만 그들의 상징체계 및 그와 연관된 생태여성주의 및 페미니스트 이교 신앙paganism 속에 넘쳐나는 유기체주의는, 20세기 후반에 적합한 '대립 이념'이라는 샌도벌의 용어를 통해서만 이해될 수 있다. 그들은 기계나 후기 자본주의 의식에 사로잡히지 않은 사람들을 어리둥절하게 만들 것이다. 이런 의미에서 그들은 사이보그 세계의 일부다. 하지만 유기체와 기계의 구분을 비롯해 서구적 자아의 구조를 만드는 깔끔한 구분선이 무너지면서 출현하는 독특한 가능성을 단호히 포용할 때, 페미니즘은 엄청난 자원을 얻게 된다. 붕괴의 동시성은 지배의 기반에 균열을 내면서 기하급수적인 가능성을 연다. 개인적이고 정치적인 "기술적" 오염에서 무엇을 배울 수 있을까? 나는 서로 겹치기도 하는 두 유형의 텍스트를 간단히 살펴보면서 사이보그 신화를 구성하는 데 도움이 될 만한 통찰을 얻어보려 한다. 바로 유색인 여성과 괴물 자아를 구성하는 페미니즘 SF다.

　나는 앞에서 "유색인 여성"을 사이보그 정체성의 한 형태로 제시했다. 사이보그 정체성이란, 오드리 로드의 "생물적 신화학biomythography"인 《제이미Zami》(로드 1982; 킹 1987a, 1987b)가 서술하는 복합적인 정치-역사적 층 속에 퇴적된 "아웃사이더" 정체성들을 융합하여 합성되는 강력한 주체성이다. 이런 잠재력을 지도로 그릴 수 있게 해주는 물질적이고 문화적인 격자망이 있다. 로드(1984)는 《시스터 아웃사이더Sister Outsider》라는 책의 제목에서 이 느낌을 포착해낸다. 내 정치 신화에서 시스터 아웃사이더(이방인 자매)는 외국인 여성으로, 여성이거나 여성화된 미국 노동자들이 자신들의 연대를 방해할 뿐더러 안전을 위협하는 적이라고 여기게끔 가정된 상대이다. 미국 국경 안에서 시스터 아웃사이더는 같은 산업에서 분열과 경쟁을 유도하고 착취하기 위해 조작당하는 여성들의 인종적·민족적 정체성의 한복판에 놓인 잠재력이다. "유색인 여성"은 과학 기반 산업에서 선호되는 노동력이며 전 세계의 성 시장, 노동 시장, 재생산 정치의 만화경을 일상으로 도입하는 현실의 여성들이다. 성 산업과 전자제품 조립 공장에 고용된 젊은 한국 여성들은 고등학교에서 모집되고 집적회로를 만드는 교육을 받는다. 읽고 쓰는 능력, 특히 영어 능력은 다국적 기업에 이처럼 "값싼" 여성

노동을 매우 매력적인 것으로 만든다.

"구술적 원시성"같은 오리엔탈리즘적 전형과는 반대로, 유색인 여성에게 읽고 쓰는 능력은 특별한 징표이며, 미국에서는 흑인 여성과 남성들이 읽고 쓰기를 배우기 위해 목숨을 걸어온 역사를 통해 습득한 능력이다. 글쓰기는 식민화된 집단 모두에게 각별한 의미가 있다. 글쓰기는 구술 문화와 문자 문화, 원시적 사고방식과 문명화된 사고방식을 구분하는 서구 신화에서 결정적인 위치를 차지해왔고, 더 최근에는 일신론적·남근적·권위주의적·단독적인 작업, 즉 유일하고 완벽한 이름을 경배하는 서구의 남근 로고스 중심주의phallogocentrism를 공격한 "포스트모더니즘" 이론을 거쳐, 문제의 이분법들이 붕괴되는 데도 결정적인 역할을 담당했다.[31] 글쓰기의 의미가 걸린 씨름은 현대 정치 투쟁의 주요 형식 중 하나다. 글쓰기 놀이의 해방은 더없이 진지한 문제다. 미국 유색인 여성의 시와 이야기들은 글쓰기, 곧 의미화의 권력을 쟁취하는 문제와 반복적으로 관련되지만 이때의 권력은 남근적이거나 순수해서는 안 된다. 사이보그 글쓰기는 에덴으로부터의 추방, 곧 언어 이전, 글쓰기 이전, (남성)인간의 등장 이전, 옛날 옛적의 총체성을 상상하지 말아야 한다. 사이보그 글쓰기는 본원적 순수함이라는 기반 없이, 그들을 타자로 낙인찍은 세계에 낙인을 찍는 도구를 움켜쥠으로써 획득하는 생존의 힘과 결부된다.

이와 같은 도구는 자연화된 정체성의 위계적 이분법을 역전시키고 탈구시키는 이야기이거나 다시 들려주는 이야기인 경우가 많다. 사이보그 저자들은 기원 설화를 다시 들려주면서 서구 문화의 핵심적 기원 신화들을 전복한다. 이와 같은 기원 신화 및 종말을 통해 그 내용을 실현하려는 열망이 우리 모두를 식민화해왔다. 페미니스트 사이보그에게 가장 결정적인 남근 로고스 중심주의 기원 설화는 글쓰기 기술—세계를 쓰는 기술, 즉 생명공학 및 전자공학—안에 구축된 채, C³I의 격자 위에서 우리의 신체를 코드의 문제로 텍스트화했다. 페미니스트 사이보그 이야기의 과제는 소통과 통신을 재코드화해서 명령과 통제를 전복하는 것이다.

은유적으로 그리고 문자 그대로 언어 정치는 유색인 여성의 투쟁에 스며 있다. 현대 미국 유색인 여성들이 쓴 다채로운 글들에서 언어에 대한 이야기는 특별한 힘을 지닌다. 예를 들어 신대륙의 "사생아" 인종인 메스티소의 어머니이자 언어의 달인, 코르테스의 정부였던 토착민 여성 말린체Malinche의 이야기를 다시 이야기하는 것은 멕시코계 미국인 여성의 정체성 구성에서 각별한 의미가 있다. 체리 모라가Cherríe Moraga 는《전쟁 시대의 사랑Loving in the War Years》(1983)에서 본원적 언어를 소유하거나 기원 설화를 이야기한 적이 없고 문화라는 낙원에서 합법적 이성애의 조화 속에 살아본 적이 없기에 순진무구한 상태에서 타락했다는 신화가 없는 상황, 부모로부터 자연적으로 물려받은 이름에 대한 권리에 정체성을 정초할 수 없는 상황에서 정체성이란 어떤 것인지를 탐구한다.[32] 모라가의 글과 탁월한 문해력은 시에서 드러나며, 말린체가 정복자의 언어에 능통해진 것과 비슷한 종류의—사생아적 생산이자 생존을 가능케 하는— 위반을 보여준다. 모라가의 언어는 "온전"하지 않다. 의식적으로 잘라 이어붙인 언어, 정복자의 언어인 영어와 스페인어의 키메라다. 하지만 위반 이전의 본원적인 언어를 주장하지 않고 에로틱하고 능란하며 강력한 유색인 여성 정체성을 만들어내는 것은 바로 이 키메라 괴물이다. 시스터 아웃사이더가 세계 내 생존의 가능성을 암시할 수 있는 힘은 순수성이 아니라 경계에서 살 수 있는 능력, 그리고 종말과 더불어 아들의 나선적 전유에서 해방되어 순수하며 전능한 어머니로 묘사되는 죽음의 일체성으로 최종 회귀한다는, (남성)인간의 상상력 속 본원적 총체성이라는 정초 신화와 무관하게 글을 쓸 수 있는 능력에서 나온다. 글쓰기는 모라가의 몸에 낙인을 찍고 그 몸을 유색인 여성의 몸으로서 긍정하며, 앵글로색슨 아버지라는 낙인 없는 범주나, 존재한 적 없는 "본원적 문맹"의 어머니를 언급하는 오리엔탈리즘적 신화에 편입될 가능성을 차단한다. 말린체는 어머니지만 선악과를 먹기 전의 이브가 아니다. 글쓰기는 남근 로고스 중심적 (남성)인간의 가계에 필요한, 글쓰기로-타락하기-전의-여성 대신 시스터 아웃사이더를 긍정한다.

글쓰기는 무엇보다 사이보그의 기술로, 20세기 후반에 만들어진 글자판이다. 사이보그 정치는 언어를 향한 투쟁으로, 완벽한 소통에 대항하며, 모든 의미를 완벽하게 번역해내는 하나의 코드, 즉 남근 로고스 중심주의라는 중심 원리에 대항하는 투쟁이다. 사이보그 정치학이 소음을 고집하며 오염을 긍정하고 동물과 기계의 불법적 융합을 기뻐하는 까닭이 여기에 있다. 이 결합은 남성Man과 여성Woman을 문제 삼고 언어와 젠더를 생산한다고 상상되는 힘인 욕망의 구조를 전복함으로써 자연과 문화, 거울과 눈, 노예와 주인, 육체와 정신이라는 "서구의" 정체성이 재생산되는 구조와 양태를 전복한다. "우리"는 본래부터 사이보그가 되기로 선택하지는 않았다. 하지만 선택은 "텍스트"가 널리 복제되기 이전 시대의 개체 재생산을 상상하는 자유주의 정치와 인식론을 정초한다.

　다른 모든 유형의 지배를 포함하는 억압, 결백한 피해자라는 순수성, 자연에 더 가깝게 뿌리내린 자들의 지반 같은 "우리의" 특권적 위치에서 정치의 근거를 마련할 필요에서 벗어난 사이보그의 시점에서, 우리는 강력한 가능성을 볼 수 있다. 페미니즘과 마르크스주의는 억압들의 위계, 그리고/또는 도덕적으로 우월하고 순수하며 자연과 더 닮은 잠재적 위치에서 혁명 주체를 구성하라는 서구의 인식론적 정언명령에서 좌초해왔다. 공통 언어에 대한, 또는 적대적인 "남성적" 분리에서 보호해주겠다는 본원적 공생에 대한 본원적 꿈을 꿀 수 없는 대신 최종적으로 특권화된 읽기나 구원의 역사가 없는 텍스트의 놀이 속에 쓰여 있을 때 비로소 "자신"이 세계 속에 완전히 속해 있다는 인식은 정치의 근거를 정체성이나 전위당, 순수성, 어머니 역할에서 찾을 필요에서 해방시켜준다. 정체성을 빼앗긴 사생아 종족은 주변부의 힘, 말린체 같은 어머니의 중요성을 가르쳐준다. 유색인 여성은 말린체를 남성주의적 공포 속 사악한 어머니로부터, 본래부터 읽고 쓰기 능력을 지닌, 생존의 기술을 가르쳐주는 어머니로 바꿔왔다.

이것은 단순히 문학적 해체가 아니라 문턱의 변환이다. 본원적인 순수성에서 출발해 온전성으로의 회귀에 특권을 부여하는 모든 이야기는 삶이라는 연극이 개체화, 분리, 자아의 탄생, 자율성의 비극, 글쓰기로의 추락, 소외로 이루어진다고, 즉 대타자the Other의 젖가슴에서 상상적인 휴식을 취함으로써 완화되는 전쟁이라고 상상한다. 결점 없는 재탄생, 완성, 추상이 구현하는 재생산 정치가 이와 같은 플롯을 다스린다. 이런 플롯은, 여성을 더 나은 존재로 상상하든 더 나쁜 존재로 상상하든 간에, 하나같이 여성은 자아성을 덜 가지고 있고 개체화가 덜 되어 있으며 구강기적인 것이나 어머니Mother에 더 잘 융합되고 남성적 자율성에 덜 좌우된다고 간주한다. 하지만 남성적 자율성에 덜 의존할 수 있는 길이 또 있다. 이 길은 원형적 여성Woman, 원시성, 영점, 거울 단계와 그 가상을 통과하지 않는다. 이 경로는 타고난 여성Woman born이 아니라, 다른 현재 시제의 사생아 사이보그, 피해자화를 이데올로기적 자원으로 삼기를 거부하며 진짜 삶을 살고자 하는 여성들women을 통과한다. 이 사이보그들은 "서구"

논평자가 또 하나의 원시적·유기적 집단이 "서구의" 기술, 그러니까 글쓰기를 접하는 바람에 슬프게도 소멸해버렸다고 아무리 여러 차례 말해도, 큐 사인에 맞춰 퇴장하기를 거부한다.[33] 이 현실세계의 사이보그들(예를 들어, 아이와 옹Aihwa Ong이 서술한 것처럼 일본과 미국의 전자제품 회사들에서 일하는 동남아시아 여성들)은 자신들의 몸과 사회라는 텍스트를 능동적으로 다시 쓰는 중이다.[34] 이 글 읽기 놀이에는 생존이 걸려 있다.

요약하자면 서구 전통에서는 특정 이원론들이 유지되어왔다. 이 이원론 모두는 여성, 유색인, 자연, 노동자, 동물—간단히 말해 자아를 비추는 거울 노릇을 하라고 동원된 타자—로 이루어진 모든 이들을 지배하는 논리 및 실천 체계를 제공해왔다. 이 골치 아픈 이원론에서는 자아/타자, 정신/육체, 문화/자연, 남성/여성, 문명/원시, 실재/외양, 전체/부분, 행위자/자원, 제작자/생산물, 능동/수동, 옳음/그름, 진실/환상, 총체/부분, 신/인간과 같은 것이 중요하다. 지배되지 않는 주체the One이며, 타자의 섬김에 의해 그 사실을 아는 것이 자아다. 미래를 쥐고 있으며 지배의 경험을 통해 자아의 자율성이 거짓임을 알려주는 이가 타자다. 주체가 된다는 것은 자율성을 확보하고 막강해지며 신이 된다는 것을 뜻한다. 하지만 주체됨은 환상이며 그 때문에 타자와 함께 종말의 변증법에 들어가게 된다. 반면 타자됨은 다양해지는 것, 분명한 경계가 없는 것, 너덜너덜해지는 것, 실체가 사라지는 것이다. 하나는 너무 적지만 둘은 너무 많다.

하이테크 문화는 흥미로운 방식으로 이 이원론들에 도전한다. 인간과 기계의 관계에서는 누가 생산자이고 누가 생산물인지 불확실하다. 코딩 작업으로 구성되는 기계에서는 무엇이 정신이고 무엇이 육체인지 분명치 않다. 우리가 우리 자신을 (생물학 같은) 공식 담론과 (집적회로 속 가사 경제와 같은) 일상적 관행 모두의 맥락에서 이해하게 되면, 우리는 우리 자신이 사이보그, 하이브리드, 모자이크, 키메라임을 깨닫게 된다. 생물학적 유기체들은 생체 시스템, 다른 기계들과 같은 커뮤니케이션 장치가 되었다. 기계와 유기체, 기술적인 것과 유기체적인 것에 관한 공식적 지식에서 근본적·존재론적 분리는 없다. 리들리 스콧Ridley Scott의 영화 〈블레이드 러너Blade Runner〉에 나오는 리플리컨트replicant 레이철은 사이보그 문화의 공포·사랑·혼란의 이미지를 상징한다.

그에 따른 결과로 도구와의 연결 감각이 증대되기도 한다. 컴퓨터 사용자들 상당수가 경험하는 트랜스 상태는 SF 영화와 문화적 농담에서 단골 소재가 되었다. 어쩌면 신체 마비를 비롯한 중증 장애를 지닌 사람들이 다른 커뮤니케이션 장치와의 복합적인 혼종화 경험을 가장 강하게 시도하거나 체험할 수 있을 것이다.[35] 앤 매카프리Anne McCaffrey의 《노래하는 배The Ship Who Sang》(1969)는 중증 장애를 지니고 태어난 소녀의 두뇌가 복잡한 기계장치와 하이브리드가 되면서 생겨난 사이보그 의식을 탐구한다. 이 이야기는 젠더, 섹슈얼리티, 체현, 기술 모두를 재구성한다. 왜 피부가 우리 몸의 경계가 되어야 하며 다른 것들은 피부 속에 넣어야 몸의 일부가 될 수 있는가? 17세기 이래 지금까지 기계는 생명을 불어넣을 수 있는 대상이었다. 기계가 말하거나 움직이게 하거나 기계의 질서 정연한 발달과 정신 능력을 설명하기 위해 유령 같은 영혼이 기계에 깃든다고 여겼다. 반대로 유기체를 기계화할―정신의 자원이라는 위상을 갖는 육체로 환원할―수도 있었다. 이런 기계/유기체 관계는 진부하며 불필요하다. 기계는 우리에게 상상과 실천 모두에서 보철 장치, 친근한 구성 요소, 다정한 나 자신들이 될 수 있다. 침투 불가능한 총체성, 완전한 여성 및 그 페미니즘적 변이(돌연변이?)를 내놓는 유기체적 전체론은 우리에게 쓸모가 없다. 이제 이 논점을, 페미니즘 SF에 나오는 사이보그 괴물들의 논리를 아주 부분적으로만 읽어내는 작업을 통해 정리해볼까 한다.

　　페미니즘 SF를 채우는 사이보그들은 남성이나 여성, 인간, 인공물, 인종 구성원, 개체적 실체entity, 몸의 지위를 매우 문제적인 것으로 만든다. 케이티 킹은 이 소설들을 읽을 때 느끼는 쾌감이 정체성과 거의 관련이 없는 까닭을 설명해준다. 제임스 조이스James Joyce나 버지니아 울프Virginia Woolf 같은 모더니스트 작가들에 움찔하지 않도록 단련된 학생들이, 조안나 러스를 처음 읽을 때면 《알릭스의 모험Adventures of Alix》이나 《여성인간The Female Man》과 같은 소설에서 등장인물이 영웅적 탐험이나 넘쳐흐르는 에로티시즘, 진지한 정치를 추구하는 데는 만족하면서도 순진무구한 총체성을 찾기를 단호히 거부하는 것에는 당황해한다. 《여성인간》은 유전형이 서로 같은 네 사람의 이야기다. 이 네 사람은 함께 모이더라도 전체를 만들거나 폭력적인 도덕 행위의 딜레마를 해결하거나 젠더라는 스캔들의 확장을 피할 수 없다. 새뮤얼 R. 들레이니, 특히 《네베리온 이야기 *Tales of Nevèrÿon*》 같은 페미니즘 SF는 신석기 혁명을 다시 구현해보면서 서구 문명을 수립하는 변화를 다시 밟아나가고 그 타당성을 전복함으로써 기원 설화를 흉내 내며 조롱한다. "진짜" 젠더가 밝혀지기 전까지는 매우 남성적이라고 여겨진 소설들을 쓴 작가 제임스 팁트리 주니어는 수컷의 육아낭 및 육아의 세대 교번, 즉 포유류와는 기술적으로 다른 생식의 이야기를 들려준다. 존 발리는, 사이보그 이후 시대의 공생체가 기이한 형태로 줄지어 증식하는, 미친 여신-행성-마술사 trickster-노파-기술 장치인 가이아 Gaea를 원형-페미니즘적으로 탐사해서 최고의 사이보그를 만들어낸다. 옥타비아 버틀러는 경쟁자의 유전적 조작을 막기 위해 변신 능력으로 맞서는 아프리카 여성 주술사의 이야기(《야생종 *Wild Seed*》), 현대 미국 흑인 여성을 노예 시대로 돌려놓은 뒤, 백인 주인-조상과 관련된 자신의 행위가 그녀 자신의 출생 가능성을 결정하게 되는 타임워프 이야기(《킨 *Kindred*》), 적이 자신이라는 것을 깨닫게 되는 교차-종 입양 아동이 공동체 및 정체성에 대해 금지된 통찰에 도달하는 이야기(《생존자 *Survivor*》)를 쓴다. "이종 창세기 Xenogenesis" 시리즈의 첫 작품인 《새벽 *Dawn*》(1987)에서 버틀러는 릴리스 이야포Lilith Iyapo의 이야기를 들려준다. '릴리스'라는 이름은 아담이 쫓아낸 첫째 아내를 연상시키고 '이야포'라는 성은 미국의 나이지리아 이주민 가정 아들의 미망인이라는 지위를 표시한다. 흑인 여성이자 아이를 떠나보낸 어머니인 릴리스는 핵전쟁의 홀로코스트 이후 지구의 서식처를 개량하면서 인간 생존자들이 자신들과 융합하도록 강요하는, 외계인 연인/구조자/파괴자/유전공학자들과의 유전적 교환을 통해 인류의 변환을 매개한다. 이 소설은 20세기 후반의 인종과 젠더에 따라 구조화된 신화의 장에서 생식·언어·핵의 정치를 조사한다.

본다 매킨타이어의 《슈퍼루미널Superluminal》은 경계 위반을 특히 다채롭게 담은 소설이기 때문에, 체현과 페미니즘 글쓰기의 쾌감과 정치를 재정의하는 데 도움이 될, 희망적이고 위험한 괴물의 일부만 열거한 이 카탈로그를 마무리하는 데 적합한 것 같다. 이처럼 등장인물 모두가 "단순히" 인간이 아닌 소설에서 인간의 지위는 매우 문제가 된다. 유전적으로 변형된 잠수부 오르카는 범고래와 이야기를 나눌 수 있고 심해 환경을 견딜 수 있지만 파일럿이 되어 우주를 탐험하기를 갈망하는데, 그렇게 하려면 잠수부 및 고래와의 친족관계를 위험에 빠뜨리는 생체이식을 받아야 한다. 변형은, 새로운 발달 유전 암호를 담은 바이러스 벡터, 이식 수술, 마이크로 전자장치 삽입, 유사한 복제 신체를 비롯해 다양한 수단을 동원함으로써 개시된다. 라이니어는 심장 이식을 비롯해 초광속 이동을 견딜 수 있게 해주는 수많은 신체 개조를 거쳐 비행사가 된다. 라두 드라큘은 외행성에서 창궐한 바이러스성 전염병을 이겨낸 뒤, 종 전체의 공간 지각 경계를 바꾸는 시간 감각을 획득한다. 등장인물들은 모두 언어의 한계, 경험을 소통하는 꿈, 거대한 변환과 연결의 세계에서조차 필요한 한계와 부분성, 친밀성을 탐사한다. 그런데 《슈퍼루미널》은 또 다른 의미에서도 사이보그 세계의 결정적 모순을 보여주는 대표적인 작품이다. 지금까지 말해온 바대로 페미니즘 이론과 식민주의 담론이 교차하면서 SF 텍스트 속에 구현된 작품인 것이다. 다수의 "제1세계" 페미니스트들이 이런 둘 사이의 접점을 인정하지 않고 억압하려 해왔고, 나 역시 조이 소폴리스(n.d.)가 지적하기 전까지는 《슈퍼루미널》을 그런 "제1세계" 페미니스트의 방식으로 읽었다. 조이 소폴리스는 지배의 정보과학의 세계 체제에서 나오는 다른 위치에 있었기에, 여성 작가의 작품을 포함한 SF 문화에 제국주의적인 경향이 있다는 사실을 날카롭게 인식할 수 있었다. 소폴리스는 오스트레일리아 페미니스트의 감각으로, 매킨타이어를 《슈퍼루미널》로 로맨스를 다시 쓴 작가로서보다는, 커크 함장과 스팍의 모험을 그린 TV 시리즈 〈스타트렉 *Star Trek*〉을 쓴 작가로서 더 쉽게 인식했기 때문이다.

서구의 상상력에서 괴물들은 늘 공동체의 한계를 정의해왔다. 결혼을 파괴하고 동물성과 여성으로 전사의 경계를 오염시킨 고대 그리스의 켄타우로스와 아마존은, 그리스 시대 남성 인간의 폴리스라는 세계 중심의 한계를 정립했다. 근대 초기의 프랑스에서 혼란스러운 인간 육체였던 샴쌍둥이와 양성 구유자는 근대 정체성 정립의 필수 요소였던 자연과 초자연, 의학과 법학, 흉조와 질병에 대한 담론을 정초했다.[36] 진화론과 행동과학에서는 원숭이와 유인원이 20세기 후반 산업사회 정체성의 다중적 경계를 표시해왔다. 페미니즘 SF에 등장하는 사이보그 괴물들은 남성Man 및 여성Woman이 등장하는 세속적인 소설과는 사뭇 다른 정치적 가능성과 한계를 정의한다.

　적이 아닌 모습의 사이보그 이미지를 진지하게 받아들이면 여러 결과가 생겨난다. 우리의 몸들, 즉 우리 자신인 몸들은 권력과 정체성의 지도다. 사이보그도 예외는 아니다. 사이보그 신체는 순수하지 않다. 에덴에서 태어나지 않았기 때문이다. 사이보그 신체는 통합적 정체성을 추구하지 않기에 종말 없는 (또는 세계가 끝날 때까지) 적대적 이원론들을 발생시키며, 아이러니를 당연하게 받아들인다. 하나는 너무 적고, 둘은 오직 하나의 가능성에 불과하다. 기계를 다루는 기술에서 느끼는 강한 쾌감은 더 이상 죄가 아니고, 체현의 한 양상이 될 뿐이다. 기계는 생명을 불어넣거나 숭배하거나 지배할 대상it이 아니다. 기계는 우리이고, 우리의 작동 방식, 체현의 한 양상이다. 우리는 기계를 책임감 있게 대할 수 있다. 그들은 우리를 지배하거나 협박하지 않는다. 우리는 경계에 책임이 있다. 우리는 그들이다. 현재까지(옛날 옛적에), 여성적 체현은 주어진 것, 유기체적인 것,

필연적인 것으로 보였고 어머니의 역할과 그것이 은유적으로 확장된 활동 영역에서 발휘할 수 있는 솜씨를 뜻하는 것처럼 보였다. 우리는 배정받은 자리를 벗어날 때만 기계에서 강력한 쾌감을 느낄 수 있었고, 이 또한 따지고 보면 여성에게 적합한 유기체적 활동이었다는 평계를 대야만 했다. 사이보그는 부분성, 유동성, 때로는 성과 성적 체현의 측면을 좀 더 진지하게 받아들일지도 모른다. 젠더는 심오한 역사적 폭과 깊이를 지녔어도, 결국에는 보편적인 정체성이 아닐 수도 있다.

무엇이 일상의 활동과 경험으로 간주될 수 있는지 묻는 이데올로기적 질문에는 사이보그 이미지를 통해 접근해볼 수 있다. 페미니스트들은 최근, 일상의 삶에 묻혀서 어떤 이유에서든 그 생활을 유지하는 쪽이 여성이기 때문에 여성이 남성보다 잠재적으로 우월한 인식론적 위치에 있다고 주장했다. 어느 정도는 솔깃한 주장이다. 가치를 인정받지 못한 여성의 활동을 드러내며 이것이야말로 삶의 기반이라고 말할 수 있기 때문이다.

하지만 삶의 유일한the 기반이라고? 여성들의 무지, 지식과 기술로부터의 배제와 실패는 어떻게 봐야 할까? 남성들의 일상적 능력, 물건을 만들거나 분해하며 다룰 수 있는 지식은 어떻게 봐야 할까? 다른 방식의 체현은 어떻게 다뤄야 할까? 사이보그 젠더는 전면적 복수를 행하는 부분적 가능성이다. 인종·젠더·자본은 전체와 부분에 대한 사이보그 이론을 요청한다. 사이보그에게는 총체적 이론을 생산해내려는 충동이 없지만, 경계 및 경계의 구성과 해체에 대한 친숙한 경험은 있다. 파급력 있는 행위를 위해, 과학기술에 대한 한 관점과 지배의 정보과학에 도전하는 방법을 하나 제시할 정치적 언어가 되기를 기다리는 신화 체계가 있는 것이다.

마지막으로 한 가지 이미지를 덧붙이면, 유기체와 유기체적인 것, 전체론적 정치는 부활의 은유에 의존하며 재생산을 위한 성이라는 자원을 반드시 소환한다. 나는 사이보그가 재생과 관계가 더 깊고, 출산과 재생산의 기반 대부분을 의심한다고 말하고 싶다. 도롱뇽의 경우 다리를 잃는 것과 같은 상처를 입은 뒤 재생하는 과정에서 신체 구조가 재생되고 기능이 복원되는데, 이때 다쳤던 부위에 다리가 두 개 돋아나는 등, 기묘한 해부학적 구조가 생겨날 가능성이 늘 있다. 다시 자란 다리는 괴물같고 덧나 있으며 강력할 수 있다. 우리는 모두 깊은 상처를 입었다. 우리는 부활이 아닌 재생을 요구하며, 우리를 재구성하는 가능성에는 젠더 없는 괴물 같은 세계를 바라는 유토피아적 꿈이 포함된다.

이 글에서 사이보그 이미지는 두 개의 핵심 주장을 표현하는 데 도움이 된다. 첫째, 보편적이고 총체화하는 이론을 고안하면, 아마도 언제나, 지금은 확실히, 현실 전반을 놓치는 큰 실수를 저지르게 된다. 둘째, 과학기술의 사회관계에 대한 책임은, 반과학적 형이상학과 기술의 악마학을 거부함으로써, 타자와 부분적으로 연결되고 우리를 이루는 부분 모두와 소통하면서 일상의 경계를 능숙하게 재구성하는 작업을 해내야 한다는 것을 뜻한다. 과학기술은 인간을 만족시킬 수단이나 복합적 지배의 기반만 되는 것이 아니다. 사이보그 이미지는 우리 자신에게 우리의 몸과 도구를 설명해왔던 이원론의 미로에서 탈출하는 길을 보여줄 수 있다. 이것은 공통 언어를 향한 꿈이 아니라, 불신앙을 통한 강력한 이종언어heteroglossia를 향한 꿈이다. 이것은 신우파의 초구세주 회로에 두려움을 심는, 페미니스트 방언의 상상력이다. 이것은 기계, 정체성, 범주, 관계, 우주 설화를 구축하는 동시에 파괴하는 언어이다. 나선의 춤에 갇혀 있다는 점에서는 마찬가지이지만, 나는 여신보다는 사이보그가 되겠다.

주

1   Sofoulis(n.d.)를 볼 것.

2   Klein(1989)을 볼 것.

3   좌파, 그리고/또는 페미니스트 급진주의 과학 운동과 이론, 생물학적/
    생명공학적 쟁점과 관련해 유용한 참고문헌으로는 다음과 같은 것들
    이 있다. Bleier(1984, 1986), Harding(1986), Fausto-Sterling(1985),
    Gould(1981), Hubbard et al.(1979), Keller(1985), Lewontin et al.(1984).
    또, 《Radical Science Journal》(1987년에 《Science as Culture》로 제목이 바
    뀜): 26 Freegrove Road, London N7 9RQ; 그리고 《Science for the People》,
    897 Main Street, Cambridge, MA 02139.

4   기술과 정치에 대한 좌파 그리고/또는 페미니즘 접근법의 출발점이 될
    수 있는 문헌들은 다음과 같다. Cowan(1983, 1986), Rothchild(1983),
    Traweek(1988), Young and Levidow(1981, 1985), Weisenbaum(1976),
    Winner(1977, 1986), Zimmerman(1983), Athanasiou(1987),
    Cohn(1987a, 1987b), Winograd and Flores(1986), Edwards(1985).
    《Global Electronics Newsletter》(867 West Dana St., #204, Mountain View,
    CA 94041), 《Processed World》(55 Sutter St., San Fransisco, CA 94104),
    ISIS, Women's International Information and Communication Service(P.
    O. Box 50 (Cornavin), 1211 Geneva 2, Switzerland), Via Santa Maria
    dell'Anima(30,00186 Rome, Italy). 토머스 쿤과 더불어 시작된 경향, 곧
    자유주의적인 신비화를 중단한 현대 과학사회학의 근본 접근법 중에는
    다음과 같은 것들이 포함된다: Knorr-Cetina(1981), Knorr-Cetina and
    Mulkay(1983); Latour and Woolgar(1979), Young(1979). 1984년 "과학,

기술, 조직의 민족지적 연구를 위한 네트워크 명부Directory of the Network for the Ethnographic Study of Science, Technology, and Organizations"는 급진주의적 분석을 더 밀고 나가려 할 때 참고가 되는 중요한 인물과 프로젝트를 폭넓게 열거한다. NESSTO, P.O. Box 11442, Stanford, CA 94305에서 이용할 수 있다.

5   프레더릭 제임슨Frederick Jameson은 "포스트모더니즘" 정치와 이론에 대해 도발적이고 포괄적인 주장을 내놓았다. 제임슨은 포스트모더니즘은 선택의 대상이거나 여러 스타일 중 한 가지에 불과한 것이 아니라, 그 내부로부터 좌파 정치를 급진적으로 재발명해야 하는 문화적 우성cultural dominant이라고 주장한다. 비판적 거리라는 속 편한 허구에 의미를 부여하지 않는 장소는 더 이상 없기 때문이다. 제임슨은 본질적으로 도덕주의적 운동인 포스트모더니즘이 찬성과 반대의 문제가 아닌 까닭을 분명하게 밝힌다. 내 입장은 페미니스트들(및 다른 이들)에게 문화적 재발명, 가장 모더니스트적인 비판, 역사유물론이 계속 필요하다는 것이다. 사이보그에게만 그런 가능성이 있다. 백인 자본주의 가부장제라는 오래된 지배 체제는 이제 향수를 불러일으킬 만큼 순수해 보인다. 그 지배 체제는 이질성을 남성과 여성, 백인과 흑인으로 정상화했다. "선진 자본주의"와 포스트모더니즘은 규범 없는 이질성을 방출하며 우리는 헤어나지 못할 만큼 해로운 깊이를 요구하는 주체성을 버리고 평면화되었다. 지금은《진료소의 죽음The Death of the Clinic》을 집필할 시기다. 진료소의 개입 방식은 신체와 노동을 요구했지만 우리가 지닌 것은 텍스트와 표면이다. 우리가 직면한 지배는 의료화나 정상화를 통해 작동하지 않는다. 현재의 지배는 네트워크, 통신의 재설계, 스트레스 관리를 통해 작동한다. 정상화는 자동화 및 철저한 정리 해고에 자리를 내주게 된다. 미셸 푸코의《진료소의 탄생Birth of the Clinic》(1963),《성의 역사History of Sexuality》(1976),《감시와 처벌Discipline and Punish》(1975)은 권력의 형태를 그 권력이 내파하는 시점에서 명명한다. 생명정치 담론은 첨단 용어를 동원하며 횡설수설하는 어구 및

명사를 줄줄이 이어 붙이는 언어에 자리를 내준다. 다국적 기업의 영향을 받아 모든 명사는 온전성을 상실하게 되었다. 《사이언스Science》의 한 호가 제시하는 목록에 따르면 이런 기업들의 이름은 다음과 같다: 기술-지식Tech-Knowledge, 지네테크Genetech, 앨러겐Allergen, 하이브리테크Hybritech, 컴퓨토Compupto, 지넨-코어Genen-cor, 신텍스Syntex, 얼릴릭스Allelix, 애그리제네틱스 주식회사Agrigenetics Corp., 신트로Syntro, 코돈Codon, 리플리겐Repligen, 사이언 주식회사Scion Corp.의 마이크로-앤젤로Micro-Angelo, 퍼콤 데이터Percom Data, 인터시스템스Inter Systems, 사이보그 주식회사Cyborg Corp., 스태트컴 주식회사Statcom Corp., 인터텍Intertac. 우리는 언어에 구속되었고 그 감옥에서 탈출하려면 그와 같은 코드를 자를 수 있는 문화적 제한 효소와 같은 무엇, 즉 언어의 시인들이 필요하다. 사이보그 이언어성은 급진 문화 정치의 한 형태다.

6   할리퀸 로맨스 소설을 전문으로 출간하는 미국의 출판사 밀스앤분Mills and Boon과 같은 것.

7   보드리야르Baudrillard(1983)와 제임슨Jameson(1984, 66쪽)은 플라톤의 시뮬라크르에 대한 정의는 원본이 없는 복제품, 즉 순수한 교환, 선진 자본주의의 세계라고 지적한다. 《Discourse》 9호(1987 봄/여름)는 기술(사이버네틱스, 생태학, 포스트모더니즘의 상상력)에 대한 특집호다.

8   1980년대 초, 캘리포니아주의 알라메다 주립 교도소에서 체포된 반핵 시위자들과 간수들을 연대하게 했던 영적·정치적 실천 양식.

9   민족지적 설명과 정치적 평가는 다음 문헌을 참고하라. Epstein(1993), Sturgeon(1986). 1987년 5월의 "어머니와 다른 이들의 날Mothers and Others Day" 행동은 네바다의 핵무기 실험 시설에서 진행되었다. 명백히 드러난 아이러니 없이 우주에서 촬영된 지구라는 우주선의 사진을 로고로 채택하면서 "어머니를 사랑하세요"라는 슬로건을 내걸고 출발했지만, 지구를 바라보는 관점에 내재한 불행한 모순을 고려하고 있었다. 시위자들은

서부 쇼쇼네Shoshone 부족의 책임자들에게 영토에 들어갈 수 있는 허가서를 발급해달라고 신청했다. 1950년대에 미국 정부가 핵무기 실험 지역을 만들면서 침범한 영토였기 때문이다. 시위자들은 무단 침입으로 체포되자 부족 책임자의 허가를 받지 않으면 경찰과 무기 시설 관리자들도 무단 침입자라고 주장했다. 이 페미니즘 행동에 참여했던 결연 모임 하나는 모임의 이름을 "대리 타자Surrogate Others"라고 붙였으며 핵폭탄과 한 땅에 굴을 파고 들어갈 수밖에 없었던 생명체들과 연대하는 뜻으로 이성애적 성별이 없는 거대한 사막 지렁이의 몸을 만들고 여기서 사이보그적으로 튀어나오는 액션을 연출했다. 나는 그 결연 모임의 일원이었다.

10 연대의 정치는, 아무 곳도 아닌 곳, 우주, 지구, 제자리가 아닌 중심에서 발화하는 "제3세계" 화자들로부터 강력하게 발전했다. "우리는 태양으로부터 세 번째 행성에 산다." 자메이카의 작가 에드워드 카마우 브레이스웨이트Edward Kamau Braithwaite의 《태양의 시Sun Poem》를 Mackey(1984)가 리뷰한다. Smith(1983)에 글을 실은 저자들은 발화의 자리가 될, 집home이라는 장소를 구성하는 바로 그 순간 아이러니하게도 자연화된 정체성을 전복한다. Smith(1983, 356~68); Trinh T. Minh-ha(1986-87a, b)를 볼 것.

11 hooks(1981, 1984), Hull et al.(1982)를 볼 것. 토니 케이드 밤바라Toni Cade Bambara(1981)는 유색인 여성 연극 집단인 "일곱 자매Seven Sisters"가 단결의 형태를 모색하는 뛰어난 소설을 썼다. 이에 대한 분석은 Butler-Evans(1987)를 볼 것.

12 오리엔탈리즘을 다루는 페미니즘 및 다른 연구는 다음 문헌을 참고하라. Lowe(1986), Said(1978), Mohanty(1984), 《Many Voices, One Chant: Black Feminist Perspectives》(1984).

13 케이티 킹Katie King(1986, 1987a)은 페미니즘 분류 작업을 페미니즘 이념과 논쟁에서 권력의 계보로 드러내는, 이론적으로 섬세한 논의를 제시한

다. 킹은 재거Jaggar(1983)를, 페미니즘을 분류해 모범적인 최종 입장을 산출하는 문제 사례의 하나로 분석한다. 사회주의 및 래디컬 페미니즘에 대한 내 개요도 하나의 사례가 될 수 있을 것이다.

14 재생산, 돌봄 노동, 육아 문제를 다룰 때 정신분석의 대상관계 이론을 비롯해 강한 보편화 경향을 지닌 다양한 인식론적 접근법들은 내가 포스트모더니즘이라 부르는 것에 대한 저항감을 강조한다. 내가 볼 때 정신분석 담론 유형을 비롯한 보편화 논의 경향은 "집적회로 속 여성의 자리"를 분석하기 힘들게 만들고, 젠더의 구성과 젠더화된 사회적 삶의 주요 측면들에 대한 설명 및 관측을 체계적으로 어렵게 만든다. 이와 같은 페미니즘 입장론은 다음 저자들이 발전시켜 왔다. Flax(1983), Harding(1986), Harding and Hintikka(1983), Hartsock(1983a, 1983b), O'Brien(1981), Rose(1983), Smith(1974, 1979). 비판에 대한 응답으로 페미니즘 유물론과 페미니즘 입장론을 재검토하는 논의는 다음을 참고하라. Harding(1986, 163~96), Hartsock(1987), Rose(1986).

15 나는 "급진적"이라는 수식어에 대한 매키넌의 입장을 "수정"할 때 나 자신의 주장을 위한 범주 오류를 저지름으로써, 그와 같은 이름표를 명시적으로 붙인 극단적으로 이질적인 글들을 환원론적으로 비평하게 된다. 글쓰기에 대한 나의 주장은 나 자신의 분류학적 관심사를 반영하며, "급진적"이라는 수식어를 사용하지 않고 한계를 용인하지 않음으로써 페미니즘을 위한 단일한 목소리라는 의미에서 공통적인 페미니즘 언어를 찾는 다양한 꿈에 하나를 더 보탠다. 나의 범주 오류는 그 자체로 이질적인 역사를 지닌 사회주의-페미니즘이라는 특정 분류학적 위치에서, 《*Socialist Review*》에 〈사이보그 선언〉이라는 제목으로 글을 써야 하는 과제의 성격에서 비롯된 것이다. 매키넌 덕분에 가능했지만 동일한 환원주의 없이, 그리고 성폭력(강간)에 대한 푸코의 역설적인 보수주의를 적실한 페미니즘 언어로 설명하는 문헌으로 드 로레티스de Lauretis(1985; 1986, 1~19)의 글이 있다. 이론적으로 세련된 페미니즘적·사회-역사적 언어로 가정 폭력

을 설명하는 고든Gordon(1988)의 글은 남성 지배, 인종, 계급의 물질적 구조를 놓치지 않으면서 여성, 남성, 아동의 복합적인 행위 능력을 검토한다.

16 Kristeva(1984)를 볼 것.

17 이 표는 1985년 〈사이보그 선언〉에 발표되었다. 생물학을 명령-통제의 사이버네틱스 담론으로, 유기체를 "자연-기술적 지식 대상"으로 해석했던 이전 글로는 Haraway(1979, 1983, 1984)가 있다. 내용이 변경된 이후 논의는 Haraway(1989)에 나온다.

18 생명공학 논쟁과 관련된 진보 계열 분석과 행동은 다음을 참고하라. 진 워치GeneWatch,《책임 있는 유전학을 위한 위원회 소식지Bulletin of the Committee for Responsible Genetics》, 5 Doane St., 4th Floor, Boston, MA 02109; 유전자 검사 연구 모임Genetic Screening Study Group(전신은 인간을 위한 과학 내 사회생물학 연구 모임Sociobiology Study Group of Science for the People이다), Cambridge, MA. 문헌으로는 다음을 참고하라. Wright(1982, 1986); Yoxen(1983).

19 "집적회로 속의 여성들"의 출발점이 되는 문헌은 다음과 같다. Flores and Pfafflin(1982), Fernandez-Kelly(1983), Fuentes and Ehrenreich(1983), Grossman(1980), Nash and Fernandez-Kelly(1983), Ong(1987), Science Policy Research Unit(1982).

20 "가정 밖의 가사 경제" 및 관련 논의들은 다음 문헌을 참고하라. Gordon(1983), Gordon and Kimball(1985), Stacey(1987), Reskin and Hartmann(1986),《Women and Poverty》(1984), Rose(1986), Collins(1982), Burr(1982), Gregory and Nussbaum(1982), Piven and Coward(1982), Microelectronics Group(1980). Stallard et al.(1983)에는 유용한 단체와 문헌 목록이 실려 있다.

21 녹색 혁명의 사회관계와 식물 유전공학 같은 생명공학의 결합은 제3세계의 대지에 무척 큰 압력을 행사한다. 1984년 세계 식량의 날에 발표된 미국 국제 개발국U.S. Agency for International Development의 추정에 따르면, 여성이 농촌 지역에서 공급하는 식량은 아프리카에서는 약 90퍼센트, 아시아에서는 60~80퍼센트, 중동과 남미에서는 약 40퍼센트에 달한다(《*New York Times*》 1984). 블럼버그는 제3세계에 있는 다국적 기업과 정부뿐 아니라 국제기구들의 농업 정치는 성에 따른 노동 분업의 근본 쟁점들을 무시한다고 비판한다. 현재 아프리카가 겪는 비극적 기근은 자본주의, 식민주의, 강우 패턴뿐 아니라 남성 우월주의의 결과이기도 하다. 더 정확히 말해, 자본주의와 인종주의는 보통 구조적으로 남성 우월적이다. 다음 문헌도 참고할 것. Blumberg(1981), Hacker(1984), Hacker and Bovit(1981), Busch and Lacy(1983), Wilfred(1982), Sachs(1983), International Fund for Agricultural Development(1985), Bird(1984).

22 Enloe(1983a, 1983b) 또한 참고할 것.

23 이 논리의 페미니즘적 형태는 Hrdy(1981)를 참고하라. 특히 아동 학대 및 영아 살해의 진화론적 논쟁에서 사회생물학과 관련된 과학자 여성들의 이야기 양식에 대한 분석은 Haraway(1989)를 참고할 것.

24 농촌에서 도시로 이주한 미국 대중에게 자연이 갖는 대중적 의미의 구성 과정에서, 총으로 하는 사냥이 카메라로 하는 사냥으로 전환되는 지점과 관련해서는 다음 글을 참고하라. Haraway(1984 – 85, 1989), Nash(1979), Sontag(1977), Preston(1984).

25 미국의 과학계 여성 종사자의 역사가 정치·문화·인종적으로 갖는 함의를 생각해볼 때, 다음 문헌이 도움이 된다. Haas and Perucci(1984), Hacker(1981), Keller(1983), National Science Foundation(1988), Rossiter(1982), Schiebinger(1987), Haraway(1989).

26 Markoff and Siegel(1983)을 참고할 것. "평화를 위한 하이테크 기술 전문
    가들High Technology Professionals for Peace"과 "사회 책임을 위한 컴퓨터 전문
    가들Computer Professionals for Social Responsibility"은 기대감을 품게 만드는 조
    직이다.

27 국제 서비스직 노동자 연맹The Service Employees International Union 산하 미국
    사무직 노동자 지부.

28 King(1984)을 볼 것. 다음은 이 글의 배경을 이루는 페미니즘 SF의 짧은
    목록이다. 옥타비아 버틀러,《야생종Wild Seed》《내 마음의 마음Mind of My
    Mind》《킨Kindred》《생존자Survivor》; 수지 매키 카르나스Suzy McKee Charnas,
    《모계Motherlines》; 새뮤얼 R. 들레이니,《네베리온Nevèryon 시리즈》; 앤 매카
    프리Anne McCaffery,《노래를 부른 배The Ship Who Sang》《공룡의 행성Dinosaur
    Planet》; 본다 매킨타이어,《슈퍼루미널Superluminal》《꿈의 뱀Dreamsnake》; 조
    안나 러스,《알릭스의 모험Adventures of Alix》《여성인간The Female Man》; 제임
    스 팁트리 주니어,《늙은 영장류의 별의 노래Star Songs of an Old Primate》《세
    상의 벽을 기어오르기Up the Walls of the World》; 존 발리,《타이탄, 마법사, 악
    마Titan, Wizard, Demon》.

29 사이보그 이언어성에 기여하는 프랑스 페미니즘은 다음을 참고하라.
    Burke(1981), Irigaray(1977, 1979), Marks and de Courtivron(1980),
    《Signs: Journal of Women in Culture and Society》(Autumn 1981), Wit-
    tig(1973), Duchen(1986). 불어권 페미니즘 현황을 얼마간 알려주는 영
    역본으로는 다음 저널을 참고하라.《Feminist Issues: A Journal of Feminist
    Social and Political Theory》(1980).

30 하지만 이 시인들은 모두 매우 복잡한 방식을 구사하는데 특히 거짓말하
    는, 에로틱하고 탈중심화된 집단적·개인적 정체성이라는 주제를 다룰 때
    그렇다. Griffin(1978), Lorde(1984), Rich(1978).

31 Derrida(1976), 특히 2부를 볼 것. Levi-Strauss(1973), 특히 "문자의 교훈The Writing Lesson"을 볼 것. Gates(1985), Kahn and Neumaier(1985), Ong(1982), Kramarae and Treichler(1985).

32 유색인 여성이 글쓰기와 맺는 첨예한 관계를 논의 주제 및 정치의 문제로 바라볼 때 다음 내용을 참고할 수 있다. 〈흑인 여성과 디아스포라: 숨은 연결과 확장된 감사의 글The Black Woman and the Diaspora: Hidden Connections and Extended Acknowledgments〉, 국제 문학 학회International Literary Conference, 미시간 주립대학, 1985년 10월. Evans(1984), Christian(1985), Carby(1987), Fisher(1980), 《Frontiers》(1980, 1983), Kingston(1976), Lerner(1973), Giddings(1985), Moraga and An-zaldúa(1981), Morgan(1984). 영어권에 속하는 유럽계 및 유럽계 미국 여성들 또한 글쓰기를 강력한 기호로 만들어주는 특별한 관계를 구축해왔다. Gilbert and Gubar(1979), Russ(1983).

33 목소리를 낼 수 없는 소년이 미츠바[유대교 성년식]에서 컴퓨터 음성을 빌어 하프토라를 암송하게 될 때, 군사화된 하이테크 기술을 이념적으로 다스리는 기술, 즉 장애 혹은 다른 능력을 지닌 사람들의 발성과 이동에 다른 방식으로 쓰일 수 있게 하는 용법의 고안은 일신론적이며 가부장적이고, 반유대주의적 성향을 지닐 때 많은 문화에서 특별한 전환점이 된다. Sussman(1986)을 볼 것. 언제나 맥락과 연계된 "능력"의 사회적 정의를 분명하게 드러내는 군사적 하이테크 기술은 인간을 정의상 장애인으로 만드는 방식이 있는데, 이는 매우 자동화된 군사 작전과 스타워즈 연구 및 발전의 도착적 측면이다. Wilford(1986)를 볼 것.

34 Ong(1987)을 볼 것.

35 제임스 클리포드James Clifford(1985, 1988)는 지속적 재발명에 대한 인정, 서구의 제국주의적 관습에 의해 "낙인찍힌marked" 이들이 고집스럽게 사라지지 않는다는 사실을 설득력 있게 주장한다.

36 DuBois(1982), Daston and Mark(n.d.), Park and Daston(1981)을 볼 것. 명사 "괴물monster"은 단어 "입증하다, 보여주다demonstrate"와 어근을 공유한다.

참고문헌

Athanasiou, Tom, "High-Tech Politics: The Case of Artifical Intelligence", *Socialist Review* 92(1987): 7~35.

Bambara, Toni Cade, *The Salt Eaters*(New York: Vintage/Random House, 1981).

Baudrillard, Jean, *Simulations*, Trans. P. Foss, P. Patton, P. Beitchman(New York: Semiotext[e], 1983).

Bird, Elizabeth, "Green Revolution Imperialism, I and II", Papers delivered to the History of Consciousness Board(University of California, Santa Cruz, 1984).

Bleier, Ruth, *Science and Gender: A Critique of Biology and Its Themes on Women*(New York: Pergamon, 1984).

Blumberg, Rae Lessor, *Stratification: Socioeconomic and Sexual Inequality*(Boston: Little, Brown, 1981).

————, "A General Theory of Sex Stratification and Its Application to Positions of Women in Today's World Economy", Paper delivered to the Sociology Board of the University of California(Santa Cruz, 1983).

Burke, Carolyn, "Irigaray through the Looking Glass", *Feminist Studies* 7(2) (1981): 288~306.

Burr, Sara G., "Women and Work", *The Women's Annual, 1981*, ed. Barbara K. Haber(Boston: G. K. Hall, 1982).

Busch, Lawrence, and William Lacy, *Science, Agriculture, and the Politics of Research*(Boulder, Colo.: Westview Press, 1983).

Butler-Evans, Elliott, "Race, Gender and Desire: Narrative Strategies and the Production of Ideology in the Fiction of Toni Cade Bambara, Toni Morrison and Alice Walker", PhD diss.(University of California, Santa Cruz, 1987)

Butler, Octavia, *Survivor* (New York: Signet, 1979).

————, *Mind of My Mind*, (New York: Grand Central Publishing, 1984).

————, *Wild Seed* (New York: Grand Central Publishing, 2001).

————. *Kindred* (Boston: Beacon Press, 2003).

Carby, Hazel, *Reconstructing Womanhood: The Emergence of the Afro-American Woman Novelist* (New York: Oxford University Press, 1987).

Charnas, Suzy McKee, *Motherlines* (New York: Berkeley, 1955).

Christian, Barbara, *Black Feminist Criticism: Perspectives on Black Women Writers* (New York: Pergamon Press, 1985).

Clifford, James, "On Ethnographic Allegory", *The Poetics and Politics of Ethnography*, ed. James Clifford and George Marcus (Berkeley: University of California Press, 1985).

————, *The Predicament of Culture: Twentieth-century Ethnography, Literature, and Art* (Cambridge, Mass.: Harvard University Press, 1988).

Cohn, Carol, "Nuclear Language and How We Learned to Pat the Bomb", *Bulletin of Atomic Scientists* 43(5)(1987a): 17~24.

————, "Sex and Death in the Rational World of Defense Intellectuals", *Signs* 12(4)(1987b): 687~718.

Collins, Patricia Hill, "Third World Women in America", *The Women's Annual, 1981*, ed. Barbara K. Haber(Boston: G. K. Hall, 1982).

Cowan, Ruth Schwartz, *More Work for Mother: The Ironies of Household Technol-*

ogy from the Open Hearth to the Microwave (New York: Basic Books, 1983).

————, *Feminist Approaches to Science* (New York: Pergamon Press, ed. 1986).

Daston, Lorraine, and Katherin Park. N.d., "Hermaphrodites in Renaissance France", Unpublished manuscript.

Delany, Samuel R., *Tales of Nevèrÿon* (New York: Bantam Books, 1979).

de Lauretis, Teresa, "The Violence of Rhetoric: Considerations on Representation and Gender", *Semiotica* 54(1985): 11~31.

————, "Feminist Studies/Critical Studies: Issues, Terms, and Contexts", *Feminist Studies/Critical Studies*, ed. T. de Lauretis (Bloomington: Indiana University Press, 1986): 1~19.

Derrida, Jacques, *Of Grammatology*, Trans. G. C. Spivak (Baltimore: Johns Hopkins University Press, 1976).

de Waal, Frans, *Chimpanzee Politics: Power and Sex among Apes* (New York: Harper and Row, 1982).

D'Onofrio-Flores, Pamela, and Sheila M. Pfafflin, *Scientific-Technological Change and the Role of Women in Development* (Boulder, Colo: Westview Press, eds. 1982).

Douglas, Mary, *Purity and Danger* (London: Routledge and Kegan Paul, 1966).

————, *Natural Symbols* (London: Cresset Press, 1970).

DuBois, Page, *Centaurs and Amazons* (Ann Arbor: University of Michigan Press, 1982).

Duchen, Claire, *Feminism in France from May '68 to Mitterand* (London: Routledge and Kegan Paul, 1986).

Edwards, Paul, "Border Wars: The Science and Politics of Artificial Intelligence",

Radical America(19) 6(1985): 39~52.

Enloe, Cynthia, "Women Textile Workers in the Militarization of Southeast Asia", In Nash and Fernandez–Kelly 1983(1983a), 407~25.

———, *Does Khaki Become You? The Militarisation of Women's Lives* (Boston: South End Press, 1983b).

Epstein, Barbara, *Political Protest and Cultural Revolution: Nonviolent Direct Action in the Seventies and Eighties* (Berkeley: University of California Press, 1993).

Evans, Mari, *Black Women Writers: A Critical Evaluation* (Garden City, N.Y.: Doubleday/Anchor, ed. 1984).

Fausto–Sterling, Anne, *Myths of Gender: Biological Theories about Women and Men* (New York: Basic Books, 1985).

Feminist Issues: A Journal of Feminist Social and Political Theory, 1(1): special issue on Francophone feminisms (1980).

Fernandez–Kelly, Maria Patricia, *For We Are Sold, I and My People* (Albany: State University of New York Press, 1983).

Fisher, Dexter, *The Third Woman: Minority Women Writers of the United States* (Boston: Houghton Mifflin, ed. 1980).

Flax, Jane, "Political Philosophy and the Patriarchal Unconscious: A Psychoanalytic Perspective on Epistemology and Metaphysics", In Harding and Hintikka 1983(1983), 245~82.

Foucault, Michel, *The Birth of the Clinic: An Archaeology of Medical Perception*, Trans. A. M. Smith(New York: Vintage, 1963).

———, *Discipline and Punish: The Birth of the Prison*, Trans. Alan Sheridan(New York, Vintage, 1975).

————, *The History of Sexuality. Vol. 1: An Introduction*, Trans. Robert Hurley, 1978(New York: Pantheon, 1976).

Fraser, Kathleen, *Something. Even Human Voices. In the Foreground, a Lake* (Berkeley, Calif.: Kelsey St. Press, 1984)

Frontiers: A Journal of Women's Studies, Volume 1(1980).

————, Volume 3(1983).

Fuentes, Annette, and Barbara Ehrenreich, *Women in the Global Factory* (Boston: South End Press, 1983).

Gates, Henry Louis Jr., "Writing 'Race' and the Difference It Makes", *"Race," Writing and Difference* (special issue), *Critical Inquiry* 12(1)(1985): 1~20.

Giddings, Paula, *When and Where I Enter: The Impact of Black Women on Race and Sex in America* (Toronto: Bantam Books, 1985).

Gilbert, Sandra M., and Susan Gubar, *The Madwoman in the Attic: The Woman Writer and the Nineteenth-Century Literary Imagination* (New Haven, Conn.: Yale University Press, 1979).

Gordon, Linda, *Heroes of Their Own Lives: The Politics and History of Family Violence, Boston 1880–1960* (New York: Viking Penguin, 1988).

Gordon, Richard, "The Computerization of Daily Life, the Sexual Division of Labor, and the Homework Economy", Presented at the Silicon Valley Workshop Conference, University of California, Santa Cruz(1983).

————, and Linda Kimball, "High-Technology, Employment and the Challenges of Education", Silicon Valley Research Project, Working Paper, no. 1(1985).

Gould, Stephen Jay, *The Mismeasure of Man* (New York: W.W. Norton, 1981).

Gregory, Judith, and Karen Nussbaum, "Race against Time: Automation of the Office", *Office: Technology and People* 1(1982): 197~236.

Griffin, Susan, *Women and Nature: The Roaring Inside Her* (New York: Harper and Row, 1978).

Grossman, Rachel, "Women's Place in the Integrated Circuit", *Radical America* 14 (1)(1980): 29~50.

Haas, Violet, and Carolyn Perucci, *Women in Scientific and Engineering Professions* (Ann Arbor: University of Michigan Press, eds. 1984).

Hacker, Sally, "The Culture of Engineering: Women, Workplace, and Machine", *Women's Studies International Quarterly* 4 (3)(1981): 341~53.

―――, "Doing It the Hard Way: Ethnographic Studies in the Agri-business and Engineering Classroom", Presented at the California American Studies Association, Pomona(1984).

―――, and Liza Bovit, "Agriculture to Agribusiness: Technical Imperatives and Changing Roles", Presented at the Society for the History of Technology, Milwaukee(1981).

Haraway, Donna J., "The Biological Enterprise: Sex, Mind, and Profit from Human Engineering to Sociobiology", *Radical History Review* 20(1979): 206~37.

―――, "Signs of Dominance: From a Physiology to a Cybernetics of Primate Society", *Studies in History of Biology* 6 (1983): 129~219.

―――, "Class, Race, Sex, Scientific Objects of Knowledge: A Socialist-Feminist Perspective on the Social Construction of Productive Knowledge and Some Political Consequences", In Haas and Perucci 1984(1984), 212~29.

―――, "Teddy Bear Patriarchy: Taxidermy in the Garden of Eden, New York City, 1908–36", *Social Text* 11(1984~85): 20~64.

———, *Primate Visions: Gender, Race, and Nature in the World of Modern Science* (New York: Routledge, 1989).

Harding, Sandra, "What Causes Gender Privilege and Class Privilege?", Presented at the American Philosophical Association(1978).

———, "Why Has the Sex/Gender System Become Visible Only Now?" In Harding and Hintikka 1983(1983), 311~24.

———, *The Science Question in Feminism* (Ithaca, N.Y.: Cornell University Press, 1986).

———, and Merrill Hintikka, *Discovering Reality: Feminist Perspectives on Epistemology, Metaphysics, Methodology, and Philosophy of Science* (Dordrecht, the Netherlands: D. Reidel, eds. 1983).

Hartsock, Nancy, "The Feminist Standpoint: Developing the Ground for a Specifically Feminist Historical Materialism." In Harding and Hintikka 1983(1983a), 283~310.

———, *Money, Sex, and Power* (New York: Longman, 1983b).

———, "Rethinking Modernism: Minority and Majority Theories", *Cultural Critique* 7(1987): 187~206.

Hogness, Erik Rusten, "Why Stress? A Look at the Making of Stress, 1936–56", Unpublished manuscript(1983).

Hooks, bell, *Ain't I a Woman* (Boston: South End Press, 1981).

———, *Feminist Theory: From Margin to Center* (Boston: South End Press, 1984).

Hrdy, Sarah Blaffer, *The Woman That Never Evolved* (Cambridge, Mass.: Harvard University Press, 1981).

Hubbard, Ruth, and Marian Lowe, *Genes and Gender* Vol. 2, *Pitfalls in Research on Sex and Gender* (Staten Island, N.Y.: Gordian Press, eds. 1979).

Hubbard, Ruth, Mary Sue Henifin, and Barbara Fried, *Women Look at Biology Looking at Women: A Collection of Feminist Critiques* (Cambridge, Mass.: Schenkman Publishing, eds. 1979).

Hull, Gloria, Patricia Bell Scott, and Barbara Smith, *All the Women Are White, All the Men Are Black, But Some of Us Are Brave* (Old Westbury, N.Y.: Feminist Press, eds. 1982).

International Fund for Agricultural Development, *IFAD Experience Relating to Rural Women, 1977–84* (Rome: IFAD, 37, 1985).

Irigaray, Luce, *Ce sexe qui n'en est pas un* (Paris: Les Éditions de Minuit, 1977).

————, *Et l'une ne bouge pas sans l'autre* (Paris: Les Éditions de Minuit, 1979).

Jaggar, Alison, *Feminist Politics and Human Nature* (Totowa, N.J.: Rowman and Allenheld, 1983).

Jameson, Frederic, "Post–Modernism, or the Cultural Logic of Late Capitalism", *New Left Review* 146 (1984): 53~92.

Kahn, Douglas, and Diane Neumaier, *Cultures in Contention* (Seattle: Real Comet Press, eds. 1985).

Keller, Evelyn Fox, *A Feeling for the Organism* (San Francisco: W. H. Freeman, 1983).

————, *Reflections on Gender and Science* (New Haven, Conn.: Yale University Press, 1985).

King, Katie, "The Pleasure of Repetition and the Limits of Identification in Feminist Science Fiction: Reimaginations of the Body after the Cyborg", Presented at the California American Studies Association, Pomona (1984).

————, "The Situation of Lesbianism as Feminism's Magical Sign: Contests for Meaning and the U.S. Women's Movement, 1968–72", *Communication* 1(1986): 65~92.

————, "Canons without Innocence." PhD diss., University of California, Santa Cruz(1987a).

————, "The Passing Dreams of Choice: Audre Lorde and the Apparatus of Literary Production", Unpublished manuscript(book prospectus)(1987b).

Kingston, Maxine Hong, *The Woman Warrior* (New York: Alfred A. Knopf, 1976).

Klein, Hilary, "Marxism, Psychoanalysis, and Mother Nature", *Feminist Studies* 15(2)(1989): 255~78.

Knorr – Cetina, Karin, *The Manufacture of Knowledge* (Oxford: Pergamon Press, 1981).

————, and Michael Mulkay, *Science Observed: Perspectives on the Social Study of Science* (Beverly Hills, Calif.: Sage Publications, eds. 1983).

Kramarae, Cheris, and Paula Treichler, *A Feminist Dictionary* (Boston: Pandora Press, 1985).

Kristeva, Julia, *Revolution in Poetic Language* (New York: Columbia University Press, 1984).

Latour, Bruno, *Les Microbes: guerre et paix, suivi des irréductions* (Paris: Métailié, 1984).

————, and Steve Woolgar, *Laboratory Life: The Social Construction of Scientific Facts* (Beverly Hills, Calif.: Sage Publications, 1979).

Lerner, Gerda, *Black Women in White America: A Documentary History* (New York: Vintage, ed. 1973).

Lévi-Strauss, Claude, *Tristes Tropiques*, Trans. John and Doreen Weightman(New York: Atheneum, 1973).

Lewontin, R. C., Steven Rose, and Leon J. Kamin, *Not in Our Genes: Biology, Ideology, and Human Nature*(New York: Pantheon Books, 1984).

Lorde, Audrey, *Zami: A New Spelling of My Name*(Watertown, Mass.: Persephone Press, 1982).

―――, *Sister Outsider*(Trumansburg, N.Y.: Crossing Press, 1984).

Lowe, Lisa, "French Literary Orientalism: The Representation of "Others" in the Texts of Montesquieu, Flaubert, and Kristeva", PhD diss., University of California, Santa Cruz(1986).

Mackey, Nathaniel, "Review", *Sulfur* 2(1984): 200~205.

MacKinnon, Catharine, "Feminism, Marxism, Method, and the State: An Agenda for Theory", *Signs* 7 (3)(1982): 515~44.

―――, *Feminism Unmodified: Discourses on Life and Law*(Cambridge, Mass.: Harvard University Press, 1987).

Many Voices, One Chant: Black Feminist Voices(1984), *Feminist Review* 17: special issue.

Marcuse, Herbert, *One-Dimensional Man*(Boston: Beacon Press, 1964).

Markoff, John, and Lenny Siegel, "Military Micros", Presented at Silicon Valley Research Project Conference, University of California, Santa Cruz(1983).

Marks, Elaine, and Isabelle de Courtivron, *New French Feminisms*(Amherst: University of Massachusetts Press, eds. 1980).

McCaffery, Anne, *The Ship Who Sang*(New York: Ballantine, 1969).

―――, *Dinosaur Planet*(New York: Ballantine Books, 1978).

McIntyre, Vonda, *Superluminal* (Boston: Houghton Mifflin, 1983).

————, *Dreamsnake* (New York: Dell Books, 1978).

Merchant, Carolyn, *Death of Nature: Women, Ecology, and the Scientific Revolution* (New York: Harper and Row, 1980).

Microelectronics Group, *Microelectronics: Capitalist Technology and the Working Class* (London: CSE Books, 1980).

Mohanty, Chandra Talpade, "Under Western Eyes: Feminist Scholarship and Colonial Discourse", *Boundary* 2, 3(12/13)(1984): 333~58.

Moraga, Cherríe, *Loving in the War Years: lo que nunca paso por sus labios* (Boston: South End Press, 1983).

Moraga, Cherríe, and Gloria Anzaldúa, *This Bridge Called My Back: Writings by Radical Women of Color* (Watertown, Mass.: Persephone Press, eds. 1981).

Morgan, Robin, *Sisterhood Is Global* (Garden City, N.Y.: Anchor/Doubleday, ed. 1984).

Nash, June, and Maria Patricia Fernandez-Kelly, *Women and Men and the International Division of Labor* (Albany: State University of New York Press, eds. 1983).

Nash, Roderick, "The Exporting and Importing of Nature: Nature-Appreciation as a Commodity, 1850–1980", *Perspectives in American History* 3(1979): 517~60.

National Science Foundation, *Women and Minorities in Science and Engineering* (Washington, D.C.: NSF, 1988).

New York Times, "Focus of U.N. Food Day Tomorrow: Women" (1984/10/14).

O'Brien, Mary, *The Politics of Reproduction* (New York: Routledge and Kegan Paul, 1981).

Ong, Aihwa, *Spirits of Resistance and Capitalist Discipline: Factory Workers in Malaysia* (Albany: State University of New York Press, 1987).

Ong, Walter, *Orality and Literacy: The Technologizing of the Word* (New York: Methuen, 1982).

Park, Katherine, and Lorraine J. Daston, "Unnatural Conceptions: The Study of Monsters in Sixteenth- and Seventeenth-Century France and England", *Past and Present* 92(1981): 20~54.

Perloff, Marjorie, "Dirty Language and Scramble Systems", *Sulfur* 11(1984): 178~83.

Petschesky, Rosalind, "Abortion, Anti-feminism, and the Rise of the New Right", *Feminist Studies* 7 (2)(1981): 206~46.

Piven, Frances Fox, and Richard Coward, *The New Class War: Reagan's Attack on the Welfare State and Its Consequences* (New York: Pantheon Books, 1982).

Preston, Douglas, "Shooting in Paradise", *Natural History* 93 (12)(1984): 14~19.

Reagon, Bernice Johnson, "Coalition Politics: Turning the Century", In Smith 1983(1983), 356~68.

Reskin, Barbara F.and Heidi Hartmann, *Women's Work, Men's Work* (Washington, D.C.: National Academy of Sciences, eds. 1986).

Rich, Adrienne, *The Dream of a Common Language* (New York: W.W. Norton, 1978).

Rose, Hilary, "Hand, Brain, and Heart: A Feminist Epistemology for the Natural Sciences", *Signs* 9 (1)(1983): 73~90.

Rose, Stephen, *The American Profile Poster: Who Owns What, Who Makes How Much, Who Works, Where, and Who Lives with Whom?* (New York: Pantheon

Books, 1986).

Rossiter, Margaret, *Women Scientists in America* (Baltimore: Johns Hopkins University Press, 1982).

Rothschild, Joan, *Machina ex Dea: Feminist Perspectives on Technology* (New York: Pergamon Press, ed. 1983).

Russ, Joanna, *The Female Man* (New York: Bantam Books, 1975).

———, *Adventures of Alix* (New York: Timescape, 1983a).

———, *How to Suppress Women's Writing* (Austin: University of Texas Press, 1983b).

Sachs, Carolyn, *The Invisible Farmers: Women in Agricultural Production* (Totowa, N.J.: Rowman and Allenheld, 1983).

Said, Edward, *Orientalism* (New York: Pantheon Books, 1978).

Sandoval, Chela, *Yours in Struggle: Women Respond to Racism, a Report to the National Women's Studies Association* (Oakland: Center for Third World Organizing, N.d.).

———, "Dis-illusionment and the Poetry of the Future: the Making of Oppositional Consciousness", PhD qualifying essay, University of California at Santa Cruz(1984).

Schiebinger, Londa, "The History and Philosophy of Women in Science: A Review Essay", *Signs* 12 (2)(1987): 305~32.

Science Policy Research Unit, *Microelectronics and Women's Employment in Britain* (Sussex: University of Sussex, 1982).

Smith, Barbara, *Home Girls: A Black Feminist Anthology* (New York: Kitchen Table, Women of Color Press, ed. 1983).

Smith, Dorothy, "Women's Perspective as a Radical Critique of Sociology", *Sociological Inquiry* 44(1974).

————, "A Sociology of Women", *The Prism of Sex*, Ed. J. Sherman and E. T. Beck(Madison: University of Wisconsin Press, 1979).

Sofia [Sofoulis], Zoë, "Exterminating Fetuses: Abortion, Disarmament, and the Sexo-Semiotics of Extraterrestrialism", *Diacritics* 14(2)(1984): 47~59.

Sofoulis, Zoë, "Lacklein", Unpublished manuscript(N.d. [1983?]).

Sontag, Susan, *On Photography* (New York: Dell, 1977).

Stacey, Judith, "Sexism by a Subtler Name? Postindustrial Conditions and the Postfeminist Consciousness", *Socialist Review* 96(1987): 7~28.

Stallard, Karin, Barbara Ehrenreich, and Holly Sklar, *Poverty in the American Dream* (Boston: South End Press, 1983).

Sturgeon, Noel, "Feminism, Anarchism, and Non-Violent Direct Action Politics", PhD qualifying essay, University of California, Santa Cruz(1986).

Sussman, Vic, "Personal Tech: Technology Lends a Hand", *Washington Post Magazine* 9 November(1986), 45~56.

Tiptree, James Jr., *Star Songs of an Old Primate* (New York: Del Rey, 1978a).

————, *Up the Walls of the World* (New York: Berkeley, 1978b).

Traweek, Sharon, *Beamtimes and Lifetimes: The World of High Energy Physics* (Cambridge, Mass.: Harvard University Press, 1988).

Treichler, Paula, "AIDS, Homophobia, and Biomedical Discourse: An Epidemic of Signification" *October* 43(1987): 31~70.

Trinh T. Minh-ha, "Introduction," and "Difference: 'A Special Third World Women Issue'", *Discourse: Journal for Theoretical Studies in Media and Culture*

8(1986–87a): 3~38.

——, *She, the Inappropriate/d Other. Discourse* 8(Winter, ed. 1986–87b).

Varley, John, *Titan*(New York: Berkeley, 1979).

——, *Wizard*(New York: Berkeley, 1981).

——, *Demon*(New York: Berkeley, 1984).

Weisenbaum, Joseph, *Computer Power and Human Reason*(San Francisco: W. H. Freeman, 1976).

Wilford, John Noble, "Pilot's Helmet Helps Interpret High–Speed World", *New York Times*(1986/07/01): 21, 24.

Wilfred, Denis, "Capital and Agriculture, a Review of Marxian Problematics", *Studies in Political Economy* 7(1982): 127~54.

Winner, Langdon, *Autonomous Technology: Technics Out of Control as a Theme in Political Thought*(Cambridge, Mass.: MIT Press, 1977).

——, "Do Artifacts Have Politics?", *Daedalus* 109 (1)(1980): 121~36.

——, *The Whale and the Reactor*(Chicago: University of Chicago Press, 1986).

Winograd, Terry, and Fernando Flores, *Understanding Computers and Cognition: A New Foundation for Design*(Norwood, N.J.: Ablex Publishing, 1986).

Wittig, Monique, *The Lesbian Body*, Trans. David LeVay(New York: Avon, 1973 [1975]).

Women and Poverty special issue, *Signs* 10 (2)(1984).

Wright, Susan, "Recombinant DNA: The Status of Hazards and Controls", *Environment* 24(6)(1982): 12~20, 51~53.

————, "Recombinant DNA Technology and Its Social Transformation, 1972–82", *Osiris* (2nd series) 2(1986): 303~60.

Young, Robert M., "Interpreting the Production of Science", *New Scientist* 29 (March, 1979): 1026~28.

————, and Les Levidow, *Science, Technology and the Labour Process* 2 vols(London: CSE and Free Association Books, eds. 1981, 1985).

Yoxen, Edward, *The Gene Business* (New York: Harper & Row, 1983).

Zimmerman, Jan, *The Technology Woman: Interfacing with Tomorrow* (New York: Praeger, ed. 1983).

반려종 선언

개, 사람 그리고 소중한 타자성

The Companion Species Manifesto

DOGS, PEOPLE, AND SIGNIFICANT OTHERNESS

I. 자연문화의 창발

"스포츠 기자 딸의 기록"에서

미즈 카옌 페퍼Ms. Cayenne Pepper가 내 세포를 몽땅 식민화하고 있다. 이는 생물학자 린 마굴리스Lynn Margulis가 말하는 공생발생symbiogenesis[m]의 분명한 사례다. DNA 검사를 해보면 우리 둘 사이에 감염이 이루어졌다는 유력한 증거가 나올 것이라고 장담한다. 카옌의 침에는 당연히 바이러스 벡터가 있었을 것이다. 카옌이 거침없이 들이미는 혓바닥은 거부할 수 없을 만큼 달콤했다. 우리가 함께 속하는 자리는 척추동물이라는 문門, phylum에 머물 뿐 다른 속屬, genera 및 분화된 과科/가족families, 심지어 아예 다른 목目/질서orders 속에서 살아가지만 말이다.

우리를 어떻게 분류할 수 있을까? 갯과/사람과, 애완동물/교수, 암캐/여성, 동물/인간, 선수/훈련사. 우리 둘 중 하나는 목덜미에 마이크로칩을 이식했고, 다른 하나는 증명사진이 박힌 캘리포니아 운전면허증을 지녔다. 우리 중 하나는 20대를 거

---

[m] 공생 기원이라고도 한다. 공생이 생명 형태의 기원이 된다고 보는 생물학 개념이다. 예를 들어 신체를 이루는 각각의 세포 안에는 미토콘드리아나 핵, 엽록체와 같은 다양한 세포 소기관들이 있다. 이는 단순한 세포가 분화해서 생겨난 것일까, 아니면 서로 다른 생물체들이 합해져서 생겨난 것일까? 린 마굴리스는 생명체들이 다른 생명체의 신체 안으로 들어가 살게 되면서 생겨난 것이라는 "진핵생물의 공생 기원설"을 제시했다.

슬러 올라가는 혈통서가 있고 다른 하나는 증조부모의 이름조차 모른다. 우리 중 하나는 유전자가 폭넓게 혼합된 결과물인데 "순종"이라 부르고 다른 하나는 그 못지않은 잡종인데도 "백인"이라 부른다. 이런 각각의 이름은 인종 담론을 표시하며 우리 둘 모두는 우리의 육신으로 그 결과를 물려받았다.

우리 중 하나는 젊음과 생기가 타오르는 정점에 있고 다른 하나는 열정적이지만 변곡점을 넘어섰다. 그리고 우리는 카엔의 조상이 메리노 양을 치던 곳, 선주민족에게서 몰수한 땅에서 어질리티(민첩성)agility ^{m} 라는 이름의 팀 경기를 즐긴다. 식민화가 완료된 상태의 오스트레일리아에서 목축 경제의 구성원으로 살던 메리노 양들은, 19세기의 캘리포니아 골드러시California Gold Rush 49ers 붐을 타고 몰려든 사람들에게 먹을 것을 마련해주기 위해 캘리포니아로 수입되었다. 역사의 층위, 생물학의 층위, 자연문화natureculture의 층위에서 우리가 즐기는 게임의 이름은 복잡성이다. 자유에 목마른 우리, 정복의 후예이자 백인 정착민 식민지의 산물인 우리 둘은, 운동장에서 장애물을 뛰어넘고 터널을 기어 통과한다.

우리의 유전체는 이론적으로 예측할 수 있는 것보다 훨씬

---

^{m} 개와 사람이 함께하는 장애물 경주다. 지정된 코스를 사람의 안내에 따라 개가 정확하고 빠르게 통과해야 한다. 민첩성이 경기의 승패에 중요하기 때문에 사람과 개의 호흡이 매우 잘 맞아야 성공적으로 해낼 수 있다.

더 닮았을 것이 분명하다. 우리 중 하나는 나이가 많아서, 다른 하나는 수술을 받아서 생식하지 않는 여성/암컷female이지만, 우리 둘의 접촉은 분자로 기록된 생명의 암호가 되어 이 세계에 자취를 남길 것이다. 카옌은 붉고 얼룩덜룩한 오스트레일리아 셰퍼드의 축축한 혓바닥으로 내 혀의 조직은 물론 그 속에 있는 열망하는 면역계 수용체를 날름날름 핥았다. 누가 알겠는가? 나를 남과 구분하며 신체 내부와 외부를 묶는 화학 수용체chemical receptor⟋⟋가 카옌의 유전 메시지를 내게 옮겼거나, 카옌이 나의 세포계에서 무언가를 가져갔을지도 모른다.

우리는 금지된 대화를 나눠왔다. 우리는 입으로 정을 통해왔다. 우리는 사실로만 이루어진 이야기로 또 다른 이야기를 들려주는 이야기로 묶여 있다. 우리는 불통에 가까운 대화로 서로를 훈련하는 중이다. 우리는 구성적으로 본바탕이 반려종companion species이다. 우리는 서로를 살flesh 속에 만들어 넣는다. 서로 너무 다르면서도 그렇기에 소중한 우리는, 사랑이라는 이름의 지저분한 발달성 감염⟋⟋⟋을 살로 표현한다. 이 사랑은 역사적 일탈이자 자연문화의 유산이다.

⟋⟋ 세포 표면에 존재하는 정보 수신기로, 특히 화학물질로 이루어진 신호를 감지하는 것과 관련된다.

⟋⟋⟋ 한 종의 정상적 발달을 위해 필요한 타종에 의한 감염. 뒤에 나오는 유프림나 스콜로페스 사례를 참고할 것.

이 선언은 이와 같은 일탈과 유산에서 흘러나오는 두 개의 질문을 탐사한다. (1) 개와 인간의 관계를 진지하게 대하는 일을 통해 소중한(중요한) 타자성significant otherness을 확산시키는 데 보탬이 될 윤리와 정치를 배우는 것이 어떻게 가능한가? (2) 뇌가 손상된 미국인들과 역사적 조건 덕분에 그런 불편함을 비교적 덜 겪는 다른 나라 사람들에게 개-인간 세계의 이야기를 들려주면, 자연문화에서 역사가 중요한 이유를 납득하게 하는 데 성공할 수 있을까?

〈반려종 선언〉은 개인적인 기록이고, 반밖에 알려지지 않은 수많은 영토를 급습하는 학문적 시도이며, 전 지구적 전쟁이 임박한 세계에서 희망을 찾으려는 정치적 행위이자, 원칙적으로 끝없이 계속되는 작업이다. 나는 개가 잘근잘근 씹어놓은 근거와 훈련되다 만 논의를 내놓아서, 내가 속한 시공간에서 학자 및 개인으로 아주 관심이 많은 이야기를 다시 써보려 한다. 이 글은 대부분 개와 관련된 이야기를 한다. 내가 적극적으로 가담한 문제인 만큼, 이 이야기가 독자들을 삶을 위한 개집으로 불러들일 수 있으면 좋겠다. 하지만 심지어 개를 싫어하거나 고결하고 숭고한 문제에 몰두하느라 바쁜 사람이라도, 우리가 살게 될지도 모를 세계에서 중요한 주장이나 이야기를 이 글에서 찾아낼 수 있길 바란다. 개 세계의 실천 양식과 행위자들은 인간과 비인간을 불문하고 기술과학 연구에서 관심의 초점이 되어야 한다. 조금 더 솔직한 심정을 말하면, 나는 독자들이 개에 대한 글쓰기가 왜 페미니즘 이론의 한 갈래가 되며 또 그 반대 방향의 경우도 마찬가지인지 알게 되었으면 한다.

이 글은 내가 처음 쓴 선언문은 아니다. 1985년에 발표한 〈사이보그 선언〉에서 나는 기술과학 속 현대의 삶이 내파implo-sions[7]하는 현상을 페미니즘을 통해 이해하려 했다. "인공두뇌 유기체"인 사이보그는 정책 및 연구 프로젝트에 침투해 있던 기술 인본주의의 제국주의적 상상, 우주 개발 경쟁, 냉전으로 점철된 1960년에 생긴 이름이다. 나는 축복도 저주도 하지 않는 대신 우주 전사는 꿈도 꾸지 못할 목표를 아이러니하게 전유하려는 정신, 곧 비판적 정신을 통해 사이보그의 모습으로 살아가려고 노력했다.

동거와 공共진화coevolution 그리고 종種의 경계를 넘어 구현된 사회성에 관한 이야기를 들려주는 지금의 선언문은 적당히 꿰맞춘 두 형상—사이보그와 반려종—중 어느 쪽이 현대의 생활 세계를 살아가는 데 도움이 될 정치와 존재론에 더 생산적으로 관여하는지 묻는다. 사이보그와 반려종 각각의 형상은 서로 정반대라고 할 수 없다. 둘 다 인간과 비인간, 유기체적인 것과

---

[7]　본래 물리학 용어로, 닫힌 체계 안에서 파동이 반사 후 중첩되며 파열하는 현상 또는 핵반응이 일어날 때처럼 내부로 응축되다가 붕괴하는 현상 따위를 일컫는다. 한편 정치 이론가들은 한 사회 체계가 외부의 힘이나 개입 없이 내부의 역동적인 관계만으로도 변화할 수 있다는 비유적 개념으로 사용한다.

기술적인 것, 탄소와 실리콘, 자유와 구조, 역사와 신화, 부자와 빈자, 국가와 주체, 다양성과 고갈, 근대와 근대 이후, 자연과 문화를 예기치 못한 방식으로 함께 묶어준다. 게다가 사이보그나 반려동물은 종의 경계를 더 잘 관리하면서 범주 이탈자의 번식을 막는, 순수성을 지향하는 사람들에게는 거슬리기 짝이 없을 것이다. 그렇다고 하더라도 가장 정치적으로 올바른 사이보그와 평범한 개의 차이는 중요하다.

나는 1980년대 중반 레이건의 스타워즈 시대에 페미니즘 작업을 하기 위해 사이보그를 전유했다. 지난 천 년이 끝날 무렵, 사이보그는 비판적 탐사에 필요한 실마리를 엮어내는 일을 웬만한 양치기 개보다 잘해낼 수 없는 형편이 되었다. 그래서 나는, 좀 더 살 만한 자연문화의 느린 성장을 추구하는 대신, 물 없이 불가능한 지구 살림을 탄소에 기반을 둔 예산으로 통치하겠다고 두 번째 부시 정권이 위협하는 지금, 과학학 및 페미니즘의 이론적 도구를 제작하는 일을 거들 마음으로, 기분 좋게 개에게 다가가서 개집의 탄생을 탐사할 생각이다. "지구에서 살아남으려면 사이보그가 되자Cyborgs for earthly survival!"라는 주홍글씨를 충분히 오래 달고 살아왔으니, 이제는 개 스포츠를 즐기는 슈츠훈트Schutzhund⁽ⁿ⁾ 여성이 아니면 절대 떠올릴 수 없는 구호를

⁽ⁿ⁾ 20세기 초 독일에서 고안된 개 스포츠의 일종으로 냄새 추적, 충성심, 지능과 같은 개의 자질들을 테스트한다.

내 로고로 만들 생각이다. "빨리 뛰어! 꽉 물어!"

　이 이야기는 기술과학 못지않게 생명권력biopower및 생명 사회성biosociality과 결부된다. 훌륭한 다윈주의자가 으레 그렇듯, 나도 진화를 이야기하고자 한다. (핵)산 천년왕국주의(nucleic) acidic millennialism의 양태로 분자적 차이를 논하는 나의 이야기는, 신식 민주의적 "아프리카 탈출"을 감행한 미토콘드리아 이브Mitochon-drial Eve𝓂의 설화보다 (남성)인간이 "역사상 가장 위대한 이야기"로 스스로를 다시 창조하려는 찰나에 난입한 최초의 미토콘드리아 암캐 설화에 뿌리를 두고 있다. 이 암캐들은 반려종의 역사를, 그러니까 오해·성취·범죄 그리고 재생 가능한 희망이 한가득 들어 있는, 아주 세속적이며 끝없이 계속되는 이야기를 끈질기게 물고 늘어진다. 내 이야기는 말 그대로 개에게 홀딱 빠진 과학자 겸 페미니스트가 들려주는 이야기다. 여기서 개들은 역사적 복잡성을 통해 중요해진다. 개들은 무슨 주제를 뒷받침하는 근거가 아니다. 개들은 기술과학 속에 물리−기호적 육체로 현

𝓂　미토콘드리아는 난자, 즉 모계로부터만 물려받는 세포질을 통해 다음 세대로 전해지기 때문에 부계와는 독립적으로 유전된다. 이 때문에 미토콘드리아의 유전자를 분석하면 모계의 진화사를 추적할 수 있다. 한 연구 결과에 따르면 현존하는 인류의 여성 조상은 총 7명인 것으로 추정되며 이들을 "미토콘드리아 이브"라고 부른다. 인류가 지구상 어느 지역에서 생겨났는지에 대해서 미토콘드리아를 분석하는 사람들은 인류가 아프리카 지역에서 생겨나 이후 전 세계 각처로 퍼져나갔다고 본다.

전한다. 개들은 이론의 대리물도 아니고 사유의 대상이 되려고
있는 것도 아니다. 개들은 함께 살기 위해 있다. 인간 진화의 공
범자인 개들은 태초부터 에덴에 있었고 코요테만큼 영악하다.

포착

다양한 유형의 과정 철학이, 내가 개와 함께 이 선언 속에서 걷
도록 도와준다. 예를 들어 앨프리드 노스 화이트헤드Alfred North
Whitehead 는 "구체적인 것the concrete"을 "포착prehensions의 합생concres-
cence"⑰으로 기술했다. 그는 "구체적인 것"을 "실제의 사건actual

---

⑰ 20세기의 수학자이자 철학자인 화이트헤드(1861~1947)는 전통적 철학
   개념인 실재reality를 역동적인 과정의 관점에서 볼 것을 제안했다.《과정
   과 실재Process and Reality》에서는 생물학에서 영감을 받은 새로운 개념들을
   통해 "유기체적 세계관"을 모색한다. 한국화이트헤드협회에서는 "파악"
   을 "포착"의 번역어로 삼고 있으나, 이 글에서는 "포착"이라는 말이 어감
   을 더 잘 살린다고 판단되었다. 이 개념은 현실의 사물들은 사물의 참모
   습 자체이기보다는 우리의 인식에 대상으로 포착 혹은 파악됨으로써 사
   물로 존재하게 됨을 설명하고자 제시되었다. 한편 "합생"이란 본래 줄기
   를 비롯한 식물 기관들, 동물의 치아 등이 붙어 자라는 것을 지칭하는 생
   물학 용어로, 서로 다른 존재들이 합하여 새로운 개체를 만들어내는 개체
   화 과정과 밀접한 관련이 있는 용어다. 사람의 몸 역시 합생의 한 형태라
   고 볼 수 있다. 사람의 몸은 내외부로 많은 물질 및 에너지를 끊임없이 대
   사할 뿐만 아니라 소화를 돕는 장내 세균총을 비롯해 무수한 종들로 이
   루어진 공생체이기도 하기 때문이다. 하나의 개체는 고정된 실체인 것이

occasion"으로 이해했다. 실재Reality는 능동태 동사이며, 모든 명사는 문어보다 발이 더 많이 달린 동명사처럼 보인다. 존재자들은 서로를 향해 뻗어나가며 "포착"이나 파악을 통해 서로와 자신을 구성한다. 모든 존재자는 관계에 선행해 존재하지 않는다. "포착"에는 결과가 있다. 세계는 운동 속의 매듭이다. 생물학적 결정론과 문화적 결정론은 모두 잘못된 곳에서 구체성을 구성한 사례들이다. "자연"이나 "문화"와 같은 잠정적이고 부분적인 추상 범주를 세계로 착각했다는 점에서, 그리고 잠재적 결과를 선행하는 기초로 오해했다는 점에서 그렇다. 미리 구성된 주체나 객체는 없으며, 단일한 근원이나 단일한 행위자, 최종 목적과 같은 것은 없다. 주디스 버틀러Judith Butler의 표현을 빌리면 "잠정적 기초contingent foundations" *m* 밖에 없다. 중요한 육체bodies

---

아니라 개체화의 과정을 통해 해체 및 재조립이 지속되는 유동적인 과정 속의 한 단면인 셈이다. 해러웨이는 본문에서 보통 고정되거나 단단한 것으로 여겨지는 "구체"가 위에서 기술한 것과 같은 유동적 과정의 한 단면이라는 점을 강조하기 위해 화이트헤드를 언급하고 있다.

m 저명한 철학자 주디스 버틀러가 제안한 개념이다. 이를 제목으로 한 논문에 따르면 정치적 주장은 어떤 기초나 근거를 주장하기 마련이지만, 무엇이 기초로 간주될 수 있는지의 문제가 동시에 제기된다. 예컨대 페미니즘의 주장은 보통 여성"으로서" 혹은 여성을 "위해" 만들어져야 한다. 다만 이때 "여성"이 무엇을 뜻하는지, 누가 여성인지, 누가 여성을 "위해" 말한다고 할 수 있는지 역시 논의할 문제가 될 수 있다. 이 점에서 정치적 주장은 대개 "잠정적 기초"를 바탕으로 이루어지게 된다는 것이다.

that matter는 결과다. 행위 주체agencies의 우화집, 관계 맺음의 종류들, 무수히 많은 시간이, 가장 바로크적인 우주론자의 상상을 능가하는 으뜸패에 해당한다. 내게 **반려종**이라는 말이 의미하는 바는 바로 이것이다.

　내가 화이트헤드를 사랑하게 된 건 생물학을 통해서였지만 내가 경험한 페미니즘 이론의 실천에서는 그의 철학이 훨씬 중요했다. 이 페미니즘 이론은 유형학적 사고, 이항적 이원론, 다양한 취향의 상대주의와 보편주의 모두를 거부하며 창발, 과정, 역사성, 차이, 구체성, 동거, 공共구성co-constitution 및 우연을 다루는 방법들을 풍부하게 제공한다. 상당수의 페미니스트 저자들이 상대주의와 보편주의 모두를 거부해왔다. 주체, 객체, 종류, 인종, 종, 장르, 젠더 모두는 관계의 산물이다. 이 글은 다정하고 선한一"여성적인"一세계를 찾지도 않고 권력의 생산성과 유린에서 자유롭지도 않다. 페미니즘의 탐구는 오히려 세상이 어떻게 돌아가고 누가 행위를 하고 있으며 무엇이 가능할지, 어떻게 세속의 행위자들이 서로를 책임감 있게 대하면서 덜 폭력적인 방식으로 함께 살아갈 수 있을지를 이해하는 문제와 결부된다.

　예를 들어 헬렌 베란Helen Verran은 "창발적 존재론"을 식별해 낸다. 베란은 독립 이후 나이지리아에서 요루바어와 영어를 함께 쓰는 초등학교 수학 수업을 연구하면서, 오스트레일리아 선주민족의 수학 및 환경정책 교육프로젝트에도 참여해왔다. 베란은 "단순한" 질문들을 던진다. 즉, 정치적으로나 인식론적으로나 도덕적으로나 너무 간편한 문화상대주의를 받아들일 수 없을 때 서로 다른 앎의 실천 양식을 배경에 둔 사람들이 "어떻게 함께할 수 있을까?" 차이를 진지하게 고려하기로 다짐한 탈식민의 세계에서, 어떻게 하면 일반적 지식을 배양할 수 있을까? 이런 질문들에 대답하려면 창발된 실천이 필요하다. 서로 다르게 물려받은 역사, 그리고 불가능에 가깝지만, 절대적으로 필요한 공동의 미래 모두를 책임질 수 있는, 부조화스러운 행위주체들과 삶의 방식을 적당히 꿰맞추는 작업, 취약하지만 기초적인 작업 말이다. 소중한 타자성은 내게 이런 뜻이다.

샌디에이고에서 보조생식기술을, 그 후에는 케냐에서 생태보전학과 정치를 연구했던 캐리스 톰슨Charis Thompson은 "존재론적 안무ontological choreography"[9]라는 용어를 제시한다. 존재의 춤을 안무한다는 표현은 은유를 넘어선다. 인간이든 비인간이든 모든 존재의 몸은 자기 확실성을 만드는 과정에서 분해되었다가 다시 조립된다. 또한 인본주의적이거나 유기체주의적인 이념은, 윤리와 정치에는 물론 개인 경험에는 한층 더, 좋은 인도자가 되지 못한다.

마지막으로, 마릴린 스트래선Marilyn Strathern은 영국의 친족 관련 관습 및 파푸아뉴기니의 역사와 정치를 수십 년 동안 연구

---

[9] 보조생식기술에서 기술, 과학, 친족관계, 젠더, 감정, 법, 정치, 재정적 문제가 역동적으로 상호 조정되는 것을 지시하는 말이다.

한 경험을 바탕으로 "자연"과 "문화"를 반대되는 극이나 보편적인 범주로 보는 시각이 어리석은 까닭을 알려준다. 관계론적 범주들의 민족지학자인 스트래선은 다른 위상학을 통해 생각할 수 있는 방법을 보여주었다. 우리 손에 들어오는 것은 반대 항이 아니라 현대의 기하학자가 흥분한 상태에서 휘갈겨놓은 스케치북이며, 우리는 이 바탕 위에서 관계를 그려내야 한다. 스트래선은 "부분적 연결", 즉 참여자들이 전체도 아니고 부분도 아닌 패턴을 이룬다는 관점에서 생각한다. 나는 이것을 소중한 타자성의 관계라고 부른다. 내가 볼 때 스트래선은 자연문화의 민족지학자로서, 종의 경계를 넘나드는 대화가 이루어지는 개집에 초대해도 불편해하지 않을 사람이라는 직감이 든다.

페미니즘 이론에서는 세계에 있는 것이 누구이며 그것이 무엇인지가 중요한 문제가 된다. 이는 두 층위의 시간, 즉 화학적으로 세포마다 DNA 속에 새겨진 심층의 시간, 그리고 좀 더 냄새나는 흔적을 남기는 최근의 행위들로 이루어진 시간 속에서 반려종을 이해하도록 우리를 훈련시키는 데 아주 효과적으로 보이는 일종의 철학적 미끼다. 구식 용어로 표현하면 〈반려종 선언〉은 무수한 실제 사건들이 이룬 포착의 합생에 의해 가능해진, 친족관계에 대한 주장이다. 반려종은 우연적 기초 위에 놓여 있다.

그리고 내 친족 네트워크의 모습은 자연과 문화를 잘 분간하지 못하는 타락한 정원사의 작품 같아서, 나무보다는 덩굴이 타고 오르는 격자나 산책로의 모습처럼 보일 것이다. 위와 아래가 구분되지 않고 모조리 옆으로만 뻗어 나가는 것이다. 이렇게 뱀처럼 옆으로 구불거리는 흐름 역시 내가 다루려는 주제 중 하나다. 나의 정원은 뱀, 격자, 무질서로 가득하다. 인구진화생물학자 및 생물인류학자들의 가르침대로, 나는 지구에서 벌어지는 생명 게임의 이름이 늘 다방향의 유전자 흐름—[유전의] 본체 및 [유전학적] 값의 다방향적 흐름—이었고 지금도 그렇다는 사실을 알고 있다. 분명, 개집으로 통하는 길이다. 인간과 개가 또 무엇을 보여줄 수 있든 덩치가 크고, 전 세계에 분포하며, 생태학적 기회주의자에, 무리를 지어 사회를 만드는 이들 길벗 포유류는 가장 굳센 자유무역주의자마저 소름이 쫙 끼칠 수준의 짝짓기와 감염의 기록을 유전체 안에 적어두었다. 순종견 애호가들의 갈라파고스 군도—번식 개체군을 선별한 뒤 분리해서, 다양성의 유산을 고갈시키는 노력이 개체군 병목bottleneck과 전염병 창궐 같은 자연재해를 모방하는 실험처럼 보일 수 있는 곳—에서조차 활기차게 지속되는 유전자 흐름을 멈출 수는 없다. 이 흐름에 감동한 나는, 오래된 나의 분신인 사이보그를 소외시킬 위험을 감수하면서, 현대의 제3의 천년the Third Millennium에서 기술생명정치technobiopolitics의 덤불을 통과하려면 개가 더 나은 안내자가 될 수 있다고 독자들을 설득할 참이다.

반려자

나는 〈사이보그 선언〉에서 대리모 계약서를 하나 쓰려고 했다. 사이보그는 불가피하게 살아가야만 하는 핵-이후 세계 속에서, 영구적인 전쟁 장치apparatus[m]와 그로부터 생긴 초월적이고 현실적인 거짓말들에 대한 감각을 잃지 않으면서도, 현대의 기술과학 기법과 실천 양식을 존중하고 그 내부에서 살아갈 수 있게 해주는 비유 내지 형상이었다. 사이보그는 모순 속에서 살아가고, 평범한 활동이 이루는 자연문화에 주의를 기울이며, 자기가 자기 자신을 낳는다는 험악한 신화에 반대한다. 또한 존재의 필멸성을 삶의 조건으로 포용하면서, 그 모든 우연적 규모에서 세계를 실제로 채우고 있는 창발적이고 역사적인 잡종체들의 존재에 민감하다.

하지만 사이보그적 재형상화는 기술과학의 존재론적 안무에 필요한 수사학적 작업을 전부 해낸다고 보기는 힘들다. 나는

---

[m] "장치"란 루이 알튀세르Louis Althusser가 발달시킨 개념으로, 그는 "이데올로기적 국가 장치(기구)Ideological State Apparatuses"라는 개념을 통해 시민 사회적 혹은 사적 영역이라고 여겨지는 가족·종교·교육·예술 등과 같은 제도들이 국가로부터 자유로운 것이 아니라, 국가의 권력을 유지하고 지속시키는 역할을 수행하고 있다고 보았다. 예를 들어 해러웨이가 말하는 "테러 대응 장치"에는 공항의 검색 장치뿐 아니라, 관계된 법안, 수색견, 특수 경찰 부대, 테러에 대한 공포감을 불러일으키는 논조의 신문 기사나 공익 광고에 실린 이미지, 일상 대화 등 무수히 많은 것이 포함될 수 있다.

사이보그를 더 크고 이반적인queer 반려종 가족에 속한 동생으로 여기게 되었다. 이 가족에게 재생산 생명공학정치는 의외의 일로, 심지어 좋은 사건이 되기도 한다. 개와 어질리티 경주를 즐기는 미국의 백인 중년 여성 한 명은 철학 연감이나 자연문화 민족지의 항목을 뽑는 경쟁에서 전자동화된 전사나 테러리스트 및 그들의 형질변환 친족transgenic kin과 맞수가 되지 않는다는 사실을 모르는 바는 아니다. 그 밖에도 (1) 자기형상화는 내가 할 일이 아니고, (2) 형질변환체는 적이 아닐뿐더러, (3) 길들인 갯과 동물을 털북숭이 아이로 만드는 위험하고 비윤리적인 서구세계의 투사와는 반대로, 개는 인간 자신의 모습을 비추는 거울이 아니다. 바로 이 점에 개의 매력이 있다. 개들은 투사 대상도, 의도를 구현한 물체도, 다른 무언가의 텔로스도 아니다. 개는 개다. 즉, 인간과 의무적이고 구성적이며 역사적이고 변화무쌍한 관계를 맺는 종이다. 이 관계는 다른 관계들보다 특별히 나을 것은 없다. 기쁨·발명·노동·지성·놀이로 가득한 만큼, 낭비·잔인함·무관심·무지함·상실로 가득하기 때문이다. 나는 이 공동-역사의 이야기를 잘 들려줄 방법과 자연문화적 공진화의 결과를 물려받을 방법을 배웠으면 한다.

반려종은 홀로 되는 것이 아니다. 하나의 반려종을 만들려면 적어도 두 개의 종이 있어야 한다. 반려종은 통사론syntax ⁽ᵐ⁾

───────────

⁽ᵐ⁾ 통사론이 개개의 언어 요소가 하나의 문장 혹은 발화 단위를 이루는 관

속에, 육신 속에 있다. 개들은 벗어날 수 없는 모순적 관계의 설화 속에 있다. 이러한 공구성적 관계를 이루는 어느 쪽도 관계보다 먼저 존재하지 않고, 이런 관계는 한 번에 맺어 완성할 수도 없다. 역사적 구체성과 우발적 변이 능력이, 자연과 문화 속으로, 또 자연문화 속으로 뚫고 들어가는 길을 계속 좌우한다. 기초 같은 것은 없다. 아무리 뚫고 내려가 봐도 위의 코끼리를 떠받치고 있는 코끼리들밖에 없다.

반려동물은 반려종 중에서도 한 종류일 뿐이고, 두 범주 모두 미국 영어에서 그리 오래되지 않았다. 미국 영어에서 반려동물이라는 말은 1970년대 중반 수의과 대학 및 관련 현장에서 진행된 의학적·심리사회학적 연구에서 나왔다. 이 연구에 따르면 길가에 떨어진 개똥에 집착하면서 눈을 흘기는 뉴욕시민을 빼면, 개를 키우는 사람은 혈압이 낮아질 뿐만 아니라 아동기 생존율도 높고 수술이나 이혼을 견뎌낼 확률도 높다.

분명, 몇몇 유럽계 언어로 작성된 참고문헌에는 사역견이나 경주견보다는 반려견으로 살았던 개들이 앞서 언급한 미국의 생의학 및 기술과학 문헌을 수 세기나 앞질러 나오는 사례가 많다. 게다가 중국, 멕시코 그리고 과거 및 현대의 여러 지역에서 개들이 다른 수많은 역할을 한 것에 보태어 애완동물 노릇도

계의 규칙을 연구한다는 점에서, 사람과 개가 맺는 반려종의 관계를 비유하는 데 쓰였다.

했다는 사실을 입증하는 문헌학적·고고학적·구술사적 증거가 탄탄하다. 옛 아메리카에서 개들은 다양한 사람과 살아가면서 짐 나르기, 사냥, 양치기를 도왔다. 한편 개를 음식이나 벼룩의 진원지로 취급한 사람들도 있었다. 또 개를 키우는 사람들은 알렉산더 대왕이 치른 제국주의 원정에서뿐만 아니라 유럽이 아메리카를 정복할 때 개가 살인 무기나 테러 도구 역할을 했다는 점을 잊어버리고 싶어 한다. 베트남전에 참전했던 미 해군 장교이자 아키타견 브리더breeder인 존 카길John Cargill은, 사이보그 전쟁이 출현하기 전에는 최고 성능을 자랑하는 지능적 무기 중 하나가 군용견이었다는 사실을 글로 썼다. 추적 훈련을 받은 사냥개는 길 잃은 아이나 지진 피해자를 구조하기도 했지만, 노예와 죄수들을 공포에 밀어 넣기도 했다.

개들이 했던 일들을 나열하더라도 전 세계의 상징 및 설화 속 개들이 만들어내는 이질적인 역사의 본질을 파악하기 어렵고, 개들 자신은 어떤 대접을 받았으며 그들 자신은 인간 동료를 어떻게 생각했는지는 알 수 없는 노릇이다. 마리온 슈워츠Marion Schwartz는《초기 아메리카 대륙에서 개의 역사*A History of Dogs in the Early Americas*》에서 아메리카 인디언이 기르던 사냥개 일부는 인간과 함께 수렵 준비 의식에 참여했고 남아메리카의 아추아르Achuar 문화권에서는 환각제를 복용하기도 했다고 밝힌다. 제임스 서펠James Serpell은《동물, 인간의 동반자*In the Company of Animals*》에서 이 사례를 19세기 대평원의 코만체 민족Comanche of the

Great Plains에게 매우 큰 실용적 가치가 있었던 말의 사례와 연결시킨다. 하지만 말을 다루는 태도는 실용주의적이었던 반면 개는 애완동물로 길렀고, 애정이 넘치는 이야기의 주인공이 되었으며, 전사들도 개의 죽음을 애도했다. 일부 개들은 예나 지금이나 해로운 동물일 수 있다. 하지만 일부는 예나 지금이나 인간처럼 매장되었다. 오늘날의 나바호Navajo 민족이 기르는 양치기 개들은 지역 경관, 양, 사람, 코요테, 낯선 개나 인간과 역사적으로 독특한 방식으로 관계를 맺는다. 전 세계의 도시, 마을, 시골 어디에나 사람 사는 곳에서 살아가는 개들이 많은데, 사람들은 이 개들을 내버려두기도 하지만 이용하거나 학대하는 일도 있다. 이 역사를 한마디로 설명하는 행위는 어떤 말을 써도 정당할 수가 없다.

하지만 반려동물이라는 용어는 남북전쟁 이후 토지 공여 대학land-grant university⁽ⁿ⁾ 및 소속 수의과 대학을 통해서 미국의 기술문화technoculture에 등장한다. 다시 말해 반려동물은 민주주의 사회의 대중이 가족으로 여기는, 아니면 적어도 인간 아닌 존재와 사랑에 빠진 가운데, 기술과학적 전문성이 후기산업사회의

⁽ⁿ⁾ 19세기 말 미국에서 산업혁명에 대응하기 위해 만든 교육 지원 법안에 따라 수립된 대학들이다. 이 법안은 고전 연구 중심이었던 과거 대학들과 달리 농업, 과학, 공학을 중점으로 다루는 대학들에 연방정부가 연방 소유의 토지를 대학 부지로 지원하는 것을 골자로 했다.

애완동물 기르기 실천 양식과 짝짓기를 해서 태어났다는 족보를 지녔다. 말, 개, 고양이를 비롯해 봉사견, 가족 구성원이나 다종 스포츠의 팀 구성원 같은 생명사회성으로 도약할 의지가 있는 존재자는 누구나 반려동물이다. 일반적으로 말해 반려동물은 잡아먹지 않(으며 잡아먹히지도 않)는다. 동시에, 그렇게 하는(먹거나 먹히는) 사람들에 대해 식민주의적·자민족중심적·탈역사적 태도를 뒤흔드는 일도 힘겹기 그지없다.

종

"반려종"은 반려동물보다 크고 이질적인 범주다. 인간의 삶을 지금과 같은 모습으로 만들고 반대로 인간의 삶을 통해 구성되기도 한, 쌀이나 꿀벌, 튤립 및 장내 세균총 같은 유기체적 존재자들을 다 포함하는 범주가 되어야 하기 때문만은 아니다. 여기에 나는 반려종의 키워드를 적어서, 이 용어를 발음할 수 있게 해주는 언어적·역사적 발성 기관에서 동시에 공명하는 네 개의 음조를 강조하고 싶다. 첫째, 다윈의 딸로 도리를 다하기 위해 나는 진화생물학의 역사와 그 범주인 개체군, 유전자 흐름의 속도, 변이, 선택, 생물학적 종에서 비롯된 음조를 강조한다. "종"이라는 범주가 생물학적 실체를 뜻하는지 아니면 편의상 만든 분류학적 상자를 나타낼 뿐인지를 둘러싼 지난 150년간의 논쟁이 음조의 상음上音과 저음低音을 이룬다. 종은 생물학적 유형이고, 그런 유형의 현실을 다룰 때는 과학적 전문성이 필요하다. 사이보그 이후로 생물학적 유형을 정하는 기준은 유기체와 관련된 기존 범주를 동요시킨다. 기계적인 것과 텍스트적인 것은 유기체적인 것의 내부에 있고, 그 반대 또한 비가역적인 방식으로 사실이다.

둘째, 토마스 아퀴나스Thomas Aquinas를 비롯해 아리스토텔레스주의자들에게 배운 나는, 고유한 철학적 유형이자 범주로서 종을 계속 의식하게 된다. 종은 차이를 정의하는 것과 관련되며, 원인의 원칙들doctrines of cause⁽ᵐ⁾이 만드는 다성적 푸가fugues에 근거한다.

셋째, 영혼에 지워지지 않는 천주교의 징표가 새겨진 나는, 성체가 실체 변화하는 표지인 빵과 포도주라는 두 종species의 단

ⓜ 아리스토텔레스가 논의한 네 가지의 서로 다른 원인 혹은 인과 유형을 지칭하는 것으로 보인다.《형이상학》에 의하면, 보통 "원인"이라고 부르는 네 가지에는 사물에 속하는 원인 두 가지, 즉 꼴(형상인causa formalis)과 밑감(질료인causa materialis), 그리고 사물의 외부에 속하는 변화의 원인(작용인causa efficiens) 및 변화 혹은 운동을 산출하며 사물을 통해 구현되는 텔로스(목적인causa finalis)가 있다. 예를 들어 하나의 항아리를 있게 만드는 것은 항아리의 꼴과 밑감, 그리고 그것을 빚은 사람, 그리고 그것을 빚은 목적이라는 것이다. 또《자연학》에서 아리스토텔레스는 모든 원인에는 현실성에 대응되는 "개별적인·특수한 것"과 잠재성에 대응되는 "유적類的인 것"이 있다고 보았다.

어에서 그리스도 실존the Real Presence [m]의 교리를 듣는다. 종은 미국 학계의 세속화된 개신교적 감각이나 대부분의 인문과학적 기호학이 수용할 수 없는 방식으로, 물질적인 것과 기호적인 것을 유형적有形的, corporeal으로 결합한다.

넷째, 마르크스와 프로이트를 통해 개종한 뒤, 불확실한 어원에 귀가 팔랑대는 나는, 종이라는 단어 속에서 더러운 돈, 정금正金, specie [mm], 금, 똥shit, 오물, 부富의 울림을 듣는다. 노먼 브라운Norman O. Brown은 《사랑의 신체Love's Body》에서 마르크스와 프로이트가 똥과 금, 즉 원시적 스캣(똥)scat과 문명화된 금속인 정금 속에서 만난다는 사실을 내게 가르쳐주었다. 내가 이 결합을 다시 마주하게 된 것은 화려한 상품 문화 및 활기찬 사랑과 욕망의 관습, 국가·시민사회·자유주의적 개인을 묶어주는 구조에 보태, 순종의 주체—와 객체—를 만드는 잡종 기술이 한데 묶인 현대 미국의 개 문화 안에서였다. 나는 내 개가 매일 새로 만들어내는 소우주적 생태계, 즉 똥scat이라고 부르는 것을, 아침에 배달된 《뉴욕 타임즈》의 비닐 포장지—공업화학 연구 제국 덕분에 이용 가능한—를 손에 끼고 집어 들면서 개똥 삽은 아무짝

---

[m] 기독교의 성찬식에서 "예수의 살과 피"로 언급되는 빵과 포도주는 단순히 은유가 아니라 말 그대로 "살과 피"이며, 그 속에 신이 임재하고 있다는 기독교의 교리다.

[mm] 화폐로 사용되는 가치 척도로서의 금을 일컫는다.

에도 쓸모가 없다고 느낀다. 이 느낌은 나를 육신화incarnation, 정치경제, 기술과학, 생물학의 역사로 다시 착륙시킨다.

요약하면 "반려종"은 네 부분으로 이루어진 구성물composition과 관련된다. 바로 공구성, 유한성, 불순성, 역사성, 복잡성이다.

따라서 〈반려종 선언〉은 개와 사람이 서로에게 소중한 타자가 되면서 함께 살아가는, 역사적으로 한결같이 특수한 삶 속에서, 자연과 문화가 내파하는 현상과 관련되어 있다. 다양한 존재자가 그 이야기 속으로 호명되고, 그 이야기는 위생적 거리를 유지하려 안간힘을 쓰는 사람들에게도 유익하다. 나는 독자들에게 기술문화를 살아가는 사람들이 이야기와 사실 모두의 차원에서, 자연문화의 공생발생적 신체조직을 가진 존재인 우리가 되었다는 점을 이해시키고 싶다.

나는 프랑스의 포스트-구조주의자이며 마르크스주의 철학자인 루이 알튀세르에게 호명이라는 말을 빌려왔다. 알튀세르의 이론은 현실의 개인이 이데올로기를 통해 근대 국가에서 자신이 차지하고 있는 위치로 "불러들여"져서 주체로 구성되는 방식을 설명한다. 오늘날의 동물들은 이데올로기가 충만한 서사를 통해 우리를 호명해 들임으로써 그들 및 우리가 살아가야만 하는 체제를 설명한다. 우리는 그들을 자연과 문화라는 우리의 구성물 속으로 "호명해" 들인다. 이 호명의 주요 결과는 삶과 죽음, 건강과 질병, 장수와 멸종이다. 우리는 또한 살/실체 속에서 이데올로기만으로는 다 설명할 수 없는 방식을 통해 함께 살아간다. 이야기는 이데올로기보다 허용 폭이 넓다. 우리의 희망은 여기에 있다.

철학적인 안내문을 이렇게 길게 써버린 바람에 나는 "스포츠 기자 딸의 기록"의 주요 규칙을 위반하는 중이다. 내 선언문에 풍미를 더하는 "기록"은 스포츠 기자로 일했던 내 아버지를 기리는 뜻에서 개발로 휘갈겨 쓴 쪽글이다. "기록"의 규칙은 동물 이야기 자체를 벗어나면 안 된다는 것이다. 교훈은 이야기 속에 녹아들어 있어야 한다. 기호sign와 육신은 하나라고 믿는 우리들—미사에는 나가지 않지만, 여전히 천주교 신자인 이들, 그리고 그들과 동반하는 여행자들—에게, 진리라는 장르의 규칙은 여기에 있다.

사실을 보고하고 진짜 이야기를 들려주면서, 나는 "스포츠 기자 딸의 기록"을 쓴다. 스포츠 기자의 임무란 지금도 물론이고, 아니면 최소한 예전에는, 경기 이야기를 보도하는 데 있었다. 나는 어린 시절 늦은 밤까지 AAA 야구회의 덴버 베어스 경기장 기자석에 앉아 아버지가 경기 이야기를 써서 보내는 모습을 곁에서 지켜보았던 경험 덕분에 이 사실을 알고 있다. 어쩌면 스포츠 기자는 다른 언론인과 비교하면 꽤 특이한 일을 하는 사람인지도 모르겠다. 오직 사실만으로 이야기를 구성해서 무슨 일이 벌어졌는지 알려주기 때문이다. 문장은 생생할수록 좋다. 사실이 정확할수록 수사修辭, trope의 파급력이 커지고 이야기도 진실해진다. 언론계에서는 스포츠 칼럼을 쓰는 일이 더 명예가 따르는 활동이지만 아버지는 칼럼은 쓰려 하지 않았다. 아버지는 활동 곁에 남아 경기를 그 모습 그대로 다른 사람들에게 들려주기 위해 경기 이야기를 쓰고 싶어 했다. 반면 칼럼을 쓰려면 메타 서사metastory를 찾아야 하고, 그러려면 관점이나 다소 충격적인 스캔들을 찾아내야 한다. 아버지는 사실과 이야기가 공존하는 경기 자체를 믿었다.

나는 이야기와 사실이 서로 극복할 수 없는 차이 때문에 무과실 이혼을 하게 되었다는 근대주의적 믿음을 정면으로 반박하는 거대 제도 두 개의 품에 안겨 자라났다. 이 두 제도, 즉 교회와 언론은 부패한 것으로 유명하고, 과학에 의해 (계속 이용되기는 하지만) 멸시받는 것으로 유명해도, 진리에 대한 끝없는 갈증을 길러내는 데는 필수적이다. 기호와 육신, 이야기와 사실. 내가 태어난 집에서는 이 생산적인generative 커플이 별거한다는 것은 상상할 수도 없었다. 이 둘은 항상 활활거리면서도 떨어질 줄 몰랐다. 성인이 된 내 안에서 문화와 자연이 내파한 것도 놀라운 일은 아니다. 그리고 그 내파가, 명사로 유통되지만 사실상 동사인 반려종을 말하거나 그 관계를 직접 살아갈 때보다 더 큰 폭발력을 발휘한 적은 없다. 세례 요한의 "말씀은 육신이 되었다"는 말의 뜻은 결국 이런 것이 아닐까? 베어스가 9회 말 2점 차로 지고 있을 때 주자 만루, 투 아웃, 투 스트라이크인 상황에서 기사 마감이 5분 남은 경우라고 할 수 있지 않을까?

나는 또, 과학의 집에서도 자라났다. 내가 가슴이 나올 무렵에는 서로 다른 영토들the Estates을 상호 연결하는 지하 갱도가 얼마나 많으며, 경험적 지식, 반증 가능한 가설, 이론의 합성이 진행되는 궁전에서 얼마나 많은 커플이 기호와 육신, 이야기와 사실을 하나로 묶는지 알게 되었다. 내가 배운 과학은 생물학이었기 때문에 진화, 발달, 세포 기능, 유전체 복잡성, 시간 속에서 만들어지는 형상, 행동생태학, 시스템 커뮤니케이션, 인지—즉 짧게 말하면 생물학이라는 이름 아래 설명될 가치가 있는 모든 것—에 대한 설명이, 육신화라는 까다로운 문제를 안고 살아가는 것 또는 스포츠 기사를 송부하는 것과 그리 다르지 않다는 사실을 일찍부터 알게 되었다. 어떤 방식으로든 생물학을 충실히 하려면, 반드시 이야기를 들려줘야 하고, 반드시 사실을 수집해야 하고, 진실을 향한 갈증을 품은 채로, 제일 좋아하는 이야기나 사실이 빗나갔다는 것이 입증되면 포기할 마음가짐 또한 반드시 갖고 있어야만 한다. 연구자는 이야기가 생명의 중요한 진실에 도달하게 되면 좋을 때나 나쁠 때나 그 이야기를 지키면서 불협화음으로 빚어진 공명을 상속하고, 모순을 살아가겠다는 자세 또한 가져야만 한다. 바로 그런 종류의 충실함이 지난 백오십 년 이상 진화생물학을 융성하게 하면서 지식에 대한 굶주림을 채울 수 있도록 해준 것이 아닐까?

어원학적으로 팩트(사실)fact는 이미 이루어진 수행, 활동, 행위, 간단히 말해 업적을 일컫는다. 팩트는 과거분사이며, 이미한 것, 끝난 것, 고정된 것, 입증된 것, 수행된 것, 성취된 것을 뜻한다. 팩트는 논문이 다음 판에 수록될 수 있는 기한을 설정해왔다. 픽션(허구)fiction은 어원학적으로 팩트와 매우 가깝지만, 품사와 시제가 다르다. 픽션은 팩트와 마찬가지로 활동을 일컫지만 가장假裝이나 속임수뿐 아니라 모습을 만들고 구성하며 발명해내는 행위와 관련되어 있다. 픽션은 현재분사에서 유래했고, 진행 중이며, 아직 문제로 남아 있고, 마감되지 않았으며, 사실과 어긋날 가능성이 남아 있고, 아직 진실 여부가 확인되지 않았지만, 조만간 알게 될 것을 제시하는 경향이 있다. 동물들과 함께 살고, 그들/우리의 이야기에 거주하면서 관계의 진실을 말하려 애쓰는 것, 진행 중인 역사 속에서 공존하는 것. 이게 바로 반려종의 일이며 반려종에게 분석의 최소 단위는 "관계"다.

그래서 나는 요즘 개 이야기를 써서 먹고산다. 모든 이야기는 수사를, 즉 어떤 말이든 말 자체를 하려면 꼭 있어야만 하는 문형figure of speech[1]을 주고받는다. 수사(그리스어 tropós)는 방향을 틀거나 발을 헛딛는 것을 뜻한다. 모든 언어는 돌아가고 엇나간다tripping. 직접적인 의미 같은 것은 없다. 수사 없이 소통할 수 있다고 생각하는 건 독단론자밖에 없다. 개 이야기에서 내가

---

[1] 문자 그대로의 뜻을 전달하기보다 에둘러대는 어법으로, 반복·치환·생략과 같은 문장 구조, 과장법·은유 같은 수사적 표현으로 구성된다.

좋아하는 수사는 "메타플라즘metaplasm"∭이다. 메타플라즘(어형변이)은 예를 들면 글자·음절·음소 따위가 추가·생략·도치·전도되어 말에 변화가 일어나는 현상을 일컫는다. 이 말이 유래한 그리스어 'metaplasmos'는 구조 변경 및 형태 변경을 뜻한다. 메타플라즘은 뚜렷한 방향이 있는 경우와 없는 경우 모두를 통틀어, 말에서 일어나는 것이면 어떤 종류의 변화든 모두 포괄할 수 있는 유적類的, generic 용어다. 나는 메타플라즘이라는 말을 개와 인간이 서로 반려종이 되는 역사에서 육체를 개조改造, restructure하고 생명의 암호를 개형改形, reform한다는 의미로 쓴다.

원형질protoplasm, 세포질cytoplasm, 신생질neoplasm, 생식질germ-plasm∭과 같은 말들을 서로 비교하고 대조해보자. 말에 대한 말을 좋아하는 것과 마찬가지로 내게는 메타플라즘(후형질)에 대한 생물학적 취향도 있다. 육신과 기표, 몸과 말, 이야기와 세계,

---

∭ '어형변이'와 '후형질'이라는 두 가지 뜻이 있다.

∭ 영어에서는 원형질, 세포질, 신생질, 생식질의 네 단어 모두 라틴어 어근 "plasm"을 공유한다. 원형질은 핵과 세포질, 세포벽, 세포막을 포함해 살아 있는 세포 구성 물질을, 세포질은 핵과 세포벽 및 세포의 생리 활동을 통해 생겨난 유기물질을 제외하면 남는, 세포의 토대를 이루는 복합적인 물질을, 신생질은 종양처럼 신체조직에 덧붙어 생겨난 병리적 조직을, 생식질은 정자와 난자 같은 생식 계열 세포들을 일컫는 말이다. 한편 메타플라즘, 즉 후형질은 생물학적인 맥락에서는 원형질과 대비되는 것으로 수분이 담긴 액포나 저장된 지방 입자처럼 세포 안에 있지만, 그 자체로 "살아 있다"고 말할 수 없는 비활동성 물질을 뜻한다.

이 모두가 자연문화 속에서 결합된다. **메타플라즘**은 실수나 헛디딤, 실체적 차이를 만드는 수사를 뜻할 수 있다. 예를 들어 핵산의 염기 가닥에서 발생하는 치환은 유전자의 의미를 바꾸고 삶의 경로를 변화시키는 메타플라즘이 될 수 있다.[17] 또는 근친 계보 사이의 교배를 줄이는 대신 이종교배를 더 많이 하는 것과 같은 개 육종가들의 새로운 실천 양식은 **개체군**이나 **다양성**과 같은 말들이 의미 변화를 겪은 결과로 생겨난 것일 수도 있다. 의미의 전도, 소통의 실체를 치환하기, 개형, 개조, 진실을 말하는 방향 선회. 나는 이야기에 대한 이야기들만 말한다. 컹Woof.

이 선언은 은연중에 개와 사람 사이의 관계를 넘어선 무엇과도 관련된다. 개와 사람은 하나의 우주를 형상화한다. 분명 사이보그는—기계적인 것과 유기적인 것이 정보 코드 속에 역사적으로 응결되어 있고 경계는 피부 표면보다 통계학적으로

---

[17]   유전자를 구성하는 물질인 DNA는 각각 A, G, T, C로 표기되는 아데닌, 구아닌, 티민, 시토신이라는 네 개의 서로 다른 물질("염기" 혹은 "뉴클레오티드")을 주요 성분으로 한다. 우리 몸을 구성하는 단백질은 20여 가지의 아미노산이라는 물질로 이루어져 있는데 A, G, T, C 중 세 글자를 조합하면 한 개의 아미노산을 지정할 수 있게 된다. 예를 들어 CAA는 글루타민이라는 이름의 아미노산을 일컫는 기호다. 이때 하나의 염기, 예를 들어 세 번째 A가 C로 바뀌면 히스티딘이라는 아미노산을 지정하는 암호가 된다. 이런 바뀜을 치환이라고 부른다. 어떤 아미노산이 어떤 순서로 결합되는가에 따라 서로 다른 단백질이 만들어지기 때문에 염기가 치환되면 다른 결과물이 나올 수 있다.

정의된 신호 및 잡음 밀도와 더 밀접한 관계가 있다―반려종이라는 분류군과 잘 맞는다. 이를테면 사이보그는 개들에 필요한 역사, 정치, 윤리에 관련된 온갖 질문들을 제기한다. 보살핌, 번영, 힘의 차이, 시간의 척도, 이 모두가 사이보그의 문제다. 예를 들어 정보 기계의 생성 기간generation time^{m}과 인간, 동물, 식물의 군락 및 생태계의 생성 기간이 서로 양립할 수 있게 하면서 노동 체계, 투자 전략, 소비 유형을 만드는 시간 구성은 어떤 유형으로 되어 있을까? 컴퓨터나 개인용 디지털 장비를 퍼내는 데 좋은 개똥 삽은 무엇일까? 우리는 적어도 그 삽이 멕시코나 인도에 버려진 전자장치 더미, 곧 정보의 혜택을 누리는 사람들이 배출한 생태적으로 유독한 쓰레기, 넝마주이로 살아가는 사람들이 받느니만 못한 품삯을 받아가면서 처리하는 것들이 아니라는 점은 안다.

　　예술과 공학은 반려종을 참여시키는 과정에서 자매 관계에 있는 실천 방식이다. 그렇기에 인간‒지역 관경의 짝은 반려종이라는 범주와 포근하게 들어맞고 개와 인간의 영혼을 함께 묶는 역사 및 관계에 대해 온갖 질문을 제기하게 만든다. 스코틀랜드의 조각가 앤드루 골즈워디Andrew Goldsworthy는 이 점을 잘 이해하고 있다. 골즈워디는 식물, 토양, 바다, 얼음, 돌의 육체를 따라 생성되는 시간의 척도와 흐름에 압도된다. 그에게 대지의 역

---

m　한 세대가 생겨나는 데 걸리는 시간을 일컫는 생물학 용어.

사는 살아 있고, 이 역사는 사람, 동물, 토양, 물, 바위가 서로 연결되며 이루는 다양한 모습으로 구성되어 있다. 잔가지와 한데 뒤얽힌 얼음 결정의 조각품, 조수가 굽이치는 해변에 겹겹이 세워둔 사람 크기의 바위 원뿔, 농촌을 가로질러 멀리 뻗은 돌담에 이르기까지 작품의 규모도 다양하다. 그는 공학자 및 예술가로서 중력이나 마찰력 같은 힘을 잘 이해하고 있다. 그의 조각은 때로는 몇 초, 때로는 수십 년 동안 유지되지만 필멸성과 변화의 테마는 계속 보존된다. 과정과 붕괴—그리고 인간과 비인간, 움직이는 것과 움직이지 않는 행위성—는 단순히 작품의 주제가 아니라 그의 작업의 파트너이자 소재다.

1990년대에 골즈워디는 작가 데이비드 크레이그David Craig와 함께 〈아치Arch〉라는 제목의 작업을 진행했다. 이 작품은 스코틀랜드의 초원에서 출발해 잉글랜드의 시장 마을로 향하는, 옛날 양몰이 길을 추적하는 내용으로 이루어져 있다. 동물, 인간, 대지의 과거와 현재 역사를 표시하는 장소를 따라 이동하면서 붉은 사암으로 된 아치를 조립해 세웠다가 해체해 옮기면서 사진을 찍은 것이다. 사라진 나무들과 소작농들, 인클로저와 신흥 양모 시장, 수 세기에 걸친 잉글랜드와 스코틀랜드의 문제투성이 연대, 스코틀랜드 양치기 개와 고용된 양치기의 존재 조건, 양털을 깎은 뒤 양을 도살하거나 양고기를 식용으로 이용하는 것. 지리, 역사, 자연사를 한데 묶는 이동형 석재 아치가 이 모든 것을 추모한다.

골즈워디의 아치에 함축된 콜리는 "래시야, 돌아와"보다는 "농부는 꺼져"와 관계가 더 깊다. 이 콜리는 20세기 후반, 총명한 양치기 개들과 스코틀랜드 보더콜리를 출연시켜 선풍적 인기를 끈 영국 텔레비전 드라마가 등장할 수 있었던 조건 중 하나라고 할 수 있다. 이 품종은 19세기 후반 이래 양몰이 경주를 거치면서 유전적으로 형성되었고 여러 대륙에서 양몰이 경기가 합당한 유명세를 얻을 수 있게 해주었다. 내가 지금까지 해온 어질리티 경기 대부분에서 파트너 역할을 했던 개들의 품종은 보더콜리이고, 대규모로 유기되어 헌신적인 자원봉사자들에게 구조되거나 동물 보호소에서 안락사를 당한 품종 역시 보더콜리이다. 이처럼 뛰어난 재능을 지닌 개들이 드라마에 출연하면서 선풍적인 인기를 끌자 자신도 한 마리 사려는 사람들이 급증했고 이 수요를 채우기 위해 애완동물 가게가 우후죽순으로 생겨났다. 충동구매자는 자신이 데려온 개가 매우 진지한 성격의 개라는 사실, 그리고 보더콜리가 행복한 삶을 살기 위해 해야만 하는 일거리를 마련해주기에는 자신이 역부족이라는 사실을 바로 깨닫게 된다. 이런 이야기 속에 식량과 섬유를 생산하는 양과 품삯을 받고 일하는 목동이 수행하는 노동의 이야기가 들어갈 자리가 있을까? 격동하는 현대 자본주의의 역사를 우리의 육신으로 물려받는 방식은 어느 정도로 다양한 것일까?

골즈워디의 작품은 "인간"이 아니라, 이질적 관계와 결부된 필멸의 유한한 흐름 속에서 윤리적으로 살아갈 방법을 넌지

보더콜리 지옥. 사진 속의 핸들러는 유명한 잉글리시 시프도그 심사관이자 작가인 토머스 롱턴 Thomas Longton 이다.

시 묻고 있다. 그의 작품은 사람들이 대지에 거주하는 구체적인 방식에 맞춰 끊임없이 조율되지만, 인본주의적이거나 자연주의적인 예술 작품은 아니다. 그의 작품은 자연문화의 예술이다. 분석의 최소 단위는 관계이며 관계는 모든 수준에서 소중한 타자성과 결부되어 있다. 사람과 개의 오랜 동거관계에 접근할 때는 이와 같은 윤리 내지는 인식의 방식을 택해야 한다.

그래서 나는 〈반려종 선언〉에서 소중한 타자의 관계 맺음이 어떤 것인지 이야기해보고 싶다. 짝을 이루는 이들은 이 관계를 통해 육체와 기호 모두에서 지금과 같은 모습이 된다. 뒤에 나오는 진화, 사랑, 훈련, 종류 및 품종과 관련된 이야기는 인간이 이 행성에 자신과 함께 출현한 무수히 많은 종과 더불어 시간, 신체, 공간의 그 모든 척도 속에서 잘 살아간다는 것이 무엇을 뜻하는지 생각해볼 때 도움이 된다. 내가 제시하는 설명은 체계적인 형태로 되어 있지는 않다. 그 대신 색다르고 시사적이며 신중하기보다는 과격하고, 명석판명한 가정보다는 우연한 근거를 따른다. 여기서 개는 반려종이 이루는 거대한 세계에서는 하나의 행위자에 불과하다. 이 선언이나 자연문화의 삶에서는 부분들이 모여 전체를 이루는 일은 생기지 않는다. 그 대신 나는, 마릴린 스트래선이 말한 "부분적 연결"을 찾고 있다. 이와 같은 연결 속에서는 자기 확실성이라는 신의 속임수나 영원한 합일communion을 택할 수 없고 반직관적인 기하학 및 부적합한 번역이 필요하다.

II. 진화 이야기

내가 아는 사람은 모두 개의 기원에 대한 이야기를 좋아한다. 열성적인 소비자들에게는 의미심장할 내용이 차고 넘치는 이런 이야기에는 고차원적인 로맨스와 냉철한 과학이 뒤섞여 있다. 인간 집단의 이주와 교환의 역사, 기술의 본성, 야생의 의미, 식민주의자와 피식민자의 관계가 이와 같은 이야기들에 색조를 더한다. 내 개가 나를 사랑하는지 확인하는 문제, 동물의 지능을 서로 비교하거나 인간의 지능과 비교할 때 적절한 척도를 찾아내는 문제, 인간이 진짜로 동물의 주인인지 아니면 속고 있을 뿐인지 판단하는 것과 같은 문제에 대해서는, 냉철하게 작성한 과학 논문이 답을 알려줄 수도 있다. 어떤 품종이 쇠퇴 중인지 진보 중인지 평가하는 문제, 개의 행동이 유전의 결과인지 양육의 결과인지 판단하는 문제, 구식 해부학이나 고고학이 내놓는 주장과 최신 유행인 분자 마법사의 주장을 비교하면서 판단하는 문제, 개의 기원을 신대륙에 둘 것인지 구대륙에 둘 것인지의 문제, 멍멍이의 조상을 현대의 멸종 위기종과 겹쳐 보이는 고귀한 사냥꾼 늑대로 묘사할지 평범한 동네 개들과 겹쳐 보이는 비굴한 승냥이로 묘사할지의 문제, 개들의 미토콘드리아 DNA에서 갯과 이브를 하나 찾을 것인지 여럿 찾을 것인지, 그도 아니면 Y염색체에서 갯과 아담을 찾아볼 것인지의 문제⋯. 이와 같은 문제들이 수두룩하게 많다.

내가 〈반려종 선언〉 원고에서 마침 이 부분을 작성하던 날, PBC에서 CNN에 이르는 주요 방송사들이 《사이언스 Science》지에 실린 개의 진화 및 사육의 역사에 관한 논문 세 개를 일제히 보도했다. 몇 분이 채 흐르기도 전에 개 세계의 수많은 메일링 리스트가 해당 연구의 함의를 두고 토론하느라 시끌벅적했다. 웹사이트 주소들이 대륙 사이를 날아다니면서 사이보그 세계에 소식을 실어날랐고, 종이에 인쇄된 글만 읽는 사람들은 같은 시간 동안 뉴욕, 도쿄, 파리, 요하네스버그에서 발행된 일간 신문에서 이야기를 찾아 읽었다. 과학적 기원 설화를 경쟁적으로 소비하는 이 현상을 어떻게 이해하면 좋을까? 과학이 제시하는 설명은 반려종이라는 관계를 이해할 때 어떤 도움이 될 수 있을까?

현대 생명과학에서 가장 악명 높은 싸움은 영장류의 진화, 그중에서도 특히 호미니드hominid⑦의 진화와 관련된 분야에서 벌어지고 있을지도 모른다. 하지만 개의 진화 문제도 만만치 않다. 이 문제를 두고 과학자 및 대중 서적 작가 사이에 퍽 인상적인 개싸움이 벌어지곤 하는 모습을 이따금 보게 되기 때문이다. 개가 지구상에 등장한 사연을 설명하다가 반박을 받지 않거나 당파적으로 이용되지 않는 법은 없다. 대중과 전문가 양쪽 모두의 개 세계에서 발견할 수 있는 쟁점은 이중적이다. (1) 서구 담론과 그 사촌뻘 되는 담론에서 자연으로 여겨지는 것과 문화로 여겨지는 것 사이의 관계 문제, (2) 앞의 문제와 관련해 누구와 무엇이 행위자로 간주될 수 있는지의 문제. 둘 다 기술문화 속에서 정치적·윤리적·감정적 행위를 할 때 중요한 주제다. 개 진화 이야기의 세계에서 한 당파에 속한 나는, 이야기가 지닌 다채로운 매력과 야만성 중 어느 쪽도 삭제하지 않으면서 공진화

---

⑦ 사람과科에 속하는 종을 일컫는 말로, 현생인류Homo sapiens의 직계 조상 중 현존하는 다른 영장류, 즉 고릴라 및 오랑우탄, 또한 유전적으로 가장 최근에 분화한 침팬지, 그리고 침팬지와 계보가 갈라진 후 등장한 인류의 직계 혹은 방계 조상들을 포함하는 분류군이다. 호미니드의 계보에 대한 문제는 인간이 다른 종들과 얼마나 가깝거나 먼지, 인류의 기원이 어느 시점인지 판단하는 문제와 연관되어 있기에 숱한 논쟁거리가 되었다.

와 공구성을 이해할 수 있는 방법을 찾고 있다.

개는 돼지를 제치고 최초의 사육 동물이라는 영예를 거머쥐었다. 인본주의적 기술 예찬론자들은 길들이기를 자기 자신이라는 부모로부터 혼자 태어난 남성적 행위의 모범으로 그려내면서, 이 행위를 통해 (남성)인간이 자신의 도구를 발명(창조)하며 자기 자신을 거듭 창조한다고 본다. 가축은 신기원을 이룩하는 도구이자 인간의 의도를 육신으로 구현하는 개-육체 버전의 자위행위다. (남성)인간은 (자유로운) 늑대를 잡아 (복종하는) 개를 만들고 그로써 문명의 가능성을 수립했다. 그렇다면 헤겔과 프로이트 사이에서 태어난 잡종견이라고 보면 될까? 개를, 길들인 동식물 전체의 상징으로 만들고 인간의 의도에 복종하게 만들되, 점차 진보할 것인지 타락할 것인지는 각자의 취향에 맡기면 될 것이다. 심층생태론자들은 그런 이야기를, 문화로 추락하기 전에 있었다는 야생의 이름으로 혐오하기 위해 기꺼이 믿는다. 인본주의자들이 문화에 대한 생물학의 침략을 막기 위해 믿는 것과 같은 맥락이다.

모든 것이 분산되어 있다는 것이 개집에서조차 세상만사의 상식이 되자, 위와 같은 관습적인 설명 방식은 최근 몇 년 동안 철저한 재구성의 대상이 되었다. 나는 이 전부가 스쳐 가는 유행일 뿐이라는 사실을 알면서도 이처럼 개(를 비롯한 다른 종들)에게 길들임의 첫수를 두게 하고, 이질적이고 분산된 행위 주체의 끝없는 춤을 안무하는, 재구성된 메타플라즘적 이야기들을 좋아하지 않을 수 없다. 일시적인 유행에 불과하더라도 이와 같은 새로운 이야기들이 진실에 가까울 가능성이 더 크다고 나는 생각한다. 소중한 타자성을 의도의 반영과는 다른 무엇으로 볼 방법을 가르쳐줄 가능성도 더 크다고 보기 때문이다.

개의 미토콘드리아 DNA 분자시계molecular clocks [n]를 연구하자, 개는 예전에 추측하던 시점보다 일찍 출현했다는 결과가 나왔다. 칼레스 빌라Carles Villa와 로버트 웨인Robert Wayne의 실험실에서 1997년에 발표한 논문은 개와 늑대가 무려 15만 년 전에 갈라져 나왔다고 주장한다. 이는 결국 현생 인류의 기원과 일치하는 시점이다. 이 시점은 화석 자료나 고고학적 증거로 뒷받침되지 못하기 때문에, 5만 년에서 1만5천 년 사이 어느 곳에 분기점이 있었다는 후속 DNA 연구에 자리를 내주게 되었다. 보다 최근의 시점이 지금까지 제시된 증거 모두를 종합할 수 있게 해준다는 점에서 과학자들 역시 이 시점을 선호하기 때문이다. 이

---

[n]　생물학 용어로, 어떤 종이 친척뻘 되는 종과 과거 어느 시점에서 서로 다른 방향으로 진화하기 시작했는지를 추정하는 분석 기법이다. 생물체는 세포분열 혹은 생식세포의 수정을 통해 새로운 세대를 만들어내는데, 이때 본래의 생물체, 즉 모세포가 갖고 있던 유전 정보의 복제 과정에서 실수가 발생하는 경우는 확률적으로 매우 드문 편이다. 하지만 간혹 복제상의 실수가 그대로 남아 다음 세대로 전달되는 때도 있는데, 이를 돌연변이라고 한다. 이 돌연변이율을 추정해내고 두 종의 유전 정보가 서로 얼마나 다른지를 비교하면 두 종이 갈라진 지 얼마나 오래되었는지를 추산할 수 있다. 이 비교 기법을 분자시계 분석이라고 한다.

시점을 채택하게 되면, 개는 상당히 짧은 기간에 동아시아 어딘가에서 지역적으로 분산된 사건들의 형태로 출현했고, 인간이 가는 곳마다 함께 따라 이동하면서 지구 전역으로 빠르게 퍼져나간 것처럼 보인다.

이 결과를 해석하는 과정에서 많은 사람은 다음과 같은 시나리오를 주장한다. 늑대를 동경하던 개들이 인간이 내버린 쓰레기에 섞인 열량 노다지를 이용하면서 개가 되었을 가능성이 가장 크다는 것이다. 새로 출현한 개들은 기회주의적인 전략을 택하면서 인간과 물리적 거리를 좁히고 털을 곤두세우는 반응을 줄이고 종 간 사회화가 이루어지는 강아지 시기를 연장하고 위험한 인간이 점유한 지역을 좀 더 확실히 함께 점유하면서 행동학적인, 그리고 궁극적으로는 유전학적인 적응을 거치게 되었다. 러시아 모피 여우를 연구한 결과를 보자. 이 여우들은 여러 세대에 걸쳐 더 순한 개체들이 선발되어왔는데, 여우의 형태 및 행동 특성의 상당수는 길들이기와 관련되어 있다는 점을 알 수 있다. 이 여우는 오늘날의 개와 마찬가지로 유전적 특성은 늑대와 가깝지만, 행동학적 특성은 늑대와 상당히 다르다. 더 길들이려는 인간의 시도를 더 많이 포용한 원형적 "동네 개"와 같은 것의 출현 모델을 이들 여우에서도 찾을 수 있다. 인간은 (원치 않는 강아지를 죽이거나 암캐에게 주는 먹이의 양을 달리하면서) 개의 번식을 의도적으로 조율하거나 의도와 상관없이 큰 영향을 주면서 이야기 초반에 등장하는 다양한 개들의 형성에 기여했을 수도 있다. 인간은 개를 동반자로 삼으면서 삶의 방식이 상당히 바뀌었다. 아직 계속되고 있는 공진화의 이야기 속에서 서로를 구성하는 두 종 모두에게는 유연성과 기회주의가 함께 참여하는 게임의 이름이다.

학자들은 이렇게 각색된 이야기들을 자연과 문화 사이의 경직된 분리를 문제시하는 방편으로 삼아 보다 생산적인 기술문화 담론을 구축하려 한다. 개의 고생물학과 고고학 전문가인 다시 모레이Darcy Morey는 인위선택과 자연선택은 이야기를 거슬러 올라가보면 둘 다 결국에는 차등적 번식differential reproduction[m]

---

[m] 생명체가 지닌 속성에 따라 다음 세대에 얼마나 많은 자손, 즉 자신과 닮은 자손을 남길 것인가에서 차이가 생기는 현상을 뜻한다. 자연선택natural selection은 잘 알려진 것처럼 찰스 다윈이 제안한 개념인데, 생명체들은 환경이 감당할 수 있는 것보다 많은 수의 자손을 낳는 경향이 있고, 이들 중 생존과 번식에 더 적합한 개체들이 자신과 비슷한 성향을 지닌 후손들을 더 많이 남기면서 현재 관찰되는 종의 공통 특성을 주조하게 되었다고 보는 개념이다. 인위선택artificial selection은 품종 개량과 같이 인간의 목적에 부합하는 자질을 갖는 개체들을 교배시켜서 원하는 자질이 남거나 강화되게 만드는 것을 뜻한다. 그런데 이때 어떤 면에서 선택의 "주체"가 되는 것은 인간만이 아니다. 예컨대 잎꾼개미와 같이 버섯을 재배하는 개미 종들은 적합한 버섯 품종을 선별적으로 재배하며 이용하고 버섯 역시 개미가 자신을 재배하게 만들면서 공진화 관계를 맺어왔을 수 있기 때문이다. 사람 역시 어떤 사람을 배우자로 삼을 것인지, 누구와 아이를 낳아 키울 것인지를 결정하면서 다음 세대의 향방에 영향을 미친다. 이런 관점에서 보면 자연선택과 인위선택 과정 모두는 차등적 번식과 관련되는 측면에서는 동일하다고 생각해볼 수 있다.

의 문제이기 때문에 그와 같은 구분이 의미 없다고 믿는다. 모레이는 의도의 측면을 덜 강조하고, 행동생태학을 앞으로 내세운다. 환경역사가이자 기술사가이며 과학학자인 에드 러셀Ed Russell은 개 품종의 진화는 생명공학의 역사에서 독립된 장을 이룬다고 주장한다. 러셀의 설명 방식은 인간 행위 주체를 강조하고 유기체를 공학기술적 구성물로 보면서도 개를 능동적인 행위자로 다룰 뿐 아니라 개와 인간 문화의 지속적 공진화를 전면에 내세운다. 과학 저술가인 스티븐 부디안스키Stephen Budiansky는 개의 길들이기를 포함해 길들이기 일반이, 인간과 관련 종 모두를 이롭게 하는 성공적 진화 전략이라고 주장한다. 이런 사례를 더 많이 들 수 있다.

이런 설명들을 함께 묶으면 길들이기 및 공진화의 의미를 재평가할 필요가 생긴다. 길들이기는 창발하는 동거 과정으로서 다양한 종류의 행위 주체 및 이야기들이 개입한다. 이 행위 주체와 이야기는 거죽만 바뀐 추방 설화를 만들어내거나 모두가 만족할 결과를 보장하는 데 봉사하지 않는다. 동거는 보송보송함과 아늑함을 뜻하지 않는다. 반려종은 20세기 초 그리니치빌리지에서 열리던 아나키스트 토론 모임을 위해 마련된 동반자도 아니다. 관계는 다형적이며 위태롭고, 마무리되지 않으며 결과가 따른다.

공진화는 생물학에서 관습적으로 채택되는 것보다 더 넓게 정의되어야 한다. 꽃의 생식기관과 꽃가루받이 곤충의 기관 사이에서 발생한 형태학적 적응은 분명 공진화다. 하지만 개의 몸과 마음에서 일어나는 변화는 생물학적인 것으로 보면서 목축 및 농경 사회의 출현처럼 인간의 몸과 마음에서 일어난 변화는 문화적 변화라고 본 뒤 공진화 사례에서 제외하는 것은 실수다. 나는 인간 유전체가 적어도 개와 같은 반려종이 감염되는 병균에서 유래한 분자적 기록을 매우 많이 간직하고 있으리라고 추측한다. 자연문화에서 면역계는 사소한 부분이 아니다. 사람을 포함한 유기체가 생명을 유지할 가능성을 결정하고 함께 살 수 있는 존재가 누구인지 규정하기 때문이다. 인간, 돼지, 가금류, 바이러스 사이에 공진화가 이루어졌다고 가정하지 않으면 인플루엔자의 역사를 상상하기 힘들다.

　하지만 질병이 생명사회학적 이야기의 전부일 수는 없다. 비대한 생물학적 언어 능력처럼 인간에게 근본적인 능력조차 개와 관계를 맺었기 때문에 출현할 수 있었다고 생각하는 사람들도 있다. 개가 인간 대신 냄새 및 소리에 민감해지면서, 인간이 얼굴과 목구멍, 두뇌를 수다 떠는 데 쓸 수 있게 되었다고 보는 것이다. 나로서는 이런 설명은 받아들이기 어렵다고 본다. 하지만 일단 자연문화의 창발 사례에 대해 대항-또는-도망 반응을 자제하고 세상만사를 생물학적 환원론이나 문화적 독특성의 견지에서 보는 것을 멈추기만 한다면, 사람과 동물 모두가 다르게 보일 것이라고 확신한다.

　나는 생태발생생물학의 최신 개념들, 또는 발생생물학자이

자 과학사가인 스콧 길버트Scott Gilbert의 표현을 빌리자면 "생태
-발생eco-devo" ⑪과 같은 개념을 접하면 힘이 솟는 느낌을 받는
다. 분자 기법과 다학제적 담론 자원에 힘입어 등장한 이 새로
운 과학 분야가 핵심으로 다루는 연구 대상은 발생학적 유도와
시기 조절의 문제다. 맥락에 따라 달리 발휘되는 조형성plasticity
이 일반 법칙이고 유전적 동화는 일어날 때도 있고 일어나지 않
을 때도 있다. 극소에서 극대에 이르는 모든 층위를 망라하며
환경 정보와 유전 정보를 통합하는 방식이 유기체의 모습을 결
정한다. 유전적 영향이 멈추고 환경의 영향이 시작되는 시기나
부위 같은 것은 없다. 유전 결정론은 제한된 발생학적 가소성을
일컫는 부분적인 언어일 뿐이다.

---

⑪ 한 생명체가 수정란으로부터 성장하여 하나의 개체가 되고 노화하여 죽
   을 때까지 전개되는 변화, 즉 발생 과정은 유전자에 담긴 정보만이 아니
   라 그 정보를 해석하거나 발현되게 만드는 환경 혹은 생태 정보에도 긴
   밀하게 의존하고 있다는 생각을 담은 용어다. 예를 들어 네모리아Nemoria
   속 나방의 애벌레인 자벌레는 한 해 동안 봄과 여름 두 번에 걸쳐 알에서
   깨어나는데 탄생 시기에 따라 미상화(버드나무 꽃처럼 꼬리 모습을 한
   꽃) 같은 모습이 될 수도, 잔가지 같은 모습이 될 수도 있다. 부화한 시기
   에 따라 먹이가 달라지기 때문이다. 여름에 태어난 애벌레는 잎사귀를 먹
   는데 잎사귀에 함유된 타닌은 잔가지와 같은 모습을 발달시키는 유전 정
   보의 활동을 개시하는 역할을 한다. 이와 비슷한 현상들을 가리켜 발생
   학적 유도developmental induction라고 하는데, 결과적으로 자벌레는 자신의
   탄생 시기에 따라 몸을 포식자로부터 은닉하는 데 더 효과적인 겉모습을
   얻을 수 있게 된다.

광대하고 드넓은 세계는 콧대 높은 생명체로 가득 차 있다. 예를 들어 마거릿 맥폴-응가이Margaret McFall-Ngai는 오징어 유프림나 스콜로페스Euprymna scolopes의 발광 기관이 유생 시절부터 발광성 비브리오 박테리아가 잠입해 살기 시작해야 정상적으로 발달한다는 사실을 보여준다.⑩ 이와 비슷하게 인간의 내장 조직은 균총이 서식하지 않으면 정상적으로 발달할 수가 없다. 지구상의 다양한 동물 형태는 대양을 이루는 짭짤한 세균덩어리 국물에서 출현했다. 동물들은 자연사의 진화 단계마다 신체의 내부와 외부 모두를 열심히 식민화하는 박테리아에 맞춰 적응해야만 했다. 복잡한 생명 형태가 이루는 발생학적 패턴은 증거를 찾아낼 과학적 방법만 확보된다면 [진화적] 적응의 역사를 보여줄 가능성이 크다. 지구상의 생명체들은 기회가 오면 의외의 동반자를 붙잡아 어딘가 새롭고 어딘가 공생발생적인 차원

---

⑩ 하와이산 짧은꼬리 오징어Hawaiian Bobtail Squid라는 일반명을 가진 오징어 유프림나 스콜로페스는 자신의 피부에 있는 한 쌍의 발광기관에 박테리아를 살게 하고 박테리아가 발광하는 빛을 통해 바다 쪽으로 자신의 그림자가 드리워지지 않게 하여 먹이로부터 자신의 모습을 숨긴다. 이 발광기관에는 빛의 밝기를 인식할 수 있는 세포 및 빛 세기 조절 장치가 있어서 날씨나 물의 깊이에 상관없이 수면 위로부터 내려오는 빛과 동일한 양의 빛을 내보낼 수 있다. 오징어가 사는 데 매우 중요한 기관인 셈이다. 오징어가 바닷물 속에서 만나게 되는 박테리아의 종류는 무수히 많은데, 자신과 궁합이 맞는 박테리아를 인식하고 선별하여 자신의 몸 안에 키우는 것은 오징어에게 매우 중요한 일이다.

으로 끌어들일 태세를 갖추고 있다. 공구성적인 반려종과 공진화는 규칙이지 예외가 아니다. 이와 같은 논증은 내 선언문에서는 수사적인 장치이지만, 육신과 형상은 불가분의 관계에 있다. 수사는 예상 밖의 것을 찾아내고 음미할 수 있게 해주어서, 이전 세대에서 물려받은 유산의 감옥을 벗어날 수 있게 해준다.

III. 사랑 이야기

미국에서는 개들에게 "무조건적 사랑"의 능력이 있다고 이야기하곤 한다. 사람은 다른 인간과의 관계에서 겪는 복잡성, 모순, 오해의 짐에 짓눌린 나머지 자신이 키우는 개가 베푸는 무조건적인 사랑에서 위안을 찾는다는 믿음을 표현하는 말이다. 개를 자식으로 대하며 사랑하는 것이 다음 수순이다. 내 생각에 이 두 믿음 모두는 거짓까지는 아니어도 출발부터 실수였을 뿐만 아니라 그 자체로 개와 인간 모두에게 가학적이다. 문헌을 대충만 살펴봐도, 개와 인간이 맺을 수 있는 관계의 폭이 아주 넓다는 사실을 알 수 있다. 하지만 현대의 소비문화 속에서 살아가는 애완동물 애호가들, 어쩌면 이들에게 특히 "무조건적 사랑"에 대한 믿음은 치명적이다. (남성)인간이 가축(개들) 및 컴퓨터(사이보그)와 같은 자신의 도구에 자신의 의도를 구현함으로써 자기 자신을 만든다는 사고방식을 내가 인본주의적 기술 예찬론자의 자기애라고 부르는 신경증의 증거라고 볼 수 있다면, 겉보기에 이와는 대립하는 생각, 즉 개들이 무조건적인 사랑을 베풀어 인간의 영혼을 되살린다는 생각은 개 예찬론자의 자기애라는 신경증일지도 모른다. 나는 역사적 상황 속에 놓인 개와 인간, 그리고 그들의 사랑이 소중하다고 생각하기 때문에 무조건적 사랑의 담론을 반대하는 것이 중요한 문제라고 생각한다.

애컬리J. R. Ackerley의 기발한 걸작인《나의 개 튤립My Dog Tulip》(초판은 잉글랜드에서 1956년 자비 출판으로 간행됨)은 1940년대와 50년대에 저자와 그의 "알자스Alsatian" 암캐가 맺었던 관계를 서술하는 책으로, 나의 입장을 가다듬을 수 있는 안내서가 된다. 이 훌륭한 러브 스토리에서는 첫 장부터 역사가 독자의 주변 시야에서 명멸한다. 세계 대전을 두 차례 겪은 뒤에는 온갖 잡다한 사실들을 부정하거나 다른 것으로 대체해야 살아갈 수 있었는데, 그중에는 잉글랜드에 있는 독일 셰퍼드를 알자스 개라고 부르는 것도 포함되었다. 튤립(실제의 삶에서는 퀴니Queenie)은 애컬리의 삶에서 최고의 연인이었다. 중요한 소설가이자 유명한 동성애자로서 매우 인상적인 글들을 남긴 애컬리는 애초부터 달성할 수 없는 목표를 뚜렷이 파악함으로써 그 사랑을 존중했다. 정확히 말하자면, 바로 이 개가 무엇을 필요로 하며 욕망하는지를 어떻게든 알아내야만 한다는 사실을 알았고, 둘째로는 자신이 제대로 추측했는지 확인하는 과정에서 천국과 지옥을 기꺼이 오갔던 것이다.

튤립은 처음 살던 가정에서 구조된 개였다. 애컬리는 튤립을 자신이 꿈꾸는 이상적 사랑의 대상이라고 생각하지 않았다. 또 자신 역시 튤립이 마음에 두던 사랑의 대상이 아니라고 짐작했다. 그 뒤로 이어지는 모험 서사는 무조건적인 사랑과는 관계가 없었고, 상호주관적인intersubjective 세계를 살아가는 법, 즉 유한한 관계가 드러내는 모든 세부 사항을 낱낱이 실감하면서 타자를 만나는 것과 결부되어 있었다. 동물들끼리, 그리고 동물들과의 사이에서 체험되는 상호주관성과 우정에 대해 용감하게 글을 쓰는 행동생물인류학자 바버라 스머츠Barbara Smuts는 애컬리가 관계 맺는 방식에 동의했을 것이다. 행동생물학자는 아니었지만, 자신이 속한 문화의 성과학sexology을 잘 알고 있던 애컬리는 튤립이 발정기에 접어들자 유머러스하고 감동적인 방식으로 적당한 성적 파트너를 찾아주는 일에 착수한다.

네덜란드의 환경여성주의자인 바버라 노스케Barbara Noske는 고기를 생산하는 "동물–산업 복합체"의 스캔들로 우리의 시선을 돌린 사람이기도 한데, 동물에 대해 생각한다는 것은 SF에 나오는 "다른 세계"를 생각하는 것과 마찬가지라고 주장했다. 애컬리는 튤립의 중요한 타자성/차이들significant otherness을 흔들림 없이 지지했던 경험을 곱씹으며 노스케의 주장을 수긍했을지도 모른다. 튤립은 중요했고, 바로 이 점이 둘 모두를 바뀌게 했다. 애컬리 역시 튤립에게 중요했다. 이 중요성은 언어적이든 아니든 모든 형태의 기호학적 실천에 특유한 헛디딤을 통해서만 읽어낼 수 있다. 오인誤認, misrecognition은 극히 드물게 발생하는 적중의 순간만큼 중요했다. 애컬리의 이야기에는 몸으로 부대끼는 세속적 사랑에서 경험하기 마련인 것, 즉 육감적fleshly이면서도 의미를 생산하는 세부 사항이 매우 많이 나온다. 남에게 무조건적 사랑을 받기를 원하는 태도는 용납하기 힘든 신경증적 환상이다. 반면, 골치 아픈 조건들을 맞춰가면서 사랑을 지속하려는 노력은 아주 다른 문제다. 친밀한 타자를 더 잘 알기위해 끝없이 노력하는 과정, 그리고 그 과정에서 별수 없이 겪게 되는 우습고도 비극적인 실수들은, 그 타자가 동물이건 인간이건 또한 무생물이건 간에 내 존경심을 자아낸다. 애컬리와 튤립의 관계는 사랑이라는 이름을 붙이기에 부족함이 없다.

나는 평생을 개와 살아온 사람들의 멘토링 덕을 많이 입었다. 이 사람들은 사랑이라는 말을 아껴 쓴다. 개를 지능이 낮은 털투성이 아이, 의존적인 존재로 여기는 것을 혐오하기 때문이다. 린다 와이저Linda Weisser는 30여 년을 그레이트 피레니즈Great Pyrenees라는 가축 파수견의 브리더로 지내면서 이 품종을 보살피는 법, 행동과 역사, 복지의 모든 측면을 가르치는 교사이자 품종 보건 활동가로 일해 왔다. 그녀가 이 개들과 반려인들에게 느끼는 책임감은 정말 대단하다. 와이저는 특정한 **종류**kind, 특정한 품종의 개에 대한 사랑을 강조하며 자신만의 개가 아니라 개 전체whole를 배려할 때 해야만 하는 일들에 대해 말한다. 그녀는 공격적인 구조견이나 아이를 문 적이 있는 개는 죽여야 한다고 서슴없이 제안한다. 이렇게 해야만 인간 아이는 물론이고 품종의 평판 및 다른 개들의 목숨을 구할 수 있다고 생각하기 때문이다. 그녀에게 "개 전체whole dog"란 종류임과 동시에 개체다. 그녀의 사랑은 자신은 물론 아주 소박한 중산층 수준의 재산만 있는 사람들을 과학적 및 의학적 자기교육, 공공의 행동, 멘토링, 상당한 시간과 돈을 바치는 활동으로 유도한다.

와이저는 각별한 "내 마음속의 개"에 대해서도 이야기한다. 오래전 함께 살았던 이 암캐는 아직도 그녀의 마음을 뒤흔든다. 와이저는 예리한 시적 문체로 지금 키우는 개에 대한 이야기를 썼다. 이 개는 생후 18개월 무렵 와이저의 집으로 왔는데, 첫 사흘 동안은 으르렁댔지만, 지금은 와이저의 아홉 살 먹은 손녀의 손에서 과자를 받아먹고 자신의 음식과 장난감을 가져가도록 내버려두며 인내심 있는 태도로 집에 있는 다른 암캐들을 다스리는 역할을 하고 있다. "나는 이 개를 말로 표현할 수 없을 만큼 사랑한다. 이 개는 총명하고 자신감이 넘치는 으뜸 암컷인데, 여기저기서 으르렁대기는 한다. 하지만 함께 살아가려면 치러야만 할 대가일 뿐, 받아들이면 그만이다."(그레이트 피레니즈 토론 리스트Great Pyrenees Discussion List, 2002년 9월 29일) 와이저는 이런 감정과 관계를 분명히 소중하게 여긴다. 또, 자신의 사랑은 근본적으로 이런 것이라고 망설임 없이 주장한다. "생각, 느낌, 반응, 살아가는 데 필요한 것이 우리와 같지 않은 다른 존재와 삶을 공유하는 것은, 깊은 쾌감은 물론이고 기쁨까지 준다. 또, 이 '무리'를 이루는 종 모두가 잘살려면, 이런 점들을 이해하고 존중하는 법을 배워야만 한다."(그레이트 피레니즈 토론 리스트, 2001년 11월 14일)

은유적으로라도 개를 털투성이 아이로 간주하게 되면 개와 아이 모두 품위가 떨어지며, 아이들은 물리고 개들은 죽임을 당하게 된다. 2001년에 와이저는 개 열한 마리와 고양이 다섯 마리를 데리고 살았다. 그녀는 성인이 된 이래 늘 개들을 소유하고 번식시키면서 대회에도 출전시켜왔다. 이와 함께 인간 아이를 셋 길렀으며 시민으로서 정치적인 삶의 전부를 좌파적 경향의 페미니스트로 살아왔다. 와이저의 말에 따르면 자신의 아이들, 친구들, 동지들과 인간 언어로 나누는 대화는 대체할 수 없다. "(내 생각에) 개들이 나를 사랑하는 건 사실이지만 그 친구들과 정치에 관련된 이야기를 재미있게 나눠본 적은 없다. 반면 내 아이들은 말은 할 수 있지만 진정한 "동물"의 느낌은 없으므로 나와 그토록 다른 종의 "존재", 나를 감동하게 만드는 감격스러운 현실을 단 한 순간도 만지게 해줄 수가 없다."(그레이트 피레니즈 토론 리스트, 2001년 11월 14일)

와이저의 방식대로 개를 사랑하는 것이 애완동물 관계와 충돌하는 것은 아니다. 애완동물 관계도 이와 같은 종류의 사랑을 길러낼 수 있고 실제 길러내는 일이 자주 있다. 내가 볼 때 애완동물 되기는 개에게 상당히 힘든 일처럼 보인다. 자기 통제력과 더불어 뛰어난 사역견에 필적할만한 개 스타일의 정서적·인지적 기술이 요구되기 때문이다. 애완동물과 동물을 키우는 사람들 중에 존경받을 만한 이들이 매우 많다. 더 나아가 인간과 애완동물은 한가롭게 그냥 어울리면서 시간을 보내는 것 못지않게 놀이를 하면서도 양쪽 다 큰 기쁨을 얻을 수 있다. 기쁨은 분명 반려종 관계의 중요한 측면 중 하나다. 다만 애완동물이라는 지위는 내가 사는 사회와 같은 곳에서는 개를 특별한 위험에 빠지게 만든다. 인간의 애정이 시들거나, 사람의 편의가 우선하는 상황이 되거나, 개가 무조건적 사랑의 환상을 충족시키는 데 실패하면 버려질 위험을 겪게 되는 것이다.

내가 지금까지 연구를 진행하면서 만난 진지한 개 반려인의 상당수는 개가 인간의 소비주의적 변덕에 덜 휘둘리게 해주는 일을 맡는 것이 중요하다고 강조한다. 와이저는 가축 파수견들이 자신이 맡은 역할 때문에 키우는 사람들에게 존중받는 경우를 많이 알고 있다. 이 개들은 사랑을 받을 때도 있고 그렇지 않을 때도 있지만 애정의 경제에 따라 가치를 인정받지는 않는다. 특히 개 자신의 가치—와 삶—는 개가 자신을 사랑한다는 인간의 인식에 좌우되지 않는다. 개는 사랑을 받기보다는 맡은 일을 해야 하고, 와이저의 말처럼 그 외에는 덤인 것이다.

보더콜리에 대해 시의적절한 글을 쓰며 양치기 개 조련사로 일하는 도널드 매케이그Donald McCaig도 이에 동의한다. 그의 소설《노프의 희망Nop's Hope》과《노프의 시도Nop's Trial》는 양치기로 일하는 개와 사람들이 이루는 강력한 관계를 소개하는 탁월

마르코 하딩Marco Harding과 그레이트 피레니즈 애완견 윌렘 드쿠닝 Willem de Kooning. 윌렘은 린다 와이저와 수전 코딜Susan Caudill이 함께 기른다. 사진은 저자가 찍은 것이다.

한 안내서다. 매케이그는 양치기 개가 범주의 측면에서는 '가축'과 '직장 동료' 사이 어디에 있다고 지적한다(개 유전학 토론 리스트Canine Genetics Discussion List, 2000년 11월 30일). 그 지위에 따르는 결과는 일에 관한 한 개의 판단력이 사람보다 이따금 좋을 수 있다는 것이다. 이 개들과 인간이 좋은 업무 관계를 이루게끔 하는 결정적 요인은 사랑이 아니라 존중과 신뢰다. 개의 삶은 문제로 점철된 환상보다는 기술—및 농촌 경제의 지속성—에 더 많이 좌우된다.

매케이그는 자신이 가장 잘 알고 마음도 가장 많이 쏟는 품종이 소중한 양치기 능력을 유지하려면 번식하고 훈련받고 일을 할 필요가 있다는 점을 강조하려는 열망 때문에 개의 세계에서 애완 관계 및 개 스포츠로 맺어진 관계를 폄하하거나 잘못 묘사하기도 한다는 게 내 생각이다. 나는 또한 개를 아기로 만들며 차이의 존중을 거부하는 문화적 관행으로 오염된 말이 아닌 한에서는, **사랑**이라는 말로 매케이그가 개를 다루는 방식을 부를 수 있지 않을까 싶다. 개의 자연문화는 매케이그의 주장처럼 개 사육 및 경제적으로 생존 가능한 일자리 마련을 포함해 적극적인 일 관련 실천 양식을 통해서만 보존될 수 있는 개의 기능적 상이 필요하다. 우리에게는 특정한 종류의 개가 수행하는 일, 개 전체, 개의 특이성에 대한 와이저와 매케이그의 지식이 필요하다. 그렇지 않으면 사랑은 종류와 개체 모두를 무조건적으로 죽이게 된다.

IV. 훈련 이야기

"스포츠 기자 딸의 기록"에서

나의 대자代子인 마르코는 카옌의 대자이며 카옌은 마르코의 대
견代犬이다. 우리는 훈련 중인 허구적 친족 집단이다. 우리 가문
의 문장은 버클리에서 발간되는 개의 문학·정치·예술 잡지에
서 테마를 빌려올 수도 있을 것이다. 이 잡지는 《바브*Barb*》를 모
델로 삼아 《바크*Bark*》[n]라고 이름을 지었는데, 표지 상단에 "개
는 나의 부조종사"라고 적혀 있다. 카옌이 생후 12주가 되고 마
르코가 여섯 살이었을 때, 내 남편 러스틴과 나는 마르코에게
크리스마스 선물로 강아지 훈련 수업을 등록해주었다. 나는 화
요일이면 이동장 안에 앉은 카옌과 함께 차를 타고 학교로 가서
마르코를 태우고 지구를 지속할 수 있게 하는 햄버거, 콜라, 감
자튀김이라는 건강한 음식을 버거킹에서 저녁밥으로 먹고 수업
을 들으러 산타크루스 SPCA로 향했다. 카옌은 자신과 같은 품
종의 다른 개들처럼 영리하고 의욕이 넘치는 어린이라 복종 놀
이에 타고난 재능이 있었다. 마르코는 같은 세대의 다른 아이들

---

[n] 1997년 창간된 잡지로, 캘리포니아 버클리의 공원에서 목줄을 묶지 않고
개들을 데리고 다닐 수 있게 하는 운동을 전개하는 소식지로 출발했다.
《바브》는 1965~80년에 발행되었던 신문으로, 당시 널리 퍼져 있던 히피
문화 속에서 반전 평화 운동, 언더그라운드 음악, 유머 등을 게재했다.

처럼 고속의 특수 시각 효과 및 자동화된 사이보그 장난감에 파
묻혀 자랐는데, 총명하고 의욕적인 훈련자이자 통제 놀이에 타
고난 재능이 있었다.

카옌은 "앉아"라는 명령이 떨어지면 즉각 철퍼덕 주저앉을
만큼 신호를 빨리 배웠다. 심지어는 집에서도 나와 함께 연습했
다. 마르코는 완전히 반해서, 처음에는 카옌을 리모컨으로 조종
하는 장난감 전자 트럭처럼 다뤘다. 상상 속의 단추를 누르기만
하면 전지전능하며 원격 조종 능력까지 있는 자신의 의지가 세
운 목표를 강아지가 마법처럼 따라주었다. 신이 우리의 부조종
사가 될 조짐을 보이고 있던 셈이다. 나는 1960년대 후반의 코
뮌에서 성년을 맞은 강박적인 어른이라, 상호주관성과 상호성
mutuality의 이상에 언제나 충실했다. 개와 소년의 훈련도 당연히
여기에 포함되었다. 서로에 대한 배려 및 소통에 대한 환상은
없는 것보다 낫고, 심지어 나는 그 이상의 것을 정말로 바랐다.
게다가 나는 함께 있던 두 종을 통틀어 볼 때 유일한 어른이었
다. 상호주관성은 개의 세계에서는 말 그대로 치명적인 게임인
"평등"을 뜻하지는 않지만, 소중한 타자성이라는, 함께 직접 추
는 춤에 관심을 가진다는 것을 뜻한다. 여기에 보태, 통제광인
나는 적어도 화요일 밤만큼은 진두지휘해야 직성이 풀렸다.

마르코는 당시 가라테 수업에도 참석했고 사부를 진심으
로 좋아했다. 이 사람 좋은 남자는 아이들이 자신이 하는 무술
의 심신 수련뿐 아니라 드라마, 의례, 도복도 좋아한다는 점을 잘

꿰뚫고 있었다. 마르코가 홀린 목소리로 가라테 수업 이야기를 내게 해줄 때면, 존경이라는 말과 행동이 두드러졌다. 마르코는 도복을 차려입은 자신의 작은 자아가 자세를 취하기 전에 사부나 대련자에게 정해진 자세로 절을 하는 기억을 되살리면서 넋이 나갈 지경이었다. 어렵고 형식화된 동작을 취하기 전, 격렬한 1단계 자아를 차분하게 가라앉히고 스승이나 대련자와 시선을 맞추는 것이 마르코에게는 흥분되는 일이었다. 어라, 반려종의 번영을 추구하는 와중에 이렇게 좋은 기회를 놓칠 수가 있나?

나는 말했다. "마르코, 카옌은 사이보그 트럭이 아니야. 복종이라는 이름의 무술을 같이하는 대련자란다. 너는 지금 나이가 더 많은 대련자고 사부야. 몸짓과 눈으로 존경을 표현하는 방법을 배웠잖니? 네가 할 일은 카옌에게 그 형식을 가르쳐주는 거야. '앉아'라는 명령을 따르게 하려면 폴짝폴짝 뛰는 강아지 자아를 차분하게 가라앉힌 다음 너와 눈을 맞추도록 가르칠 방법을 찾아야 해." 카옌은 신호에 따라 앉고 마르코는 "클릭 앤드 트릿(보상)click and treat"[7] 하는 것만으로는 충분하지 않았다. 필요한 일인 건 분명하지만 순서가 틀렸던 것이다. 두 어린이는 서로에게 관심 갖는 법을 먼저 배우고 같은 게임에 참여해야 했

---

[7]   훈련받는 개가 바람직한 행동을 할 때 잘했다는 것을 표현하고 간식으로 보상해주는 훈련 기법이다. 이 훈련에서 클리커clicker라는 소도구가 사용되기도 하는데, 이는 "찰칵" 소리를 낸다.

다. 내 느낌에는 마르코가 이후 6주 동안 개 조련사가 되기 시작했던 것 같다. 또 마르코가 카옌에게 종 사이의 존경을 몸가짐으로 표현하는 방법을 익혔을 때 그 둘이 서로에게 중요한 타자가 되었다는 것도 믿는다.

두 해가 지나 부엌 창밖을 내다보다가 나는 아무도 없는 뒷마당에서 마르코와 카옌이 함께하는 열두 기둥 통과하기를 보았다. 어질리티 장애물 중에서도 가르치고 실행하기 제일 어려운 것 중 하나다. 나는 카옌과 마르코가 해냈던 빠르고 아름다운 기둥 통과하기는 마르코가 가라테 사부가 될 자격이 있다는 사실을 보여준다고 생각한다.

긍정적인 결속

2002년, 완벽한 어질리티 선수이며 교사인 수전 개릿Susan Garrett
은 널리 호평받는 훈련용 소책자를 펴냈다. 책의 제목은《러프
러브*Ruff Love*》인데, 어질리티 게임 전문 회사인 클린 런 프로덕션
에서 출판되었다. 이 책은 지난 20여 년 동안 개의 세계에서 우후죽순처럼 퍼져나간 행동주의 학습론과 그 대중적 결과물인
긍정 훈련법positive training method의 영향을 받았는데, 개와 보다 친밀하고 효과적인 훈련 관계를 맺고 싶을 때 참고할 수 있는 책이다. 이 책은 분명 개가 불러도 오지 않거나 부적절한 공격성을 드러내는 것 같은 문제들을 고려하고 있다. 하지만 한 발짝

더 나아가 동물행동학적 연구를 참고해서 태도를 가르치는 법을 찾으려 하고, 어질리티 수련생에게 효과적인 도구를 마련해주려는 노력을 기울인다. 개와 인간이 서로 적극적 관심을 기울여서 둘 다 보람을 느낄 수 있는 관계를 만드는 방법을 제시하는 것이다. 이보다 더 해이하고 산만할 수 없을 개와 무언가를 함께 해내려면 선택의 여지가 없고, 자발적이며, 목적이 확실한 열정이 있어야 한다. 나는 마르코가 다녔던 진보적 성향의 초등학교도 비슷한 교육법으로 학생들을 대했다는 느낌이 강하게 든다. 그런 규칙들은 원리는 단순하지만, 실천에 옮기려면 매우 까다롭다. 정확히 설명하자면 대상 종이 바람직한 행동을 하면 그것을 알려주는 신호를 바로 보내고 적절한 시간 안에 보상을 해주는 방법이다. 대중적인 긍정 훈련법에서 읊는 진언인 "클릭 앤드 트릿"은 "감시와 처벌" 이후 형성된 거대한 빙산의 일각일 따름이다.

분명히 말하자면 책 뒤표지에 인쇄된 만화가 명확히 표현하듯, 긍정은 허용과 다르다. 사실 나는, 인간의 의지대로 행동하게 만든다는 목표로 이만큼 완벽에 가깝게 개를 통제하는 개 훈련 매뉴얼을 읽어본 적이 없다. 여기서 인간의 의도란 두 종이 참여하는 까다로운 시합에서 최고 수행 능력을 성취하는 것을 뜻한다. 강요에 따라 움직이지 않지만, 서로의 힘을 잘 알고 있음과 동시에 방향을 지시하는 동작과 반응하는 움직임이 일관되고 분명하다는 사실을 굳게 믿는 의욕적인 팀만 이런 수행 능력을 보일 수 있다.

개릿의 방법은 철학과 실천 모두에서 도전적이다. 인간 파트너는 개가, 좋은 것은 죄다 자신 곁의 둔한 두 발 동물한테서 나온다고 여기도록 상황을 이끌어야 한다. 다른 방식의 보상은 종류를 불문하고 훈련이 진행되는 수개월 동안 최대한 배제해야 한다. 낭만주의적인 사람들이라면 개를 장에 넣어두거나 느슨한 목줄을 묶어 데리고 다녀야 한다는 말을 들으면 움찔할 수도 있다. 강아지는 다른 개들과 폴짝폴짝 뛰어놀거나 자기를 약올리는 다람쥐를 따라다니거나 소파 위로 기어오르는 낙을 누릴 수 없다. 개가 자기 통제력을 보이고 인간의 명령을 100퍼센트에 근접하는 확률로 따를 때만 이런 재미가 허용될 수 있다. 인간은 자신의 개가 천재임이 틀림없다고 확신한 채 자랑하고 다닐 것이 아니라, 개가 각 과제 수행에서 드러내는 실제 반응을 비율대로 정확하고 자세하게 기록해야 한다. 솔직하지 못한 인간은 러프 러브의 세계에서는 아주 난처한 상황에 빠진다.

개에게는 수없이 많은 보상이 주어진다. 개의 입장에서 이런 곳이 또 어디 있겠는가? 매일 수차례의 집중 훈련 수업을 받게 되는데 이 훈련이란 것은 웬만해서는 실수할 수 없도록 구조가 짜인 데다가 간식이나 장난감, 자유 등으로 즉각 보상받도록 설계되어 있고 체계 전체는 익명이 아닌 특정 학생 개인을 독려하면서 최대한 강한 의욕을 지속할 수 있도록 섬세하게 조율되어 있다. 그러니까 뭔지 모를 충동을 뚱하게 따르(지 않)는 대신 배우는 법을 배우고 스포츠나 일상에서 응용 가능한 새로운 "행동"을 열심히 해보는 개를 만들 수 있는 훈련법이 개의 세계 또 어디에 있겠는가? 개릿은 인간에게 개가 실제로 좋아하는 것의 목록을 꼼꼼하게 작성하도록 지시한다. 기계적으로 공을 던지거나 겁나는 과잉 친절로 개를 제지하는 대신 개들 자신이 즐겁게 어울려 놀 수 있는 방법을 가르치는 것이다. 여기에 더해서 개가 볼 때 적절한 놀이 방식을 인간 자신이 진정으로 즐겨야만 한다. 아니면 개가 눈치를 채고 말 것이다. 개릿의 책에 제시된 각각의 게임은 인간의 목표를 기준으로 한 성공에는 보탬이 될지 몰라도 개가 참여하지 않는 한 아무 의미가 없다.

간단히 말해 인간에게 가장 어려운 주문은 우리 대부분이 어떻게 해야 하는지 모른다는 사실조차 모르고 있는 바로 그것, 더 정확히 말해, 찔러도 피 한 방울 나지 않는 추상화를 통해서가 아니라 일대일 관계, 연결된 타자성otherness-in-connection을 통해 개가 누구이며 우리에게 무슨 말을 하고 있는지 이해하는 방법을 배우는 것이다.

개릿의 실천 양식과 교육학에서는 포유강을 아우르는 사회적 평등에 대한 환상이나 개가 지닌 자연 그대로의 야생적 품성 같은 것에 대한 낭만이 들어설 자리는 없지만, 훈련된 배려와 정직한 성취를 위해서는 넓은 공간이 열려 있다. 이 훈련의 드라마에는 심리적·신체적 폭력이 개입할 여지가 없다. 여기서 으뜸 역할을 차지하는 것은 행동 관리 기술이다. 의도는 좋았지만, 실수에 불과했던 훈련 사례 경험이 내게는 많다. 어떤 실수는 개에게 고통을 주었고 다른 실수는 사람과 다른 개들에게 위험했다. 개릿을 염두에 두자면, 어질리티에서 성공하는 데는 아무 쓸모가 없었던 셈이다. 과학적인 정보와 경험에 뿌리를 둔 실천이 중요하다. 이론은 심각하게 제한된 담론이며 뭉툭한 도구에 불과하지만 이론 학습은 공허하지 않다. 그런데도 손색없는 문화비평가인 나는 성공에 대한 사회적 압박이 심하고 개인주의적인 미국에서 터프한 사랑이라는 이념적 굉음을 소거할수가 없다. 20세기 테일러주의의 과학적 경영 원칙, 그리고 기업 제국인 미국의 인사관리학은 탈근대적 어질리티 경기장을 둘러싸고 있는 안전망을 발견했다. 손색없는 과학사가인 나는 쉽게 과장되고 탈역사화된 채로 지나치게 일반화된 모습을 보이는, 방법과 전문성에 관한 긍정 훈련법 담론의 주장들을 그냥무시한 채 지나칠 수도 없다.

그래도 나는 책장이 다 해진 《러프 러브》를 친구들에게 빌려주며 주머니에는 클리커와 개껌을 넣어둔다. 하지만 더 중요한 사실은, 개릿이 놀라운 자기기만 능력을 시인하게 만든다는 것이다. 나를 포함해 개를 키우는 사람들은 훈련 과정에서 일관성을 잃고 실제 벌어지고 있는 일들을 솔직히 평가하지 못하는 가운데 개에게 모순적인 환상을 투사하면서 자신을 속이곤한다. 개릿이 제시하는 긍정적 결속의 교육학은 개들이 누릴 수있는 자유를 역사적으로 특수하고 진지한 형태로, 즉 도시와 교외의 다종적多種的 환경에서 신체적 구속을 거의 받지 않고 안전하게 살 수 있는 자유, 분명한 자기실현 동기를 드러내면서 어려운 스포츠를 할 때 신체적 처벌을 거의 받지 않을 자유의 형태로 제시한다. 나는 대학 시절 자유와 권위의 문제를 다루는 세미나에서 선생님들께서 하고 싶어 하셨던 말씀을 개의 세계에서 배우는 중이다. 내 개들은 러프 터프 러브ruff tough love를 좋아하지 않나 싶다. 마르코는 나보다 조금 회의적이다.

혹독한 아름다움

아메리칸 스태포드셔테리어나 에어데일테리어 같은 사나운 개를 좋아하는 언어철학자이자 유명한 반려동물 훈련사인 비키 헌은 언뜻 보기에 수전 개릿과 정반대처럼 보인다. 헌은 2001년 작고했지만, 긍정 훈련법의 고수자들에게는 발톱에 박힌 뾰족한 가시로 남아 있다. 많은 전문 훈련사들 및 나와 같은 평범한 애견인들에게는 무섭게도, 헌은 구식 훈련법에 등을 돌리며 전향하지 않았다. 사실 나와 같은 평범한 반려인은 개종에 가까운 변화를 겪은 사람들이다. 목줄을 잡아채거나 귀를 꼬집는 등 썩 좋게 기억되지 않는 교정 방법을 쓰는 군대식 칼러 조련법에서 행동주의 학습 이론가가 승인하는 눈길로 지켜보는 가운데 개껌을 재빨리 내놓는 기쁨에 투항했기 때문이다. 클리커 훈련법에 대해 헌이 보이는 경멸은 가혹하게 느껴질 수도 있다. 그녀가 동물 권리 담론에 대해 내놓는 반론의 무자비함만 그 이상으로 가혹할 뿐이다. 나는 [긍정 훈련법이라는] 새로운 훈련법을 발견했다가 헌에게 귀를 꼬집혀서 움찔하고, 동물권이라는 이데올로기와 관련해 그녀가 차지한 대장 역할에 환호한다. 하지만 클리커에 중독된 사람들과 권리만 눈에 보이는 사람들 모두를 일관성 있는 태도로 힘차게 비판하는 헌을 보면 경의를 표할 수밖에 없고, 어떤 친족관계가 있지 않나 생각해보게 된다. 헌과 개릿은 한 꺼풀만 벗기면 피로 맺어진 자매다.

이 근친 교배의 핵심은 두 사람 모두 개가 자신에게 무슨 이야기를 하고 있으며 자신에게 무엇을 바라고 있는지 주의 깊게 살핀다는 점이다. 이 두 사상가가 개들이 처한 상황 속의 복잡성 및 특수성을 개와 관계를 맺기 위한 무조건적 요구로 받아들이고 정성을 다한다는 사실은 놀라운 은총이다. 방법에 관한 한, 행동주의 조련사와 헌 사이에 중요한 견해차가 있다는 점은 의심의 여지가 없다. 어떤 차이는 실증 연구를 통해 해소될 수 있고 또 다른 차이는 개인적 재능 및 종 간 카리스마, 또는 서로 다른 실천 공동체 사이에서 통약 불가능한 암묵적 지식에 구현되어 있으며, 또 어떤 차이는 인간의 고집과 개의 기회주의에서 비롯되는지도 모른다. 하지만 대부분의 반려종 관계에서는 "방법"이 중요한 것이 아니다. 중요한 것은 환원 불가능한 차이를 넘어 이루어지는 "소통"이다. 상황 속의 부분적 연결이 중요하며 그 결과로 개와 인간이 실뜨기 놀이 속에서 함께 출현한다.

놀이의 이름은 존중이다. 좋은 조련사는 중요한 타자성의 기호 아래 반려종으로 관계 맺는 훈련을 한다.

반려동물과 인간의 소통을 다룬 헌의 가장 유명한 책《아담의 과제Adam's Task》는 제목이 썩 좋지 않다. 책과 결부된 내용이 이름짓기가 아니라 양방향 대화이기 때문이다. 아담은 범주 노동으로 일을 간편하게 처리했다. 대꾸가 돌아올 걱정을 할 필요도 없었고 그를 그로 만든 것은 개가 아니라 자신의 모습 그대로 그를 창조한 신이었다. 헌이 해내야 하는 일은 좀 더 어렵다. 인간의 언어와 다른 매개로 진행되는 대화를 고민해야 하는데, 그 이유조차 대부분의 언어학자나 언어철학자가 제시하는 것과 다르다. 헌은 조련사들이 일할 때 쓰는 일상적인 언어를 좋아한다. 그런 어법은 개가 하는 말을 이해하는 데 중요하지만, 개가 개의 방식으로 인간어를 구사하기 때문이 아니다. 헌은 소위 의인화의 다양한 형식을 단호히 방어한다. 서커스 조련사, 곡마사, 개 복종 훈련 열성팬들이 하는 말처럼 동물에게 의도를 부여하고 의식을 투영하는 언어적 실천 양식을 헌보다 더 설득력 있게 변호한 사람은 없다. 그 모든 말들은 철학적으로 미심쩍을 수는 있어도 인간이 자신과 함께 일하는 동물들 안에 누군가가 있다 at home는 사실을 잊지 않으려면 꼭 필요하다.

대체 **누가 있는가**who is at home는 영원한 질문으로 남을 것이다. 핵심은 타자나 자신에 대해 알 수 없지만, 관계 안에서 누구와 무엇이 출현하고 있는지를 항상 질문하는 것이다. 종과 관계없이 진정한 사랑을 하는 모든 이들에게 해당하는 내용이다. 신학자들은 "부정의 방식으로 아는 것"의 힘을 설명한다. 존재 Who/What Is는 무한하기 때문이다. 유한한 존재는 우상숭배를 하지 않고서는 [누구/무엇이] 아닌 것, 즉 자신의 투사물이 아니라는 사실만을 가려낼 수 있다. 그러한 유형의 "부정적" 앎의 또 다른 이름은 사랑이다. 나는 이러한 신학적인 고려가 훈련을 비롯한 관계 안으로 들어갈 때, 특히 개를 알아가는 데 큰 힘을 발휘하고 사랑이라는 이름으로 부를 가치가 있다고 생각한다.

나는 종 안팎에서 맺어진 모든 윤리적 관계는 관계-속의-타자성에 대한 지속적 관심이라는 가늘고 섬세하며 질긴 실로 뜨개질한 편직물이라고 믿는다. 우리는 하나가 아니며, 함께 살아감으로써 존재한다. 누가 있으며 누가 생겨나고 있는지 묻는 것이 의무다. 최신 연구를 보면 먹이를 찾을 때 대개는 강아지를 포함해 사육된 개들이 몸짓이나 손짓, 눈짓(방향 지시), 두드림으로 표현하는 인간 신호를, 대체로 비교적 더 영리한 늑대나 인간과 더 유사한 침팬지보다 더 잘 이해한다는 것을 알 수 있다. 개가 종 또는 개체의 시간 차원에서 생존하려면 인간의 마음을 잘 읽어야 할 필요가 항상 있었다. 그렇다면 대부분의 사람 역시 개가 하는 말에 적절하게 반응할 가능성이 확률적으로 예측되는 값에 비해 높을 것이라고 확신할 수 있다. 이 생산적인 모순 속에서 헌은 개를 많이 다뤄본 사람들이 쓰는 관용구는 인간의 의도를 개에게 투영하는 형식을 취할 수는 있어도,

동물의 몸에서 털 달린 인간을 보고 인본주의적 주체와의 유사성을 척도로 가치와 권리를 확보하고 매기는 것, 즉 서구 철학과 정치 이론의 문자 그대로의 인간형태화literalist anthropomorphism를 막아줄 수 있다고 생각한다.

동물권 담론에 맞선 헌의 주장에 불을 지피는 것은 문자 그대로의 인간중심주의에 맞서는 저항과 연결-속의-타자성에 헌신하는 태도다. 달리 말하면 훈련 과정에서 위계적 훈육 방식을 취했기 때문에 이룩할 수 있었던 종 공동의 성취를 사랑하는 것이다. 헌은 완성도가 뛰어난 행동에 함축된 아름다움과 어려움, 구체성과 개인성을 찾아낸다. 그녀는 정신적 기능이나 의식을 비교하는 추상적인 척도를 비롯해 생명체를 근대주의적 존재의 대사슬을 따라 순위를 매기고 그 순위에 따라 특권 및 보호를 배정하는 것에 반대한다. 헌이 추구하는 것은 구체성이다.

인간 노예제를 동물 길들이기와 동일시하는 것이나 존 쿳시John Coetzee의 《동물로 산다는 것The Lives of Animals》에 등장하는 엘리자베스 코스텔로의 입을 빌려 제시된 뒤로 유명해진, 나치 독일에서의 유대인 학살, 즉 홀로코스트를 동물-산업 복합체의 도살과 동일시하는 충격적인 입장은 헌의 관점에서는 사리에 맞지 않는다. 소중한 성과뿐만 아니라 잔혹함 역시 강력한 언어 및 윤리적 반응을 각각 확보해야 한다. 실천에서 우선순위를 배정하는 문제도 여기에 포함된다. 더 살만한 세계는 바로 이와 같은 차이의 감각을 통해 상황 속에서 출현한다. 헌은 개와 인간이 얼굴을 맞대고 솜씨 좋게 교감하는 순간의 존재론적 안무가 지닌 아름다움을 사랑한다. 그녀가 쓴 다른 책의 제목처럼 이것이 "동물 행복"의 안무라고 믿는 것이다.

1991년 잡지 《하퍼스 *Harper's*》에 실리면서 파장을 일으킨 글 〈말, 하운드, 제퍼슨적 행복: 동물권은 어떤 점에서 잘못되었나? Horse, Hounds and Jeffersonian Happiness: What's Wrong with Animal Rights?〉에서 헌은 반려 "동물의 행복"이 어떤 것일까 묻는다.[77] 제시된 답은 이렇다. 노력, 일, 가능성의 충족을 통해 얻는 만족의 능력이라는 것이다. 헌의 글에서 동물 조련사들이 "소질"이라고 부르는 것, 즉 내면에 있는 잠재력을 끄집어낼 때 이와 같은 행복을 경험할 수 있다. 반려동물의 다양한 소질은 훈련이라는 관계 구성 작업을 통해서만 완성될 수 있다. 헌은 아리스토텔레스를 따라 이와 같은 행복은 근본적으로 "적중", 곧 성취를 통해 만족에 도달하는 윤리와 관련되어 있다고 주장한다. 개와 개를 다루는 사람은 훈련의 노동 속에서 함께 행복을 발견한다. 이것은 창발한 자연문화의 사례다.

이와 같은 유형의 행복은 탁월함을 열망하는 것, 범주적 추상이 아니라 구체적인 존재자가 파악할 수 있는 형태로 탁월함

---

[77] 헌은 행복의 추구란 쾌락의 추구이거나 아니면 쾌락의 반대말인 고통의 회피가 아니라고 보면서 동물권이 행복의 추구가 아니라 고통을 피하는 것과 관련된다는 점에서 자신의 동물권 비판을 전개한다.

에 도달하려고 시도하는 것과 관련된다. 모든 동물이 비슷한 것은 아니다. 각 동물이 지닌 구체성—종류와 개체의 구체성—이 중요하다. 추구하는 행복의 구체성이 중요하며 바로 이와 같은 것이 창발해야 한다. 헌은 아리스토텔레스적이고 제퍼슨적인 행복을, 짝을 이룬 유한한 존재로서 동물-인간이 번영하는 것으로 번역해낸다. 관례적인 인본주의는 사이보그 이후 탈식민의 세계에서 소멸했지만, 제퍼슨적 견본주의犬本主義, caninism 는 아직 귀담아들을 가치가 있을지도 모른다.

헌은 토머스 제퍼슨을 개집으로 불러들이면서 분리된 채 앞서 존재하는 범주적 정체성이 아니라 헌신적인 관계에 권리의 기원이 있다고 믿는다. 따라서 개는 훈련 과정에서 특정 인간에 대한 "권리"를 확보한다. 개와 인간은 관계를 통해 서로에 대한 "권리"를 구축한다. 이 권리는 존중, 배려, 반응을 요구할 수 있는 권리다. 헌은 개 복종 훈련을 개가 인간에게 권리를 주장할 권력을 강화하는 장소로 서술했다. 자신이 키우는 개를 복종시키는 방법을 솔직하게 배우기란 주인에게 벅찬 일이다. 헌의 언어는 정치와 철학을 떠나지 않기 때문에, 자신은 개를 가르침으로써 관계에 "참정권을 준다"라고 못을 박는다. 마치 이미 있어서 찾아내기만 하면 되는 양 동물권이 무엇인지 묻는 것이 아니라, 한 인간이 어떻게 한 동물과 권리의 관계로 들어갈 수 있는지를 물어야 한다. 이와 같은 권리는 서로에 대한 점유possession를 토대로 하며 해체되기 어렵다는 점을 알 수 있다. 이런 권리에 대한 요구는 파트너 모두의 삶을 바꾸게 된다.

반려동물의 행복, 서로에 대한 점유, 행복 추구권에 대한 헌의 주장은 "애완동물"을 포함한 모든 가축의 상태를 "노예 상태"라고 보는 입장과는 한참 먼 곳에서 들려오는 목소리다. 그보다는 반려종과 얼굴을 맞댄 관계가 무언가 새롭고 멋진 것을 가능하게 만든다. 그리고 그 새로운 것은 통념적인 이해 방식대로 소유 관계를 뜻하지 않는 경우에서조차, 인간의 관리자 역할 human guardianship이 소유권을 대체하는 문제도 아니다. 헌은 인간뿐 아니라 개 역시 종에 특유한 방식으로 상황을 도덕적으로 이해하거나 성취를 진지하게 열망하는 능력을 타고난 존재라고 본다. 점유—자산property—는 호혜성 및 접근권과 결부된다. 내가 개를 하나 데리고 있다면 나의 개는 인간을 하나 데리고 있는데, 이게 구체적으로 무슨 뜻인지 묻는 게 핵심이다. 헌은 제퍼슨의 자산 및 행복의 관념을 개조해서 추적, 사냥, 복종, 가정 예절과 같은 것들의 세계로 끌고 들어온다.

동물 행복 및 권리에 대한 헌의 이상은 동물에 대한 인간 의무의 핵심이 동물의 고통을 경감시켜 주는 데 있다는 생각과도 거리가 멀다. 반려동물에 대한 인간의 의무는 그보다 훨씬 엄격하며, 지속적인 학대와 무관심처럼 다루기 벅찬 문제들도 의무의 영역에 속한다. 환경여성주의자인 크리스 쿠오모Chris Cuomo가 설명하는 번영의 윤리는 헌과 비슷한 접근 방식을 취한다. 훈련이라는 관계적 실천의 세계로 무언가 중요한 것, 모든 참여자를 개조하는 것이 들어온다. 헌은 언어에 대한 언어를 사랑했고, 메타플라즘을 철저하게 인식하고 있었다.

어질리티 훈련생이 되다
─1999년 10월, "스포츠 기자 딸의 기록"에서

비키 헌 님께

오시[가] 믹스견인 저의 개 롤런드가 당신과 함께 있는 모습이 지난주 내내 제 머리를 떠나지 않았습니다. 이와 같은 현상은 다차원적이고 상황적이며, 개의 성향을 묘사하려면 현재의 제 능력을 넘어서는 정확성이 필요하다는 사실을 다시 깨닫게 됩니다. 우리는 절벽으로 둘러싸인 해변에 거의 매일 갑니다. 개에 목줄을 묶지 않아도 되는 곳이에요. 거기서 볼 수 있는 개들은 크게 두 부류입니다. 리트리버와 메타 리트리버죠. 롤런드는 메타 리트리버입니다. 롤런드는 가끔 (아니면 과자를 한두 개 주면) 저나 러스틴과 함께 공놀이를 해주지만 마음은 콩밭에 가 있어요. 공놀이는 롤런드가 정말로 즐기는 활동이 아닙니다. 자기만의 게임 스타일이 없는 걸 봐도 알 수 있지요. 하지만 메타 리트리버다운 활동에서는 완전히 딴판입니다. 리트리버라면 누가 공이나 막대기를 던지려 할 때, 다음 순간 벌어질 일에 사활

─────────

[가]   Aussie, 오스트레일리아 셰퍼드를 일컫는다.

이 걸린 듯 뚫어지게 바라보곤 합니다. 리트리버는 방향 지시 신호나 뛰어오르는 그 순간을 바로 알아챌 만큼 신묘한 감각이 있지요. 메타 리트리버가 바라보는 건 이 리트리버입니다. 메타 개가 보고 있는 것은 공이나 인간이 아닙니다. 개의 탈을 쓴, 되새김질 동물의 대체물이죠. 메타 리트리버 모드로 있는 롤런드는 플라톤주의적인 레슨을 비웃는 오시 보더콜리처럼 보입니다. 몸 앞부분을 낮추고, 앞발 한쪽을 다른 쪽 발 앞으로 아주 살짝 내밀고, 털은 곤두세우고, 눈의 초점을 맞춘 뒤 몸 전체가 총알처럼 뛰어들 태세가 되어 있습니다. 던진 물건을 따라 리트리버가 돌진할 때, 메타 리트리버는 강렬한 눈빛을 거두면서 자기 사냥감을 따라 돌진하고 덮치고 들이받고 가로막으면서 즐겁게 유감없는 솜씨를 과시합니다. 훌륭한 메타 리트리버는 심지어 여러 리트리버를 동시에 다룰 수 있지요. 훌륭한 리트리버라면 메타 리트리버를 잽싸게 피하면서 보는 사람들이 깜짝 놀랄 만큼 멋지게 뛰어올라 던진 물건을 잡는 데 성공합니다. 바다에 떨어지면 물속으로 뛰어들지요.

해변에는 오리나 양, 소의 대체물이 없기 때문에 리트리버가 메타를 위한 임무를 수행해야 합니다. 리트리버를 키우는 사람 중 어떤 사람은 자기 개가 이런 멀티태스킹을 못 하게 하기 때문에(그 사람들을 비난할 수는 없겠죠) 메타를 데리고 있는 우리들은 우리 개들의 관심을 딴 데로 돌려 개가 덜 재미있어하는 놀이를 하곤 합니다. 목요일에 롤런드를 바라보다가 머릿속에 개리 라슨^{Gary Larson} 만화를 하나 그렸어요. 늙고 관절염에 걸린 올드 잉글리시 시프도그 한 마리와 아름답고 붉은 삼색 오시 한 마리, 보더콜리 믹스견 한 마리가 골든 리트리버들이 잔뜩 있는 양치기 개 실험실 주변을 바짝 둘러싸고 있는데, 그 옆에서 자기 개에게만 막대기를 던지려고 애쓰는 한 명의 인간—뼛속까지 미쿡^{Amerika}식 자유주의자-개인주의자인 사람—이 있고 경기 심판이 그 사람 주변을 빙빙 돌고 있는 만화랍니다.

2001년 5월 6일,

어질리티 선생님인 게일 프래지어 Gail Frazier 와의 서신

안녕 게일,

이번 주말에 있었던 미국 어질리티 협회 예선에서 선생님의 제자인 롤런드와 제가 초보자 표준 부문에서 합격점을 두 개 받았습니다!

　토요일 아침의 갬블러^{Gambler} 경기는 괜히 했나 봐요. 어질리튜드^{Agilitude} 부문은 결국 토요일 저녁 여섯 시 반에 열렸는데

ⁿ　미국의 만화가로 기발하고 풍자적인 작품들로 잘 알려져 있다. 라슨의 만화에는 "동물의 비밀" 혹은 "동물의 이면"이 테마로 자주 등장한다. 이를테면 젖소들이 초원에 서서 두런두런 이야기를 나누다가 망보는 젖소가 "사람이 온다"라고 외치면 네 발을 땅에 붙여 젖소 행세를 하고, 사람이 지나가면 다시 두 발로 일어서는 모습을 담은 만화 등이 있다.

어질리티 역사에 먹칠을 해버렸어요. 변명하자면 예선전에 참가하러 헤이워드에게 가느라 새벽 네 시에 일어났거든요. 겨우 세 시간 잤으니 달리고 뛰는 건 고사하고 그때까지 깨어 있던 게 다행이라고 할까요. 롤런드와 제가 완전히 다른 코스를 뛰었는데, 둘 다 심판이 하라고 주문한 거랑은 아무 상관이 없었어요. 하지만 토요일과 일요일에 있었던 표준 경주standard runs 종목은 두 번 다 정말 예쁘게 했고, 한 종목은 1등 리본을 받았어요. 롤런드와 저 둘 다 너무 좋아서 덩실덩실했네요.

다음 주 토요일에 저랑 카옌은 딕슨에 있는 오테 도그즈Haute Dawgs에 가요. 카옌이 처음으로 친선 경기를 한답니다. 행운을 빌어주세요. 코스를 망치는 방법은 한도 끝도 없지만, 지금까지는 다 재미있었고 최소한 공부는 되었어요. 한 남자분과 함께 헤이워드에서 했던 일요일 오후 경기를 꼼꼼히 검토하다가 우주 전체에 소문이 날 만큼 오만하기 짝이 없는 미국 문화(우리 자신) 때문에 웃었어요. 실수에 원인이 있고 원인이 뭔지 알아낼 수 있다고 믿는 것 말이죠. 신들도 웃겠네요.

경기 이야기

말 장애물 경주에서 일부 영향을 받은 개 어질리티 스포츠는 1978년 2월 런던에서 개최된 크러프트 쇼 Cruft Dog Show [n] 에서, 복종 선수권 대회가 끝난 후 단체 판정이 시작되기 전의 휴식 시간에 오락 프로그램으로 처음 선보였다. 어질리티의 계보에는 경찰견 훈련도 포함되어 있다. 1946년 런던에서 시작된 경찰견 훈련은 육군이 군견을 훈련시키는 데 사용하던 뾰족한 A자형 프레임 같은 장애물을 사용했다. 어질리티의 세 번째 부모는 영국에서 열리는 까다로운 경쟁 부문 대회인 사역견 대회 Dog Working Trial 다. 이 대회에서는 석 자 높이의 가로대 건너뛰기, 여섯 자 높이의 평균대 넘기, 아홉 자 멀리뛰기가 활용되었다. 어질리티 게임 초창기에는 놀이터에서 시소를 공수해와서 이용했고 탄광에서 쓰는 환풍관이 터널 역할을 했다. 영국의 개 훈련사이자 어질리티 역사가인 존 로거슨 John Rogerson 의 말을 빌리면 "탄광에서 일하다가 개랑 가끔 놀고 싶었던 사람들 몇 명"이 이 활동의 오리지널 열성팬이었다. 페디그리 사의 협찬을 받았던 크러프트 쇼와 텔레비전은 "이 스포츠는 장비의 계보처럼 참여하는 사람들의 젠더와 계급도 다양할 것"이라고 단언했다.

---

[n] 1891년 영국인 찰스 크러프트 Charles Cruft 가 처음 시작하여 이후 세계적으로 가장 대표적인 애완견 품평회가 된 행사다. 영국애견협회에서 매해 개최한다.

영국 본토에서 엄청난 인기를 얻은 어질리티 게임은 개가 인간에게 길들여진 후 지구에 확산된 속도보다 빠르게 전 세계로 퍼져나갔다. 미국 어질리티 협회United States Dog Agility Association, USDAA는 1986년에 창립되었다. 2000년 무렵 미국 전역에서 어질리티는 게임에 중독된 수천 명의 참가자를 끌어내 수백 개에 달하는 모임을 결성하게 했다. 한 주말에 진행되는 행사만 해도 보통 300명 이상의 개와 훈련사를 불러 모으고, 많은 수의 팀이 한 달에 한 번 이상 예선 경기에 참여하면서 매주 한 번 이상 훈련을 한다. 어질리티는 유럽, 캐나다, 라틴아메리카, 오스트레일리아, 일본에서 번창하고 있다. 브라질은 2002년 국제애견연맹 Fédération Cynologique Internationale에서 수여하는 월드컵을 땄다. 미국 어질리티 협회의 그랑프리 경기는 텔레비전으로 중계되며 뛰어난 개-훈련사 팀이 새로 고안한 전략과 심판들이 교묘하게 설계한 새로운 코스 배치를 보고 싶어 하는 어질리티 열성팬들이 그 영상을 담은 비디오를 소비한다. 미국의 여러 주에서는 일주일 단위의 훈련 캠프가 열리며 유명한 훈련사-강사를 만나려 참가하는 학생 수가 수백 명에 달한다.

세련된 어질리티 월간지 《클린 런Clean Run》이 증명하는 것처럼 어질리티는 기술적으로 점점 더 까다로워지고 있다. 한 개의 코스는 심사위원이 배열한 스무 개 남짓의 장애물들—도약대, 여섯 자 높이의 A자 프레임, 열두 개의 막대, 시소, 터널—로 이루어져 있다. 기둥 통과Weaves, 터널 통과Tunnelers, 표준 경주와 더불어 스누커Snooker, 갬블러, 페어Pairs, 뜀뛰기Jumpers와 같은 서로 다른 게임들[7]은 서로 다른 장애물 배치와 규칙에 따라 구성되며 다양한 전략을 요구한다. 경주자들은 경기하는 날 처음으로 코스를 보고, 십여 분 동안 코스를 따라 걸으면서 경기 계획을 짠다. 개들은 실제 경기를 시작하기 전까지는 코스를 못 본다. 인간이 목소리와 몸으로 신호를 보내고 개들은 지시된 순서에 따라 빠른 속도로 장애물을 헤쳐나간다. 점수는 코스를 마치는 데 걸린 시간과 정확도에 따라 매긴다. 한 번의 경주는 보통 1분 안에 끝나고 몇 초 만에 각각의 일이 벌어진다. 근육, 골격, 신경의 신속한 반응이 민첩성을 결정하는 것이다! 개-인간 팀 하나가 후원 조직에 따라 하루에 두 번에서 여덟 번의 경주를 뛴다. 장애물 패턴을 알아보고, 이동 방식을 가려내고, 어려운 장애물을 넘는 기술을 갖추고, 개와 조련사 간 조율 및 소통

---

[7] 어질리티 경기 용어들을 간단히 설명하면 다음과 같다. 기둥 통과는 기둥 사이 공간을 순서대로 지그재그로 통과하는 게임이다. 터널 통과는 다양한 형태의 터널들로 구성된 경주 코스를 뜻한다. 표준 경주는 터널, 허들, A자형 프레임, 기둥 등 대표적인 장애물 요소를 골고루 배치한 경주 코스다. 스누커는 붉은색 뜀뛰기 장애물 3개와 다른 형태의 장애물 6개로 구성되어 있다. 갬블러는 전반부에서 뜀뛰기, 기둥 통과, 터널 통과와 같이 미리 설정된 코스를 통과하고 후반부에서 나머지 코스를 통과하는 게임이다. 페어는 개-조련사 쌍이 짝을 지어서 표준 경주 코스를 교대로 번갈아 가면서 뛰는 경주다. 뜀뛰기는 가로막대(허들)나 공중에 매달아놓은 타이어와 같은 장애물로 구성된 코스를 통과하는 게임이다.

의 완성도를 높이는 것이 좋은 경주를 하기 위한 핵심이다.

어질리티는 돈이 많이 드는 활동일 수 있다. 여행, 캠핑, 입장료, 훈련비를 내다보면 한 해 2,500달러 이상을 쉽게 쓴다. 잘하게 되려면 매주 여러 차례 팀 연습을 해야 하고 몸도 건강해야 한다. 개와 사람 모두가 투자해야 하는 시간도 만만치 않다. 미국에서는 중산층의 중년 백인 여성이 수적으로 볼 때 두드러진 참여자다. 국제무대에서 가장 뛰어난 선수들은 젠더, 인종, 연령이 더 다양하지만 계급은 그리 다양하지 않을 것이다. 모든 품종의 개가 경기에서 우승을 거두지만 특정 품종—보더콜리, 셰틀랜드시프도그, 잭 러셀 테리어 등—이 높이뛰기 부문에서 두각을 나타낸다. 어질리티는 엄격한 아마추어 스포츠로, 자원봉사자와 경기 참가자가 경기를 진행하고 경주를 뛴다. 이 스포츠를 연구(하고 참여)하는 유타 대학의 사회학자 앤 레플러Ann Leffler와 데어 길레스피Dair Gillespie 는 어질리티를 공/사 및 일/여가의 경계를 문제 삼는 "열정적 취미"라고 설명한다. 나는 어질리티가 세계 테니스 대회와 함께 미식축구를 밀어제치고 텔레비전에서 합당한 자리를 찾아야 한다는 것을 스포츠 기자인 내 아버지에게 납득시키기 위해 이 연구를 한다. 내 개들과 함께 시간을 보내고 활동하면서 기쁨을 얻는다는 단순하고 개인적인 사실 말고, 내가 이 문제에 신경을 쓰는 까닭은 무엇일까? 수없이 많은 생태학적·정치적 위기가 날이 갈수록 더욱더 긴박해지는 이 세상에서 어떻게 이런 문제에 신경을 쓸 수 있을까?

타이어 장애물을 통과하는 카옌 페퍼. 사진은 티엔 트란 포토그래피Tien Tran Photography.

다른 이와 나누는 애정, 헌신, 솜씨에 대한 열망은 제로섬 게임이 아니다. 비키 헌이 말한 의미에서의 훈련 같은 애정 행위는, 연쇄를 이루며 창발한 다른 세계들을 배려하는 애정 어린 행위를 낳는다. 이것이 내 반려종 선언의 핵심이다. 나는 어질리티를 그 자체로 특정한 선善이자 더 세속적worldly일 수 있는 방편의 하나로 경험한다. 즉 좀 더 살만한 세계를 만드는, 모든 규모에 속한 소중한 타자성이 요구하는 바에 더 민감해지는 것이다. 늘 그렇듯, 문제는 세부에 있다. 연결 고리도 세부에 있다. 나는 언젠가 책을 한 권 쓸 생각인데, 책의 제목은 푸코를 기리는 뜻에서《개집의 탄생》으로 짓거나 그렇지 않다면, 또 다른

높이뛰기 막대를 뛰어넘는 롤런드. 사진은 티엔 트란 포토그래피.

선조 한 사람을 기리는 뜻에서《스포츠 기자 딸의 기록》이라고
지어서 더 번영하게 할 필요가 있는 세계들, 그리고 개들을 연
결하는 무수히 많은 가닥을 옹호하고 싶다. 여기서는 맛보기만
제시할 수 있다. 책을 쓸 때는, 내 어질리티 선생님인 게일 프래
지어가 학생들에게 줄곧 들려주는 세 개의 문구에 호소하는 화
법을 쓰게 될 것이다. "개를 내버려두었잖아요.""개가 당신을
믿지 않네요.""개를 믿으세요."

이 세 문구는 우리를 마르코의 이야기, 개릿의 긍정적 결
속, 헌의 혹독한 아름다움으로 돌려놓는다. 내 선생님처럼 훌륭

한 어질리티 스승은 자기 학생이 개를 내버려둔 곳이 정확히 어디이며, 정확히 어떤 몸짓·행동·태도가 신뢰를 망치는지 알려줄 수 있다. 모두 말 그대로다. 처음에는 변화가 사소해 보인다. 타이밍은 너무 까다롭고 어렵다. 일관성은 너무 엄격하고, 선생님이 바라는 게 너무 많은 듯 보인다. 그러다가 개와 인간은 함께 행동하는 법과 티 없는 기쁨과 솜씨로 어려운 코스를 통과하는 법, 소통하는 법, 솔직하게 대하는 방법을 찰나에 불과한 순간일지라도 깨닫게 된다. 훈육된 자발성이라는 모순 어법을 목표로 하는 것이다. 개와 조련사 모두가 활동을 주도하는 법과 상대를 따르는 법을 익혀야 한다. 일관성 없는 세계에서 일관성을 충분히 지님으로써 육신 속에, 경주 속에, 코스 위에, 존중과 응답을 빚어내는 공동 존재의 춤에 참여하는 것이 과제다. 그리고 모든 척도에서, 모든 파트너와 함께 그렇게 살아가는 법을 기억하는 것.

V. 품종 이야기

이 선언문은 지금까지 인간, 동물, 무생물의 행위 주체들이 공구성한 두 종류의 시공간 척도를 강조했다. 즉 (1) 행성 지구와 그 자연문화적 종들의 층위에서의 진화적 시간, (2) 유한한 신체와 개체 삶의 척도에서의 면대면 시간. 진화 이야기는 나의 동료인 브뤼노 라투르Bruno Latour와 함께 나의 정치적 동반자들이 과학학에서 생물학적 환원론에 대해 갖는 공포를 달래고, 한결 생생한 자연문화의 모험에 관심을 가질 수 있었으면 좋겠다는 마음에서 쓴 것이다. 사랑과 훈련에 대한 이야기는 세계가 지닌 환원 불가능하고 개인적인 세부에 경의를 표하기 위한 노력이다. 내 선언문은 반복될 때마다 프랙털fractal처럼 작동하면서 관심, 경청, 존중을 닮은 형태로 다시 새긴다.

　이제는 또 다른 척도의 음조를 낼 시간이다. 이야기의 단위는 이른바 역사의 시간, 곧 수십 년, 수 세기, 인구 집단, 지역, 민족의 척도로 파악되는 시간이다. 나는 여기서 케이티 킹의 페미니즘 연구 및 글쓰기 기술을 빌려 오려 한다. 킹은 지구화의 과정과 결부된 창발적 의식의 형태를 어떻게 인식할 수 있는지, 분석 기법은 어떤 것이 좋을지 묻는다. 그녀는 분산된 행위 주체, "지역과 지구의 층위", 그리고 아직 실현되지 않은 정치적 미래에 관한 글을 쓴다. 개를 키우는 사람들이 더욱 생명력 있는 다종적 미래를 구성하려면, 어려운 역사를 물려받는 법을 배울 필요가 있다. 나의 경우 다층적이고 분산된 복잡성에 주목하면, 비관적 결정론과 낭만적 관념론 모두를 피해 가는 데 도움이 된다. 개의 세계는 지역적인 것과 지구적인 것의 층위 모두를 통해 구축되는 것으로 드러난다.

　개 세계에서의 척도 구성을 생각할 때면 페미니스트 인류학자인 애나 칭Anna Tsing이 필요하다. 칭은 오늘날 인도네시아의 초국적 금융 순환과 거래에서 무엇이 "지구적"인 것으로 여겨지는지 조사했다. 그녀의 눈에 보이는 것은 변경frontier, 중심, 지역적·지구적인 형태와 척도를 이미 갖추고 존재하는 실체들이 아니라, 세계를 만드는 "척도의 생산"이다. 여기서 닫힌 듯 보이는 것에는 다시 열릴 가능성이 남아 있다.

마지막으로 나는 네페르티 타디어Neferti Tadiar[⑰]처럼 경험을 산 역사의 노동으로 이해하는 방식을 번역(말 그대로 개의 세계로 옮기는 번역)하려 한다. 이 이해 방식은 주체를, (대문자) 자본주의 및 제국주의와 같은 거대 행위자를 만드는 재료로 환원시키지 않으면서 권력의 체계 속에 구조적으로 위치시킬 수 있다. 타디어는 내가 개를 이런 주체에 포함해도 양해해줄지도 모르고, 임시로라도 인간–개 쌍을 내어줄지도 모르겠다. 두 개의 분화된 개 종류—가축 파수견livestock guardian dogs, LGD과 양치기개—및 이 둘에서 출현한 제도화된 품종—그레이트 피레니즈와 오스트레일리아 셰퍼드—은 물론이고 고정된 품종이나 종류에 속하지 않는 개들의 역사를 말하는 것이 나의 페미니스트, 반인종주의자, 퀴어, 사회주의자 동지들, 그러니까 모든 궁극적 희망과 마찬가지로 부정의 명명법을 통해서만 알 수 있을 상상

---

⑰ 미국의 문학비평가로, 산 역사의 노동 개념을 통해 제조업이나 서비스업 등 다양한 시장 영역에서 여성의 활동이 자본주의로 포섭되는 과정 및 그에 내재한 저항 가능성을 연구하기도 했다.

의 공동체와 연대하는 강력한 세속적 의식을 형성하는 데 도움이 되는지 확인해볼 것이다.

이와 같은 부정의 방식으로, 나는 경쾌하게 선언을 낭독한다. 개의 품종이나 종류와 결부된 기원 설화와 행동에 대한 이야기들은 무수하게 많지만, 모든 서사가 평등하게 태어나지는 않았다. 개의 세계 속 스승들은 내게 각자의 스타일로 품종의 역사를 가르쳐주었다. 나는 이 이야기들이 일반 시청자를 위한 다큐멘터리 및 과학 다큐멘터리, 구술적·실험적·경험적 증거 모두를 존중한다고 생각한다. 다음에 이어지는 이야기는 나를 자신의 구조 속으로 호명하며 자연문화에서 사는 반려종이 지닌 모종의 중요한 측면을 보여주는 복합물이다.

그레이트 피레니즈

양이나 염소를 치는 사람들과 가축 파수견들이 맺은 제휴는 수천 년의 역사를 거슬러 올라가며 지리적으로는 아프리카, 유럽, 아시아를 잇는 광대한 지역에 걸쳐 있다. 겨울과 여름의 목초지와 시장을 오가는—북미의 아틀라스산맥에서 출발해 포르투갈과 스페인을 거쳐 피레네산맥을 지나 남부 유럽을 경유하고, 터키를 지나 동유럽과 유라시아를 횡단한 후, 티베트를 가로질러 중국의 고비사막으로 가는—수백만의 가축, 목동, 개들은 말 그대로 토양과 바위에 깊은 자취를 새겼다. 풍부한 내용을 담은 책

《개Dogs》의 저자 레이먼드 코핀저Raymond Coppinger와 로나 코핀저 Lorna Coppinger는 이 자취를 빙하의 흔적과 비교한다. 지역의 보호견은 모습과 태도가 모두 뚜렷이 구분되는 서로 다른 종류로 분화되었지만, 성적 소통 방식은 인접한 지역의 개체군 및 이동하는 개체군과 맞닿아 있었다. 고도가 상대적으로 높은 북방의 차가운 기후 속에서 발달한 품종은 지중해나 사막 생태계에서 형성된 개들에 비해서는 몸집이 크다. 스페인, 영국 및 다른 유럽계 사람들이 커다란 마스티프형mastiff-type 개들과 작은 양치기형 개들을 아메리카 대륙으로 데려왔고, 여기서 정복이라는 이름으로 알려진 대규모 유전자 교환이 이루어졌다. 이렇듯 서로 연결되지만, 무작위적으로 혼합되는 것과는 거리가 먼 개체군들은 생태적·유전학적 개체군 생물학자가 볼 때, 역사라고 부르는 까다로운 물건에 따라 꿈이 될 수도, 악몽이 될 수도 있다.

폐쇄적 혈통서를 지닌, 19세기 이후 애견협회에서 보급한 가축 파수견 품종은, 스페인 바스크 지방의 피레네 마스티프나 프랑스 및 스페인 바스크 지방의 그레이트 피레니즈, 이탈리아의 마렘마, 헝가리의 쿠바스, 터키의 아나톨리아 목양견과 같은, 지역 품종에서 선발한 다양한 수의 개체에서 유래한다. 품종이라고 불리는 폐쇄된 "섬" 개체군의 유전적 건전성과 기능적 가치에 대한 논쟁들이 개의 세계에서 맹위를 떨친다. 품종협회는 멸종 위기종을 관리하는 연합체와 얼마간 비슷하다. 개체군 병목 현상 및 과거의 자연 및 인위선택 체계의 단절에 대응하려면 지속 가능하고 조직적인 대응이 필요하기 때문이다.

전통적으로 가축 파수견은 곰, 늑대, 도둑, 떠돌이 개로부터 가축 무리를 보호한다. 가축 파수견은 이따금 같은 무리에 속한 양치기 개와 함께 일을 하지만 이 둘은 맡은 일이 다르고 상호 작용도 제한되어 있다. 지역적 특성이 강한 작은 양치기 개들은 어디에나 있었고 이 개들의 이야기는 콜리 품종을 비롯해 오스트레일리아 셰퍼드 부분에서 더 많이 나올 것이다. 목축 경제의 거대한 토지와 시간 차원에 산포하는 농부–목동은 개의 기능에 대해 엄격한 기준을 적용해서 개의 생존과 번식 기회에 직접 영향을 줌으로써 품종의 형태를 만들었다. 생태학적 조건 역시 인간의 의도와 독립적으로 개와 양을 만들었다. 그 과정에서 개들은 서로 다른 전략을 채택하며 기회가 있을 때면 이웃들과 함께 성적 습벽을 드러냈다.

파수견은 양을 치지 않으며, 경계 지역을 순찰하고, 이방인이 나타나면 힘껏 짖어 경고해서 포식자로부터 양들을 보호하는 일을 주로 했다. 이 개들은 물러서지 않는 침입자를 공격하고 심지어는 죽일 수도 있지만, 공격 수위를 위협의 정도에 따라 조절하는 능력은 전설적일 만큼 정교하다. 경고의 종류와 수위를 세분화하여 알려주는 소리 레퍼토리의 다양성도 완벽에 가깝다. 가축 파수견은 사냥감에는 관심이 없는 편이고, 강아지들이 놀 때도 따라가기, 모으기, 앞장서기, 뒤따르기, 던진 물건을 낚아채기 같은 놀이를 즐기는 법은 거의 없다. 목동은 파수견 강아지가 자기들끼리 또는 가축과 어울려 그런 놀이를 하기 시작하면 못하도록 저지한다. 그와 같은 놀이를 멈추지 않는 개들은 가축 파수견의 유전자 풀pool에 남지 않게 된다. 현역 가축 파수견은 강아지들에게 일을 해내는 요령을 알려준다. 홀로 있어서 도움을 못 받는 강아지나 나이 먹은 개에게는 지식을 갖춘 인간이 좋은 파수꾼이 되는 법을 가르쳐야 한다. 반대로, 무지함은 개를 실패하게 만든다.

가축 파수견은 사냥감이나 물건을 물어오는 솜씨가 형편없는 축에 속한다. 이들의 생물사회적 성향과 양육은 높은 수준의 복종 경연대회에서 틀어주는 사이렌의 노래에 귀를 막게 하는 공모자 중 하나다. 하지만 이들이 복잡한 역사 생태학 속에서 독립적으로 의사 결정을 내리는 능력은 인상적이다. 암양의 출산을 돕고 갓 태어난 새끼 양을 핥아 씻기는 가축 파수견 이야기는 그들 자신이 지켜야 할 양들과 결속하는 능력을 한 편의 드라마로 만든다. 그레이트 피레니즈 같은 가축 파수견은 양들 사이를 돌아다니면서 낮을 보내고, 밤에는 순찰을 돌며 무슨 일이 생기지 않을까 지켜볼 것이다.

가축 파수견과 양치기 개들은 일하는 법을 비교적 쉽거나 어렵게 배운다. 개의 종류가 무엇이든 핵심적인 일을 정말로 가르치는 것은 불가능하며, 다른 개가 하는 일을 가르치기는 훨씬 더 불가능하다. 개가 수행하는 기능과 연결된 행동 및 태도는 방향을 잡아주면서 격려해줘야 하지만—그런 의미에서 훈련하는 것이지만—양들을 쫓거나 모으는 일을 별로 즐거워하지 않거나 인간과 함께하는 일에 애당초 큰 관심이 없다면 양을 치는 기술을 가르칠 수 없다. 양치기 개는 강아지 시절부터 사냥감을 쫓으려는 충동이 강하다. 사실 양치기란, 인간 목동과 초식동물이 함께 만드는 안무 속에서 죽여서 찢는 부분만 제외한 채 구성되는 사냥 패턴이다. 이와 유사하게 영토에 별다른 애착이 없거나 침입자에 대한 경계심이 결핍된 개들, 사회적 결속에서 재미를 못 느끼는 개는 세계에서 가장 큰 클리커가 있어도 이런 일들을 어떻게 생각해야 하는지 기초부터 아예 배울 수가 없다.

적어도 로마 시대 이래 유럽에서 가축을 지켜왔던 크고 흰 파수견들은 프랑스 기록에서도 여러 세기에 걸쳐 나타난다. 피레네 산악견은 1885~86년 런던애견협회에 등록되었다. 최초의 피레니즈는 1909년에 번식을 목적으로 잉글랜드로 들여왔다. 콩트 앙리 드 빌랑Comte Henri de Bylandt은 1897년에 출간된 기념비적 백과사전 《견종Les races des chiens》[m]에서 피레네 파수견을 설명하는 데 여러 페이지를 할애한다. 1907년에는 라이벌 관계에 있던 루르드와 아르겔 지역의 두 프랑스 애호가 집단이, 자신들이 볼 때 가치가 있고 "순종"인 산악견들을 데리고 왔다. 그런 삶의 방식을 거의 불가능한 것으로 만드는 자본주의적 근대화와 계급

---

[m] 현대 견종 기준의 출발이 된 책으로, 총 1160페이지로 구성되어 1392개의 삽화를 담고 있으며 300개의 품종을 기술하고 있다.

형성의 특징인 농부-목동과 그들의 동물을 낭만주의적으로 이상화하는 순수 혈통과 품위에 대한 담론은 현대의 품종 주변을 좀비처럼 계속 맴돈다.

1차 대전은 프랑스애견협회와 개들 대부분을 파괴했다. 산악 지역에서 일하는 파수견들은 전쟁과 불황으로 초토화되었지만, 19세기를 넘어설 무렵 곰과 늑대가 제거된 탓에 이미 할 일을 대부분 잃어버린 상태였다. 피레니즈는 가축 무리를 지키는 일에 투입되기보다는 동네 개로 돌아다니거나 여행가와 수집가에게 팔릴 가능성이 더 커진 상태였다. 1927년, 피레네 지역 출신의 외교관이자 애견 대회 심판, 브리더인 베르나르 세낙-라그랑주Bernard Senac-Lagrange가 몇 남지 않은 애호가 집단에 합류하면서 피레니즈견 애호가 재결합Réunion des Amateurs de Chiens Pyreneans 이라는 단체를 설립하고 현재까지도 적용되는 품종 판별 기준의 기초를 작성했다.

1930년대에 두 명의 부유한 여성, 매사추세츠 출신의 메리 크레인Mary Crane 부인(바스커리애견협회)과 벨기에에서 태어나 잉글랜드에서 결혼한 잔느 하퍼 트로와 퐁텐Jeanne Harper Trois Fontaine 부인(드 퐁테네 애견협회)이 프랑스에서 개들을 다수 데려왔다. 1933년 미국애견협회는 그레이트 피레니즈를 고유한 품종으로 인정한다. 2차 대전은 피레네 지역에 남은 가축 파수견 집단에서 다시 희생자를 냈고 프랑스와 북유럽에 등록된 협회 개들 대부분을 쓸어버렸다. 이들의 혈통이 서로 얼마나 근친이었고 누가 자손을 남겼는지 추적하던 피레니즈 역사가들은 크레인, 하퍼 부인을 비롯한 몇몇 사람들이 마을이나 애호가에게 사들인 개가 얼마나 많았는지를 알아내려 애써왔다. 미국 피레니즈의 유전자 풀에 어떻게든 지속해서 기여한 개들은 30마리밖에 되지 않으며 대부분 서로 혈연관계가 있었다. 2차 대전이 끝날 무렵 전 세계적으로 그나마 규모가 되는 피레니즈 잔존 개체군은 미국과 유럽 브리더 사이에 어쩌다 이루어진 교환을 통해 이후 프랑스와 북유럽에서 복원되었지만 대다수가 영국과 미국에 있다. 이 개들은 대개가 애견 대회 열성팬들과 개를 애호하는 브리더들 덕분에 지금까지 남아 있는 것이다. 메리 크레인이 개를 수집하던 1931년부터 1970년대까지, 미국에서 가축 파수견으로 일한 피레니즈는 거의 없다.

이런 경향은 1970년대 초반 미국 서부에 포식자 조절 방법이 새로 출현하면서 변화를 겪게 된다. 야무지지 못한 개들이 양을 많이 죽였다. 코요테들도 가축을 죽였다. 목축업자들은 독극물, 덫, 총을 가지고 모질게 코요테를 죽이고 있었다. 1976년 애견 대회에 처음 출전시킨 피레니즈 암캐 벨르를 얻고 린다 와이저Linda Weisser를 가르쳤으며, 캘리포니아에서는 이 품종에 관한 한 '대모'로 통하는 루스 로즈Ruth Rhoades에게 그레이트 피레니즈를 사사받은 캐서린 들라크루즈Catherine de la Cruz는 소노마 카운티에 있는 목장에서 살았다. 이 피레니즈 이야기는 중산층과 서부 해안을 무대로 삼아 품종의 문화와 미래 모두에서 중요한 차이가 탄생하는 분기점을 만들어낸다.

1972년에 캘리포니아 대학 데이비스 캠퍼스에 있는 한 과학자가 포식자로 인한 가축 피해 문제를 의논하려는 생각으로 들라크루즈의 어머니에게 전화를 걸었다. 이 대학과 미국 농무부는 독극물을 사용하지 않고 포식자를 방제할 수 있는 방법을 진지하게 모색하기 시작한 상태였다. 생태 운동 및 동물권 활동가들은 포식자 제거 시 독극물 이용을 금지하는 연방법을 제정하는 것을 비롯해 정부 정책과 대중적 의식 모두에 자신들의 입장이 반영될 수 있도록 심혈을 기울이고 있었다. 들라크루즈의 벨르는 애견 대회에 나가는 틈틈이 젖소 무리와 어울리고 있었는데 그 목장은 포식자 문제를 전혀 겪지 않았다. 들라크루즈는 이 두 사실을 하나로 연관 지을 수 있게 되자 "머리에 한줄기 섬광이 비쳤다"고 말한다. 그레이트 피레니즈 판정 기준은 애견 대회 애호가들이 실제로 본 것을 묘사했다기보다는 상징적인 서사라고 보는 것이 더 타당하기는 해도, 개들이 곰과 늑대로부터 가축 무리를 지킨다고 쓰고 있다. 정립된 품종을 글로 적어둔 이 기준은 다른 어떤 구실을 하든, 이상적인 유형 및 기원 설화와 결부되어 있다. 들라크루즈는 자신이 알고 있는 피레니즈들이 양과 암소를 개와 코요테로부터 지켜낼 수 있을지도 모른다는 생각을 하기 시작했다고 말한다.

들라크루즈는 자신이 알고 지내던 캘리포니아 북부의 양 사육자들에게 강아지를 몇 마리 주었다. 거기서부터 그녀 및 와이저를 포함한 다른 피레니즈 브리더 몇몇은 (성견을 포함한) 개들을 목장에 놓고 어떻게 하면 이 개들이, 그들의 표현을 빌리면 효과적인 '포식자 방제견Predator Control Dogs'이 되게 도울 수 있는지 밝혀내려 했다. 목장은 양을 치는 장소로 변경되었고 들라크루즈는 양모 생산자 연합의 회원이 되었다. 1970년대 후반 그녀는 양모 생산자 집단에서 활동하며 개로 코요테를 쫓아내려 했던 여성인 마거릿 호프먼Margaret Hoffman을 만난다. 호프먼은 들라크루즈에게 스노베어를 데려와 더 많은 개를 번식시켜서 모두 농가에 두었다. 2002년 11월, 들라크루즈는 나와 진행한 인터뷰에서 목축업자들과 긴밀한 연관관계 속에서 일꾼 개들의 사회화를 실험하고 보살피는 일을 추진하고, 캘리포니아 대학 데이비스 캠퍼스 및 농무부의 사람들이 진행하는 연구 및 개들을 배치하는 일에 협조하는 가운데 "실수란 실수는 죄다 했던" 이야기를 들려주었다.

1980년대에 미국 그레이트 피레니즈 클럽의 기준을 재편하는 시도의 일환으로 린다 와이저와 이블린 스튜어트Evelyn Stuart는 실용적인 일을 하는 개들이 가장 중요한 품종 표준이 된다는 점을 분명하게 했다. 1980년대 무렵 들라크루즈는 표준에 부합하는 개들을 계속 보여주면서 일꾼 피레니즈들을 전국에 배치하고 있었다. 몇몇 개들은 초원에서 돌아온 뒤 목욕을 하고 챔피언십을 따낸 다음 바로 일을 하러 돌아갔다. "이중 목적 개"는 피레니즈 번식과 품종 교육에서 도덕적이며 실용적인 이상이

1967년 7월 캘리포니아 산타바버라에서 개최된 전국 단품종 대회의 그레이트 피레니즈 클럽에서 찍은 메리 크레인의 사진이다. 크레인 부인 옆에 있는 개는 로스 파이어토스 아먼드Los Pyrtos Armand로, 그날 종견 부문에서 우승을 거두었다. 그 옆에 있는 둘은 아먼드의 딸인 임피Impy와 드리프티Drifty로, 임피는 보존 부문 우승자Reserve Winners가 되었고 드리프티는 최고 이성 상Best of Opposite Sex을 받았다. 린다 와이저는 드리프티와 함께 있는 젊은 여성인데, 드리프티는 자손을 남기지 않고 죽었다. 와이저의 "내 마음속의 개"였던 임피는 미국 서부 해안 대부분의 애견협회에 자손을 남겼다. 아먼드는 아들을 통해 캐서린 들라크루즈 소유의 목축 사역견 혈통의 배후에 있다. 린다 와이저와 캐서린 들라크루즈 소장 사진.

되었다. 이런 이상을 달성하기 위한 멘토링에는 모든 종류의 노동—과 노동 집약적인—실천, 이를테면 가축 파수견 토론 리스트 및 그레이트 피레니즈 토론 리스트의 가축 파수 분과와 같은 고품질의 인터넷 리스트서브의 관리가 포함된다. 일반인의 전문성, 자원, 노동, 협력 공동체는 매우 중요하다. 특히 미국에서 활동하는 일꾼 피레니즈는 모두 40년을 넘어서는 애완동물과 애견 대회의 역사를 거쳐 들어온다. 어디를 봐도 반려종과 창발한 자연문화가 나타나는 것이다.

1970년대 중반부터 제프리 그린Jeffrey Green, 그리고 당시 아이다호 뒤부아에 있던 미국 농무부의 양 실험 본부에 소속된 로저 우드러프Roger Woodruff는 이 이야기에서 핵심 행위자들이다. 그들의 첫 파수견인 코몬도르(헝가리)는 당시 아크배쉬(터키) 및 피레니즈와 함께 일했다. 내가 만난 피레니즈 정보 제공자들은 이 두 사람에 대해 엄청난 존경심을 품고 이야기한다. 미국 농무부 사람들은 목축업자들에게 파수견을 이용해보라고 열심히 설득하면서 브리더들의 협조를 이끌어냈다. 예컨대 우드러프와 그린은 1984년 새크라멘토에서 열린 미국 그레이트 피레니즈 협회의 전국 단품종 대회National Specialty Show에서 가축 파수견에 대한 특별 세미나를 진행했다. 일하는 가축 파수견들이 북미 대륙에 다시 출현한 사연에는 다른 측면도 있다. 1980년대 초반 할 블랙Hal Black이 나바호 인디언이 능률적인 잡종견들과 함께 양을 치는 관습을 연구하면서 다른 목축업자들에게 알려주려는 목적으로, 배울 수 있는 내용을 조금씩 수집했다.

목축업자 재교육은 미국 농무부 프로젝트에서 큰 부분을 차지했고 피레니즈 반려인들은 그 과정에 열심히 참여했다. 과학 기반의 토지 공여 대학 및 농업 근대화 이데올로기에 흠뻑 젖은 목축업자들은 개들은 구식이며, 상품화된 독극물이 진보적이며 수익성이 높다고 보는 경향이 있었다. 개들은 손쉬운 해법은 아니다. 개로 문제를 해결하려면 노동의 성격이 바뀌어야 하고 시간과 비용도 투자해야 한다. 목축업자들과 함께 작업해서 변화를 꾀하려던 시도는 큰 성공을 거두지는 못했다.

　1987년과 1988년에 미국 농무부 프로젝트는 미국 전역에서 100마리의 파수견 강아지를 사들였다. 대부분은 그레이트 피레니즈였다. 미국 농무부 소속 과학자들은 프로젝트를 통해 보낸 개들은 난소를 절제하거나 중성화 수술을 해야 한다는 브리더 협회 사람들의 주장에 동의했다. 협회 사람들은 이 개들만큼은 강아지 공장을 비롯한 개 번식 관행에서 지켜내려 했다. 개의 복지와 유전적 건전성에 해롭다고 보았기 때문이다. 일꾼 개들에게 고관절 이형성[n]이 나타날 위험을 줄이기 위해 강아지 부모 모두 엑스레이 골반 검진을 받게 했다. 1980년대 후반 무렵 진행했던 여러 조사 결과를 보면 목축업자의 80퍼센트 이상이 자신들이 키우는 파수견(특히 그레이트 피레니즈)을 경제적 자산으로 생각했다는 점을 알 수 있다. 2002년 무렵 미국 전역에서 수천 마리에 달하는 가축 파수견들이 양, 라마, 소, 염소, 타조를 보호하는 임무를 맡았다.

---

[n]　모든 동물에 나타날 수 있지만, 특히 개에게 특유한 질병으로, 골반과 뒷다리를 연결하는 고관절에서 뒷다리 뼈가 과체중이나 지나친 운동으로 인해 차츰 골반에서 탈구되면서 걷기가 힘들어지는 증세를 보인다.

레이먼드 코핀저와 로나 코핀저는 햄프셔 칼리지의 뉴잉
글랜드 농장센터에 소속된 동료들과 1970년대 후반 터키에서
구입한 아나톨리아 셰퍼드를 시작으로 수백 마리의 가축 파수
견을 미국 농장과 목축지에 배치하며 연구를 진행했다. 레이먼
드 코핀저는 니콜라스 틴버겐Nikolaas Tinbergen이 옥스퍼드 대학에
서 수립한 행태학의 전통 안에서 박사학위를 받았고, 코핀저 부
부는 경주용 썰매개와 진지한 관계를 맺은 역사가 있다. 코핀
저 부부는 내가 이 이야기에서 강조하는 일반인 브리더보다 대
중의 시선에 더 많이 포착되었고 가축 파수견 문제에 직접 개입
한 사람들보다는 과학자들에게 더 잘 알려져 있었다. 코핀저 부
부는 피레니즈 애호가들이 파수견을 바라보는 방식에 상당 부
분 동의하지 않는다. 햄프셔 칼리지의 프로젝트는 농장에 배치
한 개들에게 중성화 시술을 하지 않았다. 이들은 개들이 성장하
는 사회적 환경이 효과적인 가축 파수견을 만드는 데 유일하게
중요한 변수라고 보았기 때문에 일반적으로는 품종 구분을 진
지하게 고려하지 않았다. 햄프셔 프로젝트는 비교적 어린 강아
지들을 투입해서 생물사회학적 발달과 행동유전학적 성향을 다
른 관점에서 가르쳤고, 사람과 개에 대한 멘토링 문제 역시 다
른 방식으로 다루었다.

피레니즈 애호가 대부분은 코핀저 부부에게 협조하지 않았
고 처음부터 적대감을 품고 있었다. 코핀저 부부는 실질적으로
그레이트 피레니즈를 거의 접하지 못했다. 브리더 협회의 윤리

가 엄격했던 탓이다. 나는 여기서 견해차를 평가할 수 없다. 코핀저 부부의 견해는 《개》에서 찾을 수 있을 것이다. 이 책에는 제프리 그린과 로저 우드러프의 협조를 받아 가축 파수견을 투입했다는 사실은 물론, 그레이트 피레니즈 애호가들에 대한 언급은 일절 나오지 않는다. 1990년 미국 농무부 간행물에도 나와 있는 사실, 즉 1986년 아이다호 대학교가 사람 400명과 개 763마리를 대상으로 수행한 설문조사에서 그레이트 피레니즈가 전체의 57퍼센트를 차지했다는 사실도 책에서 빠져 있다. 또한, 피레니즈와 코모도르가 연구에서 다뤄졌던 현역 가축 파수견의 75퍼센트를 차지하는데, [코핀저 부부의] 햄프셔 프로젝트에는 포함되지 않은 품종이다. 그 연구 및 다른 연구들은 여러 품종 중에서도 피레니즈가 사람들을 물거나 가축을 다치게 하는 경우가 적다는 사실을 포함해, 가장 높은 업무 성공도 점수를 받는 경향이 있다는 점을 보여준다. 생후 1년 된 피레니즈 59마리와 아나톨리아 셰퍼드 26마리를 대상으로 한 연구에서 아나톨리아 셰퍼드의 26퍼센트와 비교해 피레니즈의 83퍼센트가 "좋음"이라는 점수를 받았다.

무너진 농업-목축 경제에서 미국 서부의 목장들로 유입된 바스크 지역 피레네 산악견들은 순종견 신화 속에서 길러졌다. 이 개들은 본래 대평원의 인디언들이 스페인 말을 타고 사냥하던 버펄로의 초원, 지금은 백인 목축업자들이 소유한 초원 서식처(이곳에 토종 목초류는 거의 남아 있지 않다)에 사는 품종생

일을 배우고 있는 그레이트 피레니즈 강아지. 린다 와이저와 캐서린 들라크루즈 소장 사진.

물학적xenobiological 소와 양을 보호하기 위해—스페인의 정복과 선교에서 비롯된 현대 나바호 인디언 보호 구역의 양치기 문화와 더불어—도입되었다. 형편이 이런 만큼 어떤 반려종 선언의 관점에서 보더라도 충분히 아이러니한 역사를 제시해야만 한다. 하지만 그 이상의 문제가 있다. 절멸된 포식종을 유해 동물의 지위에서 내려놓은 뒤, 대자연의 야생을 복원하고 관광객을 끌기 위한 유인물로 다시 도입하려는 노력이 두 번 있었기 때문이다. 한 번의 시도는 피레네산맥에서, 다른 한 번은 미국 서부의 국립공원에서 진행되었다. 이야기는 그물 속으로 더 깊이 들어간다.

미국의 멸종 위기종 보호법은 회색 늑대를 이전 서식처인 옐로스톤 국립공원과 같은 곳에 재도입하는 업무를 내무부가 관할하도록 하고 있다. 이 공원은 나라 전역에서 엘크와 버펄로 개체군이 가장 대규모로 서식하는 곳이며 1995년 열네 마리의 캐나다 늑대가 그 무리 한가운데로 방출되었다. 캐나다 늑대는 자기 의지에 따라 이동한 뒤 몬태나주에서 발견되었다. 1995~96년에 52마리의 늑대가 아이다호와 와이오밍주에서 추가로 방출되었다. 2002년 로키산맥 북부에 사는 늑대는 700여 마리다. 가축 손실을 볼 때는 100퍼센트 금전적 보상을 받을 수 있고 내무부 소속의 어류 및 야생동물 관리국은 가축을 죽이는 늑대를 없애거나 사살하지만, 목축업자들은 대체로 타협의 여지를 열어두지 않는다. 2002년 12월 17일 자《뉴욕 타임즈》(D3면)에 실린 짐 로빈스Jim Robbins의 기사는 밀착 관리 중인 늑대가 감시용 전자 목걸이를 두르고 있다고 보도한다. 코요테 수는 감소하고 있다. 늑대가 죽이기 때문이다. 엘크의 수도 감소하고 있다. 사냥꾼에게는 불행한 일이지만 포식자가 사라진 상황에서 초식동물로 인한 생태적 타격을 걱정하는 생태론자들의 마음은 기쁠 수밖에 없다. 관광객들(과 그들에게 서비스를 제공하는 산업)은 매우 즐거워하고 있다. 와이오밍주에 있는 라마밸리에서는 십만 이상의 관광객이 늑대를 관찰하는 자동차 사파리를 신청했다. 관광객 피해는 없었지만 2002년의 전국적 통계 수치는 소 200마리, 양 500마리, 라마 7마리, 말 한 마리, 개 43마리가 죽임을 당했다는 사실을 보여준다. 이 43마리의 개는 누구였을까?

이 개들 중 일부는 준비가 덜 된 그레이트 피레니즈였다. 내무부는 목축업자들의 의사에 반하여 옐로스톤 국립공원에 늑대를 투입했다. 가축 파수견을 다루는 아이다호 농무부 사람들과의 협력도 없었고 내 추측으로는 중년 후반의 백인 여성이자, 품종 기준에 맞는 멋진 개들을 보여줄 박식한 피레니즈 브리더들과 이야기를 나눠볼 생각조차 하지 못했을 것이다. 내무부와 농무부는 기술과학 문화에서는 서로 동떨어진 세계다. 늑대들은 공원 경계 밖으로 쏟아져 나왔다. 늑대, 가축, 개 모두가 목숨을 잃었다. 아마 불필요한 일이었을 것이다. 야생 관련 업무를 담당하는 공무원들이 길 잃은 늑대를 125마리 이상 죽였고 목축업자들이 최소 수십 마리 이상을 불법적으로 쏘아 죽였다. 야생보호론자, 관광객, 목축업자, 관료, 공동체들이 분열되었다. 아마 이것도 불필요한 일이었을 것이다. 모든 곳에서, 처음부터 인간과 비인간 사이에서 반려종의 관계가 더 잘 구성될 필요가 있었다.

개들은 사회성 동물이라 영토를 방어하는 습성이 있다. 늑대 역시 사회성 동물이며 영토를 방어한다. 안정적이고 규모가 충분히 큰 집단에서 경험을 많이 쌓은 가축 파수견이었다면 북부회색늑대의 가축 사냥을 막을 수 있었을지도 모른다. 하지만 늑대가 자리를 잡은 뒤에야 피레니즈를 들여오거나 경험이 전혀 없는 개들을 너무 적은 수로 들여오는 것은, 두 갯과 종 모두와 야생을 목축 윤리와 함께 엮는 상황에서는 기필코 재앙을 불러오고야 말 조합에 해당한다. 야생의 수호자들Defenders of Wildlife이라는 단체는 늑대에게 가축을 내주고 있는 목축업자들을 위해 피레니즈를 데리고 왔다. 하지만 늑대들은 개를 늑대 자신이 소유한 부동산에 침입해온 경쟁자로 보고 적극적으로 추적해 죽이는 것처럼 보였다. 늑대들이 개들을 존중하게 만들 수 있을 만한 실천 양식은 없었다. 늑대가 번성하는 와중에 목축업자와 보호론자가 동맹을 맺고 있을지도 모르는 형편이라면 가축 파수견이 효과적인 행위자가 되기에는 지나치게 늦은 감이 있다. 또 어쩌면 늑대는 피레니즈가 밤에 집 안에서 보호를 받는 동안 코요테를 다스릴지도 모른다.

이러는 와중에 복원 생태학은 유럽 취향을 보이기 시작한다. 프랑스 정부는 피레네산맥에서 살던 곰을 죽여 생긴 생태 적소適所 공백을 채우기 위해, 공산주의 이후의 관광 산업이 야생 상태의 곰 관찰로 짭짤한 수입을 벌어들이던 슬로바키아에서 유럽갈색곰을 들여왔다. 염소를 치는 농부들, 뒤 픽 드 비스코스 애견협회du Pic de Viscos kennel의 브누아 코켄포Benoit Cockenpot와 같은 프랑스 피레니즈 애호가들은 슬로바키아의 곰들에게 적절한 탈근대적 사물의 질서를 들려주면서 개들을 산악 지역으로 돌려놓는 작업을 한다. 프랑스의 피레니즈 애호가들은 미국 동료들에게 현역 가축 파수견에 대해 배우고 있다. 프랑스 정부는 농부들에게 파수견을 무상 제공한다. 하지만 농부들에게는 포식자 피해를 변상해주는 보험이 매일 개를 돌보는 것보다 매력적인 대안이다. 파수견들은 곰을 쫓아내는 일보다 보험 장치와 경쟁하느라 더 고된 시간을 보내고 있다.

피레니즈는 다종 보존 및 농가 정치에서 벗어날 때, 애견 대회 출전견이나 애완동물로 탁월한 진가를 어김없이 발휘했다. 하지만 이 품종의 사역견 및 애완견이 보이는 수적 팽창은, 품종 자체가 생존력 있는 농가-목축 경제는 물론이고 브리더 협회의 통제를 상당히 벗어나서 상업적 번식과 뒷마당 번식이라는 지옥과 연옥으로 떨어지게 되었음을 뜻했다. 건강에 대한 무관심, 행동·사회화·훈련에 대한 무지, 잔혹한 조건은 모두 너무 흔한 일이 되었다. 브리더 협회 내부에서는 특히 순종견의 유전적 다양성과 개체군 유전학이라는 소화하기 어려운 문제가 제기될 때 책임감 있는 브리딩을 이루는 요소가 무엇인지 토론하는 논쟁이 지배적이다. 브리딩할 때 인기 많은 개를 너무 많이 쓰고, 개가 지닌 문제를 숨기며, 다른 가치를 희생해서라도 애견 대회의 챔피언십을 따내려는 노력 모두는 개를 위태롭게 만든다고 알려진 관행이다. 그런 일을 계속하는 사람들이 아직 너무나 많다. 개에 대한 사랑은 그런 일을 금지한다. 나는 연구를 진행하는 동안 그런 사랑을 하는 사람들을 많이 만났다. 이들은 자신의 개들이 사는 세계—농장, 실험실, 애견 대회, 가정을 비롯한 모든 장소—에서 몸이 지저분해지는 것을 감수하며 배워가는 사람들이다. 나는 그런 사랑이 번창하기를 바란다. 내가 이 글을 쓰는 이유 중 하나는 여기에 있다.

오스트레일리아 셰퍼드

미국에서 오스트레일리아 셰퍼드 내지는 오시라고 알려진 양치기 개 품종은 그레이트 피레니즈만큼 많은 복잡성을 드러낸다. 나는 몇 가지만 다뤄보려 한다. 논점은 간단하다. 이 개들을 알아가며 함께 살아간다는 것은 그들 가능성의 조건 전체, 즉 이 존재들과의 연결을 현실로 만드는 모든 것, 반려종을 이루는 모든 포착을 상속받는다는 것을 뜻한다. 사랑한다는 것은 세속적으로 되는 것이고 소중한 타자성 및 타자를 의미화하는 것에, 다양한 규모로 지역적인 것과 전 지구적인 것의 층위 속에, 점점 더 뻗어나가는 그물을 통해 연결된다는 것을 뜻한다. 나는 내가 알아가기 시작한 역사와 함께 살아갈 방법을 알고 싶다.

오스트레일리아 셰퍼드의 기원과 관련해 확실한 점은, 이처럼 뛰어난 양치기 개들의 조상이 된 개의 종류나 그 이름이 생긴 경위를 아는 사람이 아무도 없다는 것이다. 가장 확실한 사실은 이 개들의 이름이 미 서부 목장견이어야 한다는 것인지도 모른다. "아메리카의"가 아니라 "미국의United States"가 맞다. 이 사실이 왜 중요한지, 특히 (전부에는 한참 못 미치지만) 조상 대부분이 식민지기 초기부터 영국 제도에서 북아메리카 동부 해안으로 사람과 함께 이주한 다양한 유형의 콜리들일 가능성이 크다는 점이 왜 중요한지 설명할까 한다. 캘리포니아 골드러시와 남북전쟁 이후 벌어진 상황이 지역과 전국을 아우르는 이야기의 핵심이 된다. 이 같은 서사시적 사건들은 아메리카 서부를 미국의 일부로 편입시켰다. 나로서는 카옌, 롤런드와 내가 어질리티 경주로를 달리거나 입으로 일을 보는 중일 때만큼은 이 같은 폭력의 역사를 물려받고 싶지 않다. 그런데 바로 그런 점에서 이 이야기를 해야만 한다. 반려종은 진화적·개인적·역사적 기억상실증을 감당할 수 없다. 기억상실은 기호와 육체를 부패시키고 사랑을 편협한 것에 불과하게 만들 것이다. 골드러시와 남북전쟁의 이야기를 한다면, 개와 반려인에 대한 다른 이야기들, 즉 이주, 토착 세계, 일, 희망, 사랑, 놀이, 주권 및 생태학적이고 발달학적인 자연문화를 다시 고려하는 과정을 통해 동거 가능성에 관한 이야기들을 기억할 수 있을지도 모른다.

낭만적인 오시 기원 설화에서는 19세기 후반과 20세기 초반 바스크 지방 출신 목동들이 무시간적인 서부 초원 공간에서 양을 치려는 목적으로, 스페인에서 수입된 메리노 양을 키우던 오스트레일리아를 경유해 캘리포니아 및 네바다의 목장으로 향하는 노정에서, 자신이 키우던 블루 멀 개blue merle dogs를 3등 선실에 태워 데려간다. 하지만 "3등 선실에 태워"라는 말을 꺼내는 순간 이미 게임은 끝난 것이나 다름없다. 3등 선실에 탄 노동계급 남성은 오스트레일리아나 캘리포니아로 개를 데려갈 처지에 있지 않았기 때문이다. 게다가 오스트레일리아로 이주한 바스크 사람들은 목동이 아니라 사탕수수 농장의 일꾼이 되었고, 20세기 이전에는 지구 반대편으로 건너가지도 않았다. 수백만의 사람들이 금 사냥을 하러 왔다가 실의에 빠진 19세기에, 본래 딱히 목동은 아니었던 바스크 사람들은 이따금 남미나 멕시코를 거쳐 캘리포니아로 와서 다른 광부들이 먹을 것을 마련하기 위해 양치기를 하게 된다는 결말을 맞게 되었다. 바스크 사람들은 양고기 요리가 주력 메뉴인 근사한 식당을 네바다에 세우기도 했다. 2차 대전 이후에는 이 식당들이 자리 잡은 곳을 따라 서로 다른 주를 연결하는 고속도로 시스템이 건설되었다. 바스크 사람들은 지역에서 일하는 양치기 개들의 강아지를 얻었다. 그러니 그 개들은 두말할 것도 없이 많이 혼합된 종이었다.

스페인 선교회들은 인디언을 문명화하는 수단으로 목양을 선호했지만, 린다 로렘Linda Rorem은 오시의 역사를 다룬 온라인 글에서 1840년 무렵 가장 서쪽 지방에 있던 (선주민은 물론이고) 양의 수가 엄청나게 감소했다고 지적한다. 금의 발견은 지역의 식량 경제, 정치, 생태를 급진적이며 영구적인 방식으로 바꾸어놓았다. 대규모 양 떼가 흐른 지역 주변의 동부 해안에서 배를 타고 출발해 중서부와 뉴멕시코를 거쳐 내륙 여행을 하고 식민 목축 경제를 이루는 "근처의" 백인 정착민 식민지, 오스트레일리아로부터도 배를 타고 수송되었다. 이들 양의 대부분은 본래 스페인에서 유래한 메리노 양으로, 스페인 국왕이 선물로 독일 작센 지방으로 보냈다가 오스트레일리아로 갔다. 이런 양의 이동은 대대적인 호황을 누린 식민 무역으로 발전했다.

골드러시가 시작한 것, 남북전쟁의 여파가 마무리되자 앵글로색슨(과 일부 아프리카계 미국인) 정착민들이 엄청난 수로 서부로 유입되면서 아메리카 선주민에 대해 군사적 파괴 및 억제책을 쓰고 멕시코인, 캘리포니아인, 그리고 인디언에게서 몰수한 토지를 개간했다.

양의 이동은 그 양들을 치는 개의 이동을 뜻하기도 했다. 이 개들은 확립된 교역로, 계절에 따른 방목, 곰과 늑대가 있는 유라시아의 오래된 목축 경제에서 탄생한 파수견이 아니었고 이 목축 경제는 이미 심하게 고갈된 상태였다. 오스트레일리아와 미국의 정착민 식민지는 가축의 천적에게 훨씬 더 공격적인 태도를 보였다. 퀸즐랜드 전역에 울타리를 쳐서 딩고의 침입을 막았고 미국 서부에서는 날카로운 개의 이빨이 달린 침입자는 무엇이든 덫을 놓아 잡고, 독을 먹이고, 총을 쏘아댔다. 미 서부의 목양 경제에서는 환경운동이 영향력을 발휘한 퀴어 시대에 이와 같은 전술이 불법이 된 후에야 파수꾼 개들이 등장했다.

동부 해안과 오스트레일리아에서 이주한 양들을 따라온 양치기 개들은 대개 오래된 콜리/셰퍼드 사역견 유형이었다. 이 개들은 보더콜리의 강인한 눈과 앉는 자세를 지니고 양치기 시험을 통과한 개가 아니라 "늘어진 눈"과 직립 자세를 지닌 강인하고 다목적적인 개들이었고 이들로부터 애견협회 등록 품종이 여럿 생겨났다. 오스트레일리아에서 미국 서부로 이주한 개 중에는 대개 털빛이 얼룩덜룩하고 현대의 오스트레일리아 셰퍼드와 매우 닮은 "저먼 쿨리German Coulie"들도 있었다. 영국산 개들은 다목적의 양치기 "콜리"였는데, 오스트레일리아에서 이 개가 흔했던 지역에 독일 정착민들이 살고 있었기 때문에 "저먼"이라고 일컬어진다. 현대의 오시처럼 보이는 개들은 직접 배를 타고 오지는 않았어도 지구 반대편에서 온 양 떼와 결부되었기 때문에 그런 이름이 붙은 것인지도 모른다. 어쩌면 1차 대전 무렵이 되어서야 나중에 이주한 개들과 결부되어 "오스트레일리아 셰퍼드"라는 이름이 생겨났을 수도 있다. 글로 기록된 자료는 드물다. 그리고 "순종"은 오래도록 눈에 띄지 않았다.

하지만 1956년 공식적으로 등록된 오스트레일리아 셰퍼드에 기여한 계보 중에서 식별 가능한 계보는 1940년대 무렵 캘리포니아, 워싱턴, 오리건, 콜로라도, 애리조나에서 형성되고 있었다. 1970년대 중후반까지 등록은 흔한 일이 아니었다. 개의 유형이 여전히 다양했으며 개의 스타일은 특정 가족이나 목장과 결부되었다. 신기하게도 제이 시슬러Jay Sisler라는 이름의 아이다호 출신 로데오 선수가 기르던 한 종류의 개가 그 자체의 협회 및 품종 정치를 갖춘 현대의 품종이 되어가는 이야기에 등장한다. 개의 이름은 "멀 도그"인데, 이 개는 로데오 경기에서 깜짝 묘기를 선보인 뒤 20년간 인기를 얻었다. 시슬러는 개들 부모의 대부분을 알고 있었지만, 이 견종의 시작을 추적할 수 있는 계보는 딱 여기까지다. 시슬러는 개들을 여러 명의 목축업자에게 얻었고, 이 목축업자들이 키우던 오시의 상당수가 이 품종을 창시한 집단이 되었다. 내 개 카옌의 혈통서 10대에 나오는 2,046마리의 조상 중 1,371마리의 개를 식별할 수 있고 그중 시슬러의 개는 일곱 마리다. (개 이름은 대개 "레딩 농장네 개"나 "멀 도그"와 같다. 수백만이 넘는 카옌의 조상 중 6,170마리의 개가 20세대로 거슬러 올라가는 혈통서에 기재되어 있다. 이 때문에 간극이 약간 생겨난다.)

뛰어난 훈련사인 시슬러는 비키 헌의 취향에 맞을 만한 스타일이다. 그는 1945년 무렵 케노Keno가 자신이 길러본 개 중 처음으로 길러보는 진짜 좋은 개라고 생각했다. 케노는 품종을 이룬 자손들을 낳는 데 기여했다. 하지만 현재의 오시 개체군에 (조상의 백분율을 기준으로) 가장 큰 영향을 준 시슬러의 개는 존John이다. 존은 어느 날 시슬러의 목장으로 들어와 족보에 편입되었기 때문에 선조를 알 수 없었다. 창시자 개에 관련된 이와 같은 이야기들이 많다. 이런 이야기들은 반려종에 대해 생각해볼 기회를 마련해주며, 텍스트와 육신이라는 발명된 전통을 엿볼 수 있게 해주는 소우주다.

오시의 부모 협회인 미국 오스트레일리아 셰퍼드 협회Australian Shepherd Club of America, ASCA는 1957년 작은 규모의 열혈 회원 집단에 의해 설립되었다. ASCA는 1961년에 기준 초안을 마련하고 1977년에 완성본을 작성했는데, 1971년에 고유의 품종

협회 등록을 마쳤다. 1969년에 조직된 ASCA의 가축견 위원회는 양치기 검정 시험과 자격증을 개발했고, 목장 사역견들은 자격증을 따기 위해 상당한 강도의 재교육을 받기 시작했다. 이후 단체가 마련한 우수견 대회Conformation Competition를 비롯한 이벤트들이 인기를 끌게 되었고 오시의 반려인 상당수는 다음 단계가 미국애견협회에 가입하는 것이라고 생각했다. 일부 반려인들은 미국애견협회의 기준이 모든 사역견 품종을 파멸로 이끌게 될 것이라고 보았다. 미국애견협회를 옹호하는 사람들은 자신들만의 클럽인 미국 오스트레일리아 셰퍼드 연맹United States Australian Shepherd Association, USASA을 꾸려나갔고 1993년에 미국애견협회로부터 최종 가입 승인을 받았다.

현대 품종의 온갖 생물사회적 장치들이 출현했다. 박식한 민간인 보건/유전 활동가들, 품종에 흔한 질병을 연구해서 그 결과물을 수의생의학 상품으로 출시하려 기업을 만든 과학자들, 오시를 테마로 한 작은 사업들, 어질리티와 복종에 열성적인 사람들, 교외에 살며 주말에 여가 활동을 하거나 시골에서 농장을 운영하는 사람들, 수색견 및 구조견, 치료를 돕는 개와 반려인들, 자신들이 상속받은 다재다능한 개를 헌신적으로 보존하는 브리더들, 양치기 능력은 검증받지 않았지만, 모습이 화려한 쇼견에게 반해버린 브리더들을 비롯해 각계각층의 많은 사람도 여기 포함된다. 집 식탁에서 《이중나선 네트워크 뉴스 Double Helix Network News》를 만들고 오스트레일리아 셰퍼드 보건 및

캘리포니아 베이커스필드에서 2002년에 열린 전미 가축견Stock Dog 대회 결승전의 오스트레일리아 셰퍼드 부문에서 우수상을 따내고 있는 베레트Beret의 도곤 그리트Dogon Grit. 글로 포토 Glo Photo와 게일 옥스퍼드 소장 사진.

유전학 연구소Australian Shepherd Health & Genetics Institute의 설립을 도운 샤프C. A. Sharp는—자신의 브리더로서의 실천에 대한 성찰은 물론이고, 마지막으로 번식시킨 개가 죽은 다음, 너무나 작은 오시 구조견 강아지를 입양했던 기억까지—역사적 복잡성 속에서 품종에 대한 사랑의 실천을 체현하는 인물로 보인다.

  캘리포니아의 센트럴 밸리에 사는 게일 옥스퍼드Gayle Oxford 와 섀넌 옥스퍼드Shannon Oxford는 카옌의 브리더이고 USASA와 ASCA 모두에서 활동한다. 가축 사역견을 번식시키고 훈련하는 일에 전념하며 품종 평가회와 어질리티 대회에도 참가하는 옥스퍼드 부부는 "다재다능한 오시"에 대해 여러 가지를 가르쳐 주었다. 이는 피레니즈 애호가들이 만든 "이중 목적" 또는 "개 전체"라는 담론과 유사한 것으로 보인다. 이와 같은 관용구들은 그것이 어질리티 스포츠이건, 아름다움이건, 혹은 다른 무엇이 건 간에, 품종이 전문가의 한정된 목표에 부합하는 고립된 유전 자 풀로 쪼개지는 것을 막는 역할을 한다. 하지만 오스트레일리 아 셰퍼드의 가장 기본적인 검증 기준은 여전히 원숙한 기술로 양을 칠 수 있는 능력이다. "다재다능함"의 출발점이 이와 같은 능력이 아니라면 일하는 품종은 살아남지 못할 것이다.

자기만의 범주

역사 연구를 해본 사람이라면 기록되지 않은 내용이, 계보가 잘 수립된 내용에 비해 세계가 구성되는 방식에 대해 들려줄 이야 기가 더 많을 수도 있다는 사실을 안다. 기술문화 속에 있는 "미 등록" 개들과 인간 사이에 맺어진 현대의 반려종 관계는 역사를 물려받는 것(역사 속에 거주한다는 말이 나올 듯도 하다), 그리 고 또한 새로운 가능성을 생산해내는 것과 관련해서는 어떤 사 실들을 알려줄 수 있을까? 이들은 버지니아 울프를 기리는 뜻 으로 말하자면, "자기만의 범주A Category of One's Own"가 필요한 개 들이다. 유명한 여성주의 소책자 《자기만의 방A Room of One's Own》 을 쓴 울프는 적절한 주소가 할당된 잔디밭 위를 불순한 존재들이 어슬렁대며 걸어 다닐 때 어떤 일이 벌어지게 되는지 잘 알고 있었다. 그녀는 또, 이와 같은 유표적marked *ⁿ*(그리고 영역표시marking하는) 존재들이 자격증과 수입을 얻게 되면 무슨 일이 벌어지는지도 알고 있었다.

나는 특히, 문제가 되는 모든 종과 관련하여 인종화된 성과 성차화된 인종을 흘려 내보내는 범주적 논란에 관심이 간다. 미국에만 한정해도 한 범주로 고정되지 않는 개들은 어떻게 불러야 할까? 똥개, 잡종, 아메리카 토종, 임의 교배종, 하인즈

ⁿ 정치학적 개념으로도 많이 쓰이지만, 본래는 사회관계 속에서 생겨나는 말의 의미 및 사용법들을 주로 다루는 사회언어학의 개념이다. 말의 범주에는 표준 혹은 정상으로 간주하기 때문에 일반명사로 사용되는 무표범주와 거기서 벗어났기 때문에 별도의 함축을 갖는 유표범주가 있다. 한 작가를 지칭할 때 남성의 경우 "작가"로, 여성의 경우 "여류 작가"로 언급하는 사례 혹은 고등학교의 경우 남학교 혹은 남녀공학은 "○○ 고등학교"라고 부르지만, 여학교는 "○○ 여자고등학교"라고 부르는 사례 모두 앞의 표현이 무표적이며 뒤의 표현은 유표적이라고 할 수 있다. 해러웨이는 〈사이보그 선언〉에서 스스로를 무표적 개념인 "인간"이 아니라 유표적 개념인 "여성"으로 부르겠다고 언급하는데, 이는 자신의 의사와 무관하게 "여성"으로 지칭되는 것보다 스스로 "여성"이라는 표식을 달겠다는 의도를 반영한다. 즉 "인간"은 사실상 무표범주가 아니라 실질적으로 남성을 지칭하는 유표범주라는 점을 지적함과 동시에 타자로 분류된 "여성"에게서 그런 사회적 위치가 감수해야 하는 부당함뿐만 아니라 정치적으로 긍정적인 가능성 역시 찾겠다는 의사를 표현한 것이다.

Heinz 57[m], 혼합 품종, 그것도 아니면 그냥 보통 개라고 부를까? 그리고 왜 아메리카에서 개의 범주는 영어로 되어 있어야 할까? "아메리카들"뿐만 아니라 미국 역시 매우 다언어적인 세계다. 무엇보다 나는 그레이트 피레니즈와 오스트레일리아 셰퍼드를 중심에 두고, 이 두 장모종 개의 이야기를 통해 현대 품종의 지역사와 세계사를 동시에 물려받는다는 난제를 제시해야만 했다. 나는 이 책에서는 기능적 종류 혹은 제도화된 품종이라는 범주 어디에도 들어맞지 않는 모든 개의 역사를 전부 파헤칠 수는 없다. 내가 여기서 제시할 수 있는 이야기는 하나뿐이다. 하지만 이 이야기는 말할 때마다 세속적인 복잡성의 그물로 한층 더 복잡하게 갈라진다. 나는 이제 사토Sato에 대한 이야기를 해보려 한다.

"사토"는 푸에르토리코에서 떠돌이 개를 일컫는 속어다. 나는 이 말을 두 군데에서 보고 배웠다. 한 곳은 웹사이트 www. saveasato.org였고, 다른 한 곳은 윤기가 좌르륵 흐르는 개 문화 잡지 《바크》 2002년 가을호에 실린 트위그 모와트Twig Mowatt의 감동적인 에세이였다. 이 둘 모두에서 나는, 예의 바른 표현을 쓰자면 "근대화"라고 부르는 것의 자연문화로 곤두박질치고 말

---

[m] 식품제조업체 하인즈는 57가지의 서로 다른 다양한 상품의 선택지가 있다는 마케팅 전략을 사용했다. 개의 품종과 관련해 이 말은 그만큼 다양한 품종이 뒤섞여 있다는 "초잡종견"을 뜻한다고 볼 수 있다.

았다. "사토"는 두 곳 모두에서 내가 배운 유일한 스페인어다. 이 말을 통해 나의 관심은 개 세계에서 수행되는 의미론적이고 물질적인 교류의 방향으로 이동했다. 나는 또 사토가 남쪽의 "개발 도상 세계"의 거친 거리로부터 계몽된 북쪽의 "영원한 가정"으로 이동하는 과정에서 어휘의 구성과 돈이 투입되는 방식이 자본화capitalized된다는 점을 발견했다.

내 머리와 가슴 모두가 이 이야기 속으로 호명된다는 사실을 깨닫게 되었다는 사실도 그 못지않게 중요하다. 어조와 구조에서 발견되는 인종적 색채, 성적 뉘앙스, 계급 감각, 식민주의에만 집중하면서 이야기가 통째로 부당하다고 단정해버릴 수만은 없는 것이다. 내 선언문에서 나와 함께하는 사람들과 나 자신은, 역사는 그 정당성을 부정할 것이 아니라 청교도적 비판의 얄팍한 속임수를 헤치고 어떻게 그 안에 거주할 수 있는지를 알아나가야 한다는 점을 거듭 배울 필요가 있다. 사토의 이야기에서 청교도적 비판에 넘어가게 만드는 유혹은 두 종류가 있는데, 언뜻 보기에는 서로 반대되는 것들이다. 첫 번째는 식민주의적 감수성에 몰입하는 것이다. 개들을 푸에르토리코의 거리에서 개를 죽이지 않는 미국 동물 보호소로 옮긴 뒤 적당한 가정으로 입양 보내는 과정을, 학대받는 개들을 인간애(견애?)적 구조 행위로만 바라보는 것이다. 두 번째는 역사 구조적 분석에 파묻혀서 정서적 유대와 물질적 복잡성 모두를 거부하고 무수한 다양성이 교차하는 삶을 개선할 수도 있는 활동에 참여하는 번거로

움을 회피하는 것이다.

　1996년 이래로 거리 생활을 하다가 교외의 가정으로 옮겨
간 푸에르토리코 개는 1만 마리 정도 된다. 1996년은 산후안 출
신으로 항공사에서 일하는 노동자 샹탈 로블스Chantal Robles가 아
칸소에서 출발해 푸에르토리코로 여행하던 캐런 페런바흐Karen
Fehrenbach와 팀을 이뤄 사토 구조재단Save-a-Sato Foundation을 만들었
던 해다. 활동을 시작하게 된 이유를 살펴보면 고통스럽다. 푸
에르토리코에서는 대개 병에 걸리고 굶주렸으며 가임력이 있
는 개 수백만 마리가 먹을 것과 쉴 곳을 찾아서 빈민가, 공사 현
장, 쓰레기장, 주유소, 패스트푸드점 주차장, 약재 시장 등 온갖
곳을 헤매고 있었다. 개들의 출신지는 시골일 수도 있고 도시일
수도 있으며 몸집의 크기는 다양하다. 제도화된 품종임이 확실
한 개도 있고, 아무 품종도 아닌 개들도 있다. 대부분은 나이가
어리다. 사실 야생의 개는 오래 살기 힘든 경향이 있다. 또, 유
기견이나 떠돌이 개가 낳은 강아지들 역시 무수히 많다. 푸에르
토리코에 있는 공식 동물 보호소는 양도되거나 주인이 직접 데
려온 개와 고양이 대부분을 죽인다. 보호소로 들어온 동물 일부
는 가끔 새 주인을 만나 보살핌을 받을 때도 있다. 하지만 대부
분의 개는 험난한 삶을 살아가며 민원이나 공공기관의 통제 대
상이 되기 쉽다. 시립 보호소의 조건은 동물권 호러물의 소재가
될 만한 수준이다.

　당연하지만, 푸에르토리코에서는 정말 많은 온갖 종류의

개들이 좋은 보살핌을 받는다. 부유한 사람만이 아니라 가난한 사람들도 동물을 소중하게 여긴다. 하지만 사람이 개를 버릴 상황이 되면, 예산이나 일하는 사람 모두 부족하기 때문에 위탁한 동물을 죽일 것이 확실한 "보호소"로 데려가기보다는 그냥 놓아줄 가능성이 훨씬 더 크다. 게다가 개와 고양이에게 중성화 시술을 받게 하는 동물복지 정책 윤리는 계급적·국가적·문화적 토대를 담지하기 때문에, 푸에르토리코에서는 널리 퍼져 있지 않다(유럽 및 미국의 상당수 지역도 마찬가지다). 푸에르토리코에서 강제 중성화 시술 및 번식 통제의 역사는 매우 파란만장하다. 그 역사적 기억을 인간이 아닌 종으로 제한할 때도 마찬가지다. 아주 최소한만 보아도, 책임감 있는 (하지만 누구의 관점에서?) 브리더가 보살피는 개를 제하면, 적절한 개는 중성화된 개뿐이라는 관념은 식민지와 그 본국에 있는 생명 권력과 기술문화적 장치의 세계 속으로 우리를 내동댕이친다. 푸에르토리코는 본국이자 식민지다.

　이와 같은 사실들은, 가임력 있는 야생 개들이 짝짓기하여 강아지를 키울 수 있는 수 이상으로 낳고 그중 엄청난 수가 끔찍한 질병으로 엄청난 고통을 받으며 죽어간다는 사실을 없는 것으로 만들지는 않는다. 단순한 서사의 문제가 아니다. 또, 미국과 마찬가지로 푸에르토리코에서도 어떤 사회 계급에든 있기 마련인, 상처받은 경험과 학대 성향이 있는 사람들이 고의로 또는 무관심 때문에 동물들에게 잔혹한 심리적·신체적 상처를 준다는 점이 문제를 한층 더 악화시킨다. 집이 없는 동물들은 집이 없는 사람들과 마찬가지로 자유무역(자유 총기 사용이라는 표현이 나을지도 모른다) 지대에서 만만한 사냥감이 된다.

로블스, 페런바흐 및 그 지지자들이 취한 행동은, 내게는 거북한 면도 있지만, 영감을 불러일으키기도 한다. 이들은 산후안에 사설 보호소를 세워 운영하고 있으며 이 보호소는 국제 입양 과정에서 임시 보호소 역할을 한다. (하지만 푸에르토리코는 미국의 일부가 아닌가?) 푸에르토리코에서는 이 개들에 대한 수요가 낮다. 자연적인 사실이 아니라 생명정치적인 사실이다. 인간의 국제 입양에 대해 생각해본 사람들은 잘 아는 내용이다. 사토 구조재단은 기금을 모으는 한편 자원 활동가들에게 개들(과 고양이들 약간)을 다치지 않게 포획하여 보호소로 데려오는 법을 훈련하며 동물들에게 치료와 중성화 수술을 무료로 해줄 푸에르토리코 수의사 조직을 만들고, 입양시킬 동물을 북미에 적합한 방식으로 사회화하고, 서류를 작성해주고, 대개 동북부 지역의 주들에 설립된 무−안락사 정책의 보호소 네트워크로 매주 30마리의 개들을 상업 항공편을 통해 보낸다. 9/11 이후로는 테러 대응 장치로 인해 구조 경로가 막히는 일이 없도록 송출되는 개들의 이동장을 산후안에서 비행기를 타고 나오는 관광객들의 협조를 얻어 개인 화물로 나르도록 하고 있다.

이 재단은 영어 홈페이지를 운영하면서 개를 입양할 가능성이 있는 사람들에게 정보를 제공해주고 홈페이지에 나온 표현을 빌리면 개들을 "영원한 가족"으로 데려갈 사람들을 지원 단체와 연결해주는 일을 한다. 이 홈페이지는 성공적인 입양 사례, 입양되기 전에 개가 겪은 비참한 상황, 입양 이전과 이후 사진들, 공동 활동 참여 및 기부금 납입 요청, 입양할 사토를 찾는 사람들을 위한 정보, 개 세계의 사이버문화를 엿볼 수 있는 유용한 링크들로 가득하다.

푸에르토리코에 있는 사람은 매달 최소 다섯 마리 이상의 개를 구조하면 사토 구조재단의 회원이 될 수 있다. 자원 활동 가들은 대개 개인 돈으로 비용을 부담하고 개들을 찾아 이동장 안으로 넣고 밥을 주고 달래준 다음 임시 보호처로 보낸다. 구조 대상 우선순위는 강아지와 어린 개들이지만, 꼭 그런 개들만 구조되는 것은 아니다. 회복이 힘들 만큼 아픈 개들은 안락사를 시키지만 심하게 다치거나 많이 아픈 개 중에서도 상당수는 건강을 회복한 뒤 자리를 잡는다. 자원 활동가가 되는 사람들은 매우 다양하다. 홈페이지에는 본인조차 노숙인에 가까워서 사회 보장을 통해 살아가는 한 나이 많은 여성의 이야기가 실려 있다. 이 여성은 노숙인들을 모집해서 수중에 있는 얼마 되지 않는 돈을 써서 한 마리당 5달러씩 주고 개들을 모으도록 했다. 이런 이야기의 장르를 알게 되어도 그 힘은 사라지지 않는다. 진실도 마찬가지다. 홈페이지에 실린 사진은 대부분 중산층 푸에르토리코 여성의 사진이다. 사토 구조재단의 이질적 성격은 개들에만 해당하는 사항은 아니다.

비행기는 일련의 주체 변형기술 중 하나의 도구다. 비행기의 뱃속에서 나오는 개들은 출생지에서와 다른 사회 계약으로 진입하는 주체가 되기 때문이다. 하지만 푸에르토리코에 있는 노숙하는 개들 전부가 비행기라는 알루미늄 자궁에서 다시 태어나 두 번째 삶을 얻게 되는 것은 아니다. 작은 개들은 인간 입양에서 소녀가 그렇듯 개 입양 시장에서 가장 선호된다. 타자의 공격에 대한 미국의 공포는 한계가 거의 없고, 종이나 성별의 한계는 확실히 모른다. 이 점을 확인하려면 공항을 떠나 매사추세츠 스털링에 있는 훌륭한 보호소로 가볼 필요가 있다. 이 보호소는 1999년 사토 구조 프로그램에 결합한 이래 2,000마리 이상의 개(와 100마리가량의 고양이)를 맡았다. 다시금 나는 개 세계에 있는 다채롭고 풍성한 사이버문화의 결실을 본다(www.sterlingshelter.org).

　　일반적으로 미국 북동부의 동물 보호소가 데리고 있는 5~16킬로그램 남짓한 개의 숫자는 수요를 맞추기에는 턱없이 부족하다. 미국의 개 세계에서는 중간 크기의 몸에 중성화 수술을 받았고, 구조견이기는 해도 몸가짐이 훌륭한 개를 데리고 있게 되면(또는 후견인이 되면) 높은 지위를 얻게 된다. 그 까닭의 일부는, 순종견의 세계에서 두드러지는 우생학적 담론을 받아들이지 않았다는 자부심에서 비롯된다. 하지만 길에서 살거나 버려진 개들을 똥개이건 아니건 입양한다고 해서 계급과 문화에 뿌리박은 이데올로기적 "개선", 가족의 생명정치, 교육학적 유행이라는 늪에서 탈출할 수는 없다. 확실히 우생학을 비롯해 "현대" 삶을 개선한다는 담론들은 너무나 많은 조상(과 살아 있는 형제자매들)을 공유하고 있기에, 그 근친 교배의 상관 계수가 아버지-딸의 상관 계수를 넘어설 만한 수준이다.

보호소의 개를 입양하려면 해야 할 일도 많고 돈도 상당히 들뿐더러(다만 개를 입양 준비시키는 것보다는 덜 드는 편이다), 이런저런 푸코주의자 및 평범한 자유주의자들의 알레르기를 일으키기에 충분한 통치 장치에 기꺼이 순응하겠다는 마음을 먹어야 한다. 나는 개를 포함한 주체의 계급을 보호하기 위한 그 장치—그리고 다양한 유형의 제도화된 권력—를 지지한다. 나는 또, 구조된 동물이나 보호소 동물 입양을 열렬하게 지지한다. 그래서 이 모든 일이 벌어지는 원인을 인식하게 되는 탓에 앓게 되는 소화불량은, 아예 거부해서 없애기보다는 그저 견뎌야 할 것일 따름이다.

좋은 보호소들은 사토 개 입양 신청을 많이 받는다. 사토를 입양하면 애완동물 가게에서 개를 구매하는 방식으로 강아지 공장 산업을 지원하지 않아도 된다. 미국 각지에서 스털링 보호소로 온 강아지의 99퍼센트가 중형견에서 대형견이며 모두가 입양된다. 많은 대형견종 강아지들과 사춘기 개들은 홈바운드 하운즈 프로그램Homebound Hounds Program을 거쳐 스털링 보호소로 들어온다. 홈바운드 하운즈 프로그램은 아주 간단히 말하면 세계에서 개와 고양이 중성화 윤리가 정착되지 않은 지역의 하나인 미국 남부 지방 보호소들의 협조를 얻어 유기견을 북동부로 수입하는 프로그램이다. 하지만 보호소에서 몸집이 더 작은 개들을 찾을 가능성은 국내 시장에서는 거의 없다. 이 사람들의 가족 확장 전략은 지역적·지구적으로 다른 층위가 필요하다. 하지만 아동 국제 입양의 경우처럼, 수입된 개들을 만나기란 쉬운 일이 아니다. 세세한 인터뷰와 서류, 가정 방문, 친구 및 수의사의 추천서, 개를 적절하게 교육하겠다는 약속, 지역 훈련사와의 상담, 집 소유 증명서 또는 애완동물을 키워도 좋다는 집주인의 허가서, 긴 대기자 명단이 이들을 기다리는 것이 일반적이다. 목표는 개에게 영원한 집을 마련해주는 것이다.

이런 수단들은 상상할 수 있는 모든 형태의 "가족"의 역사로 뻗어 있거나 그로부터 유래하는 말 그대로의 친족 생산 장치를 뜻한다. 반려종 및 친족 생산 장치의 효과는 약간의 서사 분석으로 입증할 수 있다. 입양 성공담에서는 형제자매나 다른 다종적 친족을 엄마, 아빠, 자매, 형제, 이모, 삼촌, 사촌, 대부와 같은 말로 지칭한다. 순종 입양담 역시 마찬가지 특성을 보인다. 개를 데려갈 자격을 얻기 전의 입양/소유 과정은 이와 같은 다큐멘터리 및 사회적 장치들을 다수 포함하고 있다. 사실 이 이야기들을 읽을 때 대체 어떤 종에 대해 말하는 중인지 알아내기란 불가능하(며 일반적으로는 그럴 필요도 없)다. 애완용 새는 새로 온 개의 누나이며, 인간 아기는 남동생이고, 나이 많은 고양이는 이모다. 이 모두는 집에 있는 인간 어른을 엄마나 아빠로 만드는 연결 장치다. 이런 관계는 이성애가 아니라 이종성het-erospecificity 덕분에 가능해진 것이다.

　나는 개들의 "엄마"라고 일컬어지는 것을 거절한다. 다 자란 개들을 어린아이로 취급하는 것이 두렵기 때문이고, 내가 원한 것은 개였지 아기가 아니었다는 중요한 사실을 오해하게 만들기 싫어서다. 나의 다종적 가족은 대리모나 대체물과는 관련이 없다. 우리는 다른 수사, 다른 메타플라즘을 살아가려고 애쓰는 중이다. 젠더의 스펙트럼에서 필요했던 (그리고 여전히 필요한) 것과 정확히 마찬가지로, 반려종의 친족 장르에서 다른 명사와 대명사가 필요하다. 파티 초대장이나 철학 담론을 제외하면 **소중한 타자**라는 말은 인간의 성적 파트너를 일컫는 말은 아닐 것이다. 그리고 이 용어는 꿰맞춰 만든 개 세계 속 친족 관계의 일상적 의미를 더 잘 담아내지도 못한다.

　하지만 어쩌면 나는 말 자체에 너무 신경을 쓰고 있는지도 모른다. 나는 미국의 개 세계에서 관습적으로 사용되는 친족 용어가 나이, 종, 생물학적 생식 지위(개가 대부분 불임이어야 한다는 점을 제하면)를 정말로 많이 반영하는지 분명치 않다는 점을 인정해야 할 것 같다. 하지만 유전자가 핵심은 아니다. 위안이 되는 측면이다. 핵심은 반려종의 구성이다. 좋을 때나 나쁠 때나, 죽음이 우리를 갈라놓을 때까지 가족이다. 이 가족은 우리가 물려받은 역사라는 괴물의 뱃속에서 자라났고, 그 안에서 살아야 모습을 바꿀 수 있다. 나는 내가 임신을 하게 되면, 내 자

궁 속에 있는 생명이 다른 종의 생명체였으면 하고 늘 생각해왔
다. 어쩌면 그런 것이 일반적인 조건일지도 모른다. 국제 입양
이 진행되는 흐름의 내외부에서, 소중한 타자성의 관계 속에서,
똥개들만 자신만의 범주를 찾고 있는 것이 아니다.

　나는 반려종의 진화적·개인적·역사적 시간의 척도를 넘나
드는 무한하게 복합적이고 다중적인 유산을 물려받는 것이 어
떤 의미인지, 개 세계에서 더 많은 성찰이 이루어지기를 바란
다. 모든 공식 품종과 모든 개는 분명 산노동living labor, 계급 형
성, 갈고 다듬은 젠더 및 성의 개념들, 인종적 범주, 그리고 다른
지역과 지구적 층위들의 무수한 역사와 개의 반려인들을 연계
시킬 수 있는 실천과 이야기 속에 융합되어 있다. 지구상에 있
는 개 대부분은 제도화된 품종에 속하지 않는다. 동네 개나 시
골 개, 도심에서 살아가는 야생 개들은 단지 나 같은 사람뿐 아
니라, 몸소 함께 살아가고 있는 사람들을 위해 자체적으로 의미
화하는 타자성own signifying otherness을 지니고 있다. 전성기를 지난
경제와 생태 속에서 등장한 사역견들의 유형만큼, "개발국"에
서 살아가는 똥개나 "임의 교배" 개들도 마찬가지다. 푸에르토
리코에서 "사토"라고 부르는 떠돌이 개들은 멋진 복잡성과 결
과로 구성된 역사에서 등장하여 매사추세츠에 있는 "영원한 가
족"의 구성원이 된다. 현재의 자연문화에서 품종 개념에는 심각
한 오류가 있을 수도 있지만, 유용한 개 종류를 보존할 때는 필
수적인 수단이 될 수 있다. 현대 미국의 목축업자들은 공원이나

아메리카 인디언에게서 얼마나 멀리 떨어져 있든, 법적인 문제가 불거질 때 얼마나 능숙하게 대처하든, 늑대보다는 샌프란시스코나 덴버에서 온 부동산 개발업자들을 훨씬 더 무서워해야 할 형편에 놓여 있다.

나는 나 자신의 개인적-역사적 자연문화를 통해 백인 중산층적 삶을 살아가는 피레니즈와 오시 세계의 사람들은, 바로 이 개들의 일로 유지되던 목축 경제가 파괴한 초원 생태와 삶의 방식을 다시 상상하는 데 참여할 의무가, 아직 명쾌하게 규정되지는 않았어도 확실히 있다는 점을 나의 몸으로 느낀다. 나 같은 사람들은 함께 사는 개들을 통해 토착민의 주권, 목축 경제 및 생태적 생존, 육류 산업 복합체의 급진적 개혁, 인종 정의, 전쟁과 이주의 귀결, 기술문화의 제도와 맞닿게 된다. 헬렌 베란의 표현을 빌리면 "함께 잘 지내는 것"이 필요하다. "순종"인 카옌과 "잡종"인 롤런드, 그리고 내가 우리 서로를 만질 때, 우리는 우리를 있게 해준 개들 및 사람들과 연결된 관계를 우리의 육신 속에 체현한다. 나와 땅을 함께 쓰는 이웃인 수전 코딜의 감각적인 그레이트 피레니즈인 윌렘을 쓰다듬을 때, 나는 애견 전시회 및 다국적 목축 경제뿐 아니라 새로운 상황에 부닥친 캐나다 회색 늑대, 경제적 가치가 높아진 슬로바키아 곰, 국제 복원 생태학을 만지게 된다. 우리에게는 전체로서의 개 못지않게 역사적 유산 전체가 필요하다. 이 모두가 결국 반려종 전체를 가능하게 만드는 것이기 때문이다. 색다른 일도 아니겠지만, 이와

2000년 어느 봄날의 윌렘과 카옌. 사진은 저자가 찍은 것이다.

같은 총체들은 부분적 연결로 구성된 비유클리드적 매듭이다. 그러한 유산에 대해 아무런 잘못이 없다는 태도를 보이기보다는 그 안에 거주함으로써, 우리는 놀이가 선사하는 창조적 은총을 희망해볼 수 있다.

2000년 6월, "스포츠 기자 딸의 기록"에서

미즈 카옌 페퍼가 드디어 자신이 무슨 종인지 정체를 드러냈다. 카옌은 발정기에 있는 여자 클링온Klingon[77]이다. 이 글을 읽는

---

[77] 미국에서 제작된 SF 시리즈 〈스타트렉〉에 등장하는 외계 종족의 이름.

사람은 나처럼 텔레비전을 많이 보는 사람 혹은 스타트렉의 팬은 아닐 수도 있다. 하지만 연방 행성에 사는 사람들은 클링온 여성은 성적으로 활발하고 취향이 극단적이라는 소식을 다 알고 있을 것이 분명하다. 지구에 있는 피레니즈, 아직 동정이며 20개월 된 윌렘은, 둘 다 강아지였던 생후 4개월 무렵부터 카옌과 놀이 짝꿍으로 지냈다. 카옌은 6.5개월이 되었을 때 난소 절제술을 받았다. 카옌은 윌렘의 부드럽고 유혹적인 등을 기분 좋게 덮치면서 머리부터 꼬리까지 코를 들이밀어 비벼댄다. 윌렘은 바닥에 엎드린 채 카옌의 다리를 물려고 하거나 도망가는 카옌의 생식기를 핥으려고 한다. 하지만 힐스버그에서 현충일 주말을 보내는 동안, 온건하게 표현하면, 상황이 조금 과열되었다. 윌렘은 상냥하며 성적 경험이 없지만, 성적으로 왕성한 사춘기 수컷의 영혼을 지녔다. 카옌의 몸 안에는 발정 호르몬이 없다. (그렇지만 부신피질이 뿜어내는 안드로젠이라는 물질이 분명 공기 속을 떠돌고 있는 데다가 이 호르몬은 암수 모두에서 포유류적인 성욕을 자극한다는 점을 잊지 말아야 한다.) 하지만 카옌은 윌렘에게 욕정을 느끼는 작은 암캐이며, 윌렘은 카옌에게 관심이 있다. 카옌은 '신체가 온전'할 수도 있고 아닐 수도 있는 다른 개들에게는 절대 이런 모습을 보이지 않는다. 이들이 즐기는 성적 유희는 생식으로 연결되는 이성애적 짝짓기 행동과는 무관하다. 윌렘은 올라타려 애쓰지도 않고, 자신을 유혹하는 암컷 궁둥이 쪽으로 가지도 않으며, 생식기의 냄새를 맡지도 않고, 끙끙대거나 안절부절못하는 것도 아니다. 생식과 관련된 일은 벌어지지 않는다. 아니다, 여기서 우리는 순수한 다형적 도착성을 발견한다. 이는 1960년대에 노먼 브라운을 읽으며 자란 우리 모두의 마음에는 너무나 반가운 것이다.

50킬로그램이 나가는 윌렘은 눈을 반짝반짝 빛내며 엎드려 있다. 16킬로그램이 나가는 카옌은 자신의 생식기 부위를 윌렘의 머리에 맞대고 코는 윌렘의 꼬리에 갖다 댄 채, 엉덩이를 힘차게 밀어붙이고 급격하게 흔들면서 긍정적인 열정을 보인다. 윌렘은 카옌의 생식기에 혀를 갖다 대려 애를 쓰다가, 별수 없이 카옌의 엉덩이를 밀어낸다. 사실 약간 로데오 같다. 카옌은 야생마에 가능한 한 오래 올라타 있으려는 듯 보이는 것이다. 둘의 게임 목표는 서로 약간 다르지만, 둘 다 이 활동에 몰두하고 있다. 내게는 에로스처럼 보인다. 아가페는 분명 아니다. 이 둘은 만사를 제쳐두고 이런 짓을 3분 동안 계속한다. 그리고는 2차전에 들어간다. 라운드가 계속된다. 수전과 내가 아무리 깔깔대고 웃어도, 둘은 한눈팔 여력이 없는 것 같다. 이를 드러낸 채로 이 짓을 하는 순간, 카옌은 꼭 암컷 클링온처럼 보인다. 사실, 벨라나 토레스는 핏줄의 절반만 클링온인데도 불구하고 스타트렉 함선에서 연인인 항해사 톰 패리스를 의무실로 얼마나 자주 데려갔던가? 카옌은 그냥 놀고 있을 뿐이지만, 이게 대체 무슨 게임이란 말인가. 혼신을 다해 집중하고 있는 윌렘은 클링온은 아니지만, 내 세대의 페미니스트라면 윌렘이 카옌에게 사려 깊은 연인이 되어주고 있다고 할 것이다.

카옌과 윌렘이 발산하는 젊음과 생기는, 정숙을 유도한다는 생식샘 절제술은 물론, 이성애가 재생산을 위한 것이라는 헤게모니를 우스운 것으로 만든다. 나는 이제 우리 서구 인간들이 우리의 사회적 질서와 욕망을 어떻게 양심의 가책도 없이 동물들에게 투사해왔는지 규명하는 유명한 책들의 저자들 모두는, 난소를 절제한 오시 정력가와 크고 축축하며 부드러운 혀를 지닌 다재다능한 가축 파수견이, 노먼 브라운이 쓴《사랑의 신체》를 확증하는 사례가 된다는 사실보다 더 많은 것을 깨달아야 한다고 생각한다. 하지만 또 무슨 일이 벌어지고 있는 것일까? 힌트를 주자면, 막대기를 던지고 물어오는 놀이는 아니다.

이것은 존재론적 안무다. 참여자들이 자신들이 물려받은 몸과 마음의 역사를 통해 발명해내고, 그들을 그들로 만들어주는 육체적인 동사로 다시 만들어낸, 필수적인 놀이다. 이 게임을 발명한 것은 그들이다. 그리고 이 게임은 그들을 새로 만든다. 다시 한번, 메타플라즘. 우리는 이 중요한 말이 지닌 생물학적 맛을 언제나 다시 음미한다. 이 말은 필멸의 자연문화 속에 육신으로 만들어져 있다.

참고문헌

Ackerley, J. R., *My Dog Tulip* (Great Britain: Secker and Warburg, 1956).

Althusser, Louis, *Lenin and Philosophy, and Other Essays*, Trans. Ben Brewster(New York: Monthly Review Press, 1970).

Clark, Mary T., *An Aquinas Reader: Selections from the Writings of Thomas Aquinas* (New York: Fordham University Press, ed. 2000).

Australian Shepherd Club of America, *Yearbook 1957–77*(Los Angeles: Australian Shepherd Club of America, 1978).

————. *Yearbook 1978–82*(Los Angeles: Australian Shepherd Club of America, 1985).

Black, Hal, "Navajo Sheep and Goat Guarding Dogs: A New World Solution to the Coyote Problem", *Rangelands* 3(6)(1981): 235~38.

Brown, Norman O., *Love's Body* (New York: Vintage, 1966).

Budiansky, Stephen, *The Covenant of the Wild: Why Animals Chose Domestication* (New York: William Morrow, 1992).

Butler, Judith, *Gender Trouble: Feminism and the Subversion of Identity and Bodies* (New York: Routledge, 1990).

Coetzee, J. M., *The Lives of Animals* (Princeton, N.J.: Princeton University Press, 2001).

Coppinger, Raymond, and Lorna Coppinger, *Dogs: A Startling New Understanding of Canine Origin, Behavior, and Evolution* (New York: Scribner, 2001).

Cuomo, Chris, *Feminism and Ecological Communities* (New York: Routledge,

1998).

Darwin, Charles, Paul Ekman, and Phillip Prodger, *The Expression of the Emotions in Man and Animals*, 3rd ed(London: Harper Collins, 1998, Originally published in 1872).

de Bylandt, Conte Henri, *Les races de chiens, leurs origines, points, descriptions, types, qualités, aptitudes et défauts*(Bruxelles: Vanbuggenhoudt frères, 1897, Reprinted 2013).

de la Cruz, Catherine, Interview with author(Santa Rosa, Calif., November 2002).

————. N.d., "GPRNC Profiles: Catherine de la Cruz", www.sonic.net/~cdl-cruz/Rescue/RD/BoardProfiles/catherine.htm(Accessed August 2015).

Fender, Brenda, "History of Agility", *Clean Run Magazine* July(2004): 32~36; August(2004): 28~33; September(2004): 26~29, www.cleanrun.com/index.cfm/category/702/history-of-agility.htm(Accessed August 2015).

Foucault, Michel, *Birth of the Clinic*, Trans. Alan Sheridan(London: Routledge, 1973).

Freedman, Adam, et al., "Genome Sequencing Highlights the Dynamic Early History of Dogs", *PLoS Genetics* 10(8)(2014): e1004631.

Garrett, Susan, *Ruff Love*(South Hadley, Mass.: Clean Run Productions, 2002).

Gilbert, Scott F., and David Epel, *Ecological Developmental Biology*, 2nd ed.(Sunderland, Mass.: Sinauer, 2015).

Gillespie, Dair, Ann Leffler, and Elinor Lerner, "If It Weren't for My Hobby, I'd Have a Life: Dog Sports, Serious Leisure, and Boundary Negotiations", Paper presented at the American Sociological Association section on Animals and Society(Anaheim, Calif., 2001).

Goldsworthy, Andy, and David Craig, *Arch* (New York: Abrams, 1999).

Great Pyrenees Library, www.greatpyreneeslibrary.com(Accessed August 2015).

Green, Jeffrey, and Robert Woodruff, "Livestock Guarding Dogs: Protecting Sheep from Predators", U.S. Department of Agriculture, Agriculture Information Bulletin, no. 588(1999).

Haraway, Donna, "Manifesto for Cyborgs: Science, Technology, and Socialist Feminism in the 1980s", *Socialist Review* 80(1985): 65~108.

―――, *When Species Meet* (Minneapolis: University of Minnesota Press, 2008).

Hearne, Vicki, *Adam's Task* (New York: Random House, 1982).

―――, *Animal Happiness* (New York: Harper Collins, 1994).

―――, "Horses, Hounds and Jeffersonian Happiness: What's Wrong with Animal Rights?", *Harper's* September(1991): 59~64, http://harpers.org/archive/1991/09/whats-wrong-with-animal-rights(Accessed August 2015, Available online with a new prologue at www.dogtrainingarts.com).

King, Katie, "Feminism and Writing Technologies", *Configurations* 2 (1)(1994): 89~106.

Koehler, William R., *The Koehler Method of Dog Training* (New York: Howell Book House, 1996).

Latour, Bruno, *We Have Never Been Modern* (Cambridge, Mass.: Harvard University Press, 1993).

―――, "Why Has Critique Run Out of Steam? From Matters of Fact to Matters of Concern", *Critical Inquiry* 30 (2)(2004): 225~48.

Margulis, Lynn, "Symbiogenesis and Symbionticism", *Symbiosis as a Source of Evolutionary Innovation: Speciation and Morphogenesis*, ed. L. Margulis and R.

Fester, 1~14(Boston: MIT Press, 1991).

————, and Dorian Sagan, *Acquiring Genomes: A Theory of the Origin of Species* (New York: Basic Books, 2002).

McCaig, Donald, *Nop's Trials* (New York: Lyons Press, 1984).

————, *Nop's Hope* (New York: Lyons Press, 1994).

McFall-Ngai, Margaret, "Divining the Essence of Symbiosis: Insights from the Squid-Vibrio Model", *PLoS Biology* 12(2)(2014): e1001783.

Morey, Darcy, *Dogs: Domestication and the Development of a Social Bond* (Cambridge, U.K.: Cambridge University Press, 2010).

Mowatt, Twig, "Second Chance Satos." *Bark* 20(Fall, 2002).

Noske, Barbara, *Humans and Other Animals: Beyond the Boundary of Anthropology* (London: Pluto Press, 1989).

Podberscek, Anthony L., Elizabeth S. Paul, and James A. Serpell, *Companion Animals and Us* (Cambridge, U.K.: Cambridge University Press, eds. 2000).

Princehouse, Patricia, "History of the Pyrenean Shepherd", http://pyrshep1. homestead.com/pshistory.html(Accessed August 2015, N.d.).

Robbins, Jim, "More Wolves and New Questions, in Rockies", *New York Times*, December 17(2002), D3, www.nytimes.com/2002/12/17/science/more-wolves-and-new-questions-in-rockies.html(Accessed August 2015).

Rorem, Linda, "A View of Australian Shepherd History", Stockdog Library, Originally published in *Dog World* (1987, Revised 2007, 2010), www.workingaussiesource.com/stockdoglibrary/rorem_history_article.htm(Accessed August 2015).

Russell, Edmund, "Introduction: The Garden in the Machine. Toward an

Evolutionary History of Technology", *Industrializing Organisms: Introducing Evolutionary History*, ed. Susan Schrepfer and Philip Scranton, 1~18(London: Routledge, 2004).

Save-a-Sato Foundation, www.saveasato.org(Accessed August 2015).

Schwartz, Marion, *A History of Dogs in the Early Americas*(New Haven: Yale University Press, 1997).

Scott, John Paul, and John L. Fuller, *Genetics and the Social Behavior of the Dog*(Chicago: University of Chicago Press, 1965).

Serpell, James, *In the Company of Animals: A Study of Human-Animal Relationships*(Cambridge, U.K.: Cambridge University Press, 1986).

————, *The Domestic Dog: Its Evolution, Behaviour, and Interactions with People*(Cambridge, U.K.: Cambridge University Press, ed. 1995).

Sharp, C. A., *Double Helix Network News*, Privately produced four times/year(Fresno, Calif, 1993~2014).

————, Australian Shepherd Health and Genetics Institute, www.ashgi.org/home-page/about-ashgi/board-of-directors/ca-sharp(Accessed August 2015).

Smuts, Barbara, "Encounters with Animal Minds", *Journal of Consciousness Studies* 8(5–7)(2000): 293~309.

————, "Between Species: Science and Subjectivity", *Configurations* 14(1–2)(2008): 115~26.

Strathern, Marilyn, *Partial Connections*(Lanham, Md.: Rowman and Littlefield, 1991).

Tadiar, Neferti, *Things Fall Away: Philippine Historical Experience and the Making of Globalization*(Durham, N.C.: Duke University Press, 2009).

Thompson, Charis, *Making Parents: The Ontological Choreography of Reproductive Technologies* (Cambridge, Mass.: MIT Press, 2005).

Tinbergen, Niko, *The Herring Gull's World* (London: Collins, 1953).

Tsing, Anna, "Unruly Edges: Mushrooms as Companion Species", *Environmental Humanities* 1(2012): 141~54.

Verran, Helen, *Science and an African Logic* (Chicago: University of Chicago Press, 2001).

————, "Working with Those Who Think Otherwise", *Common Knowledge* 20(3)(2014): 527~39.

Vilá, Carles, J. E. Maldonado, and R. K. Wayne, "Phylogenetic Relationships, Evolution, and Genetic Diversity of the Domestic Dog", *American Genetics Association* 90(1999): 71~77.

Weisser, Linda, Interview with author(Olympia, Wash., December 29~30, 2000).

"Weisser, Linda, 1940–2011", *Great Pyrenees Club of America Bulletin* (2nd quarter): 12~13, http://gpcaonline.org/PDF/GPCA%20Q2%202011%20Bulletin.pdf (Accessed August 2015).

Whitehead, Alfred North, *Process and Reality* (New York: Macmillan, 1929).

Wilson, Cindy C., and Dennis Turner, *Companion Animals in Human Health* (Thousand Oaks, Calif.: Sage, eds. 1998).

Woolf, Virginia, *A Room of One's Own* (Oxford, U.K.: Oxford University Press, 1929).

반려자들의 대화

—

Companions in Conversation

캐리 울프 Cary Wolfe
라이스 대학의 영문과 교수Bruce and Elizabeth Dunlevie Professor로, 같은 과의
비판 및 문화이론 센터3CT, Center for Critical and Cultural Theory의 창립자이자
소장이다. 저서로《동물존재론Zoontologies》《포스트휴머니즘이란 무엇인
가?What Is Posthumanism?》등이 있다.

이번 장의 대담은 2014년 5월 11일부터 13일까지 사흘간 캘리포니아 산타크루스에 있는 도나 해러웨이와 러스틴 호그니스Rusten Hogness의 집에서 이루어졌다. 대담자 두 사람은 한 주 전에 대화에서 언급되는 학회에 참석했다. 울프가 참여했던 패널은 스탠퍼드 대학 소설연구센터가 주최한 "과학과 문학"이었다. 해러웨이가 참가한 패널의 제목은 "망가진 행성에서 살아가는 기술"로서, 캘리포니아 대학 산타크루스 캠퍼스 인류학과 소속 애나 칭과 동료들 및 덴마크의 오후러스 대학교Aarhus University의 인류세 연구 모임AURA이 공동으로 주재하여 인류세Anthropocene 관련 주제를 다루었다.

사이보그의 탄생

CARY WOLFE : 두 선언문이 나온 당시의 배경에 관해 이야기를 나누고 싶습니다. 지적·제도적·정치적인 것 중 어떤 것도 괜찮습니다. 그리고 그 배경이 두 글의 구성과 작성 동기에 어떤 영향을 주었는지, 그때는 그 글이 어떻게 수용되었는지도 듣고 싶습니다. 1983년은 물론이고 〈반려종 선언〉 이후로 분명 많은 변화가 있었으니까요. 이런 이야기를 하다 보면 두 선언문이 현재 사람들이 진행하는 작업에 어떤 영향을 주었는지, 그러니까 글이 미친 효과는 어떠했는지 가늠해볼 수 있을 것 같습니다. 여기서 이야기를 시작하도록 하죠.

DONNA HARAWAY : 〈사이보그 선언〉부터 얘기해볼까요. 레이건 정부 초기에 (그때가 80년대 초반이었죠)《사회주의 리뷰 *Socialist Review*》의 웨스트 코스트 콜렉티브 West Coast Collective 가 저를 포함해 여러 맥락에서 사회주의 페미니스트나 마르크스주의 페미니스트로 간주되는 사람들—상당히 광범위한 뜻을 함축하던 정치 구성체입니다—에게 원고를 청탁했어요. 나중에 레이건-대처 시대로 기억하게 된 당시의 역사적 순간에, 무엇이 가능하고 어느 방향으로 어떻게 나아가야 할지 글을 몇 페이지 써달라고 했습니다. 당시에는 60년대가 정말로 끝났다는 사실을 모를 수가 없었고, 더 큰 역사적 맥락에서 볼 때 정치와 상상력에 대해 품고 있던 거대한 희망을 잃지 않으려면 운동 내부에서 발생한 심각한 문제들을 정말로 손봐야 할 시점이라는 사실을 인정해야 했습니다. 우리는 대체 무슨 생각을 하는 걸까? 〈사이보그 선언〉은 이런 제안을 받고 쓰기 시작했습니다. 저는 (당시의) 유고슬라비아에서 동유럽과 유럽, 미국 정당의 신좌파와 포스트신좌파 회의에서《사회주의 리뷰》를 대표하는 논문 청탁을 받기도 했습니다. 그 회의에서 저는 학회 참석자나 학회 운영 업무를 하던 친구들뿐 아니라 정말 재미있는 마르크스주의 페미니스트들도 만났습니다. 마음이 바로 통했습니다. 복사를 하는 건 누구고 발표를 하는 건 누군가 같은 문제들, 그러니까 절대 사라지지 않는, 고전적인 페미니즘 문제들에 대해 수다를 떨면서 사귀었지요.

〈사이보그 선언〉이 등장한 직접적인 맥락에는 이런 일들이 있었지만, 다른 한편으로는 스푸트니크호에 두뇌 교육을 받으면서 자라난 2차 대전의 자손으로서 획득한 감각이 글의 구상에 영향을 주었습니다. 그러니까 미국과 소련 간에 우주 경쟁이 진행되면서 국방교육법National Defense Education Act이 생겨났고, 사회과학은 물론, 생물학을 비롯한 과학 전반에 걸쳐 교과과정이 재편되었죠. (제 친구인 수전 하딩Susan Harding이 MACOSMan a Course of Study에 대해 글을 쓰고 있습니다. 앞서와 같은 사회적 국면에서 개편된 중등 교과과정인데 아주 흥미롭지요.)

80년대 초에 저는 하와이 대학교와 존스 홉킨스 대학교에 재직한 뒤 산타크루스로 막 옮긴 상황이었습니다. 그러니까 홉킨스의 응용물리학 실험실과 하와이의 태평양 사령부에서 군산업 복합체가 엘리트적인 연구 조직과 현실의 공간에 체현되는 모습을 볼 수 있었던 거죠. (존스 홉킨스에서 교편을 잡으면서 위생보건학이라는 학문 제도가 탄생하는 역사를 알게 되는 경험이 어떤 것이었는지에 대해서도 할 말이 더 있습니다만.) 제 인격의 일부는 이와 같은, 자본주의·군사주의·제국주의 그리고 그 밖의 것들이 이루는 복합적 구성체가 체현된 제도적이고 정치적인 조직의 영향 속에서 형성되었습니다. 낸시 하트삭Nancy Hartsock과 함께 경험한 것인데요, 마르크스주의 페미니즘 모임이 활발했던 볼티모어는 대안학교와 비슷한 장소였습니다. 당시 제 연인이었고 나중에 남편이 된 러스틴 호그니스가 강의를 한 곳이자, 제가 마지 피어시Marge Piercy의 아나코-페미니즘anarcha-feminism을 읽고 받아들이게 된 곳이거든요. 저에게는 아주 중요한 시기였죠. 저는 과학사를 가르치며 연구를 해나갔습니다. 저에게 매우 중요한 사건이었다고 기억합니다.

그 전에 하와이 시절이 있었죠. 저는 생물학이 문화이자 실천, 문화이자 정치, 물질적인 자연문화—아시다시피 나중에 고안해낸 표현들이지만, 기본적으로는 같은 접근법에 이미 깊이 개입한 상태였습니다—가 되는 방식에 사로잡혀 있던 예일대 생물학과 대학원생으로 하와이에 도착했습니다. 그리고 저는 호놀룰루에서 게이 남성인 제이 밀러Jaye Miller와 결혼했습니다. 제이와는 평생에 걸쳐 소중한 친구로 지냈습니다. 하지만 결혼은 정말 어이없는 결정이었어요. 저희는 대체 무슨 짓을 하고 있었던 걸까요? 저는 저희의 관계가 티 없이 순진무구한 종류의 근친상간이고 관계 역시 오누이나 다름없다고 판단했습니다. 대체 무슨 짓을 하고 있었는지 모르겠어요. (웃음) 아시다시피 예일에서 살다가 호놀룰루로 이사를 하였는데요, 와보니 꼭 뉴헤이븐 공원에 사는 기분이 들었어요. 정말로 뉴헤이븐 공원 같았어요. 프로테스탄트 문화, 조합주의 교회Congregationalists, 선교사, 사탕수수 재배 농가, 미국 개신교 헤게모니의 상업적·종교적·정치적 장치를 상속한 장소였죠. 플랜테이션, 식민주의,

인종주의적 구성체, 베트남전 한가운데 있는 태평양 전략사령부, 성·친족·젠더 관계의 실험, 하와이 독립주권 운동의 부활 같은 활력 넘치는 사회운동 등 그 모든 것임과 동시에 대지에 물질적으로 구축된 것 전체를 아우르는 무언가였습니다.

〈사이보그 선언〉은 이 세상에 사는 나 자신이, 이처럼 크고 작고 거대한 사안들로 이루어져 있다는 사실을 어느 순간 깨닫게 되면서 쓴 글입니다. 바꿔 말해, 나라는 사람은, 2차 대전 이후의 미국 헤게모니와 마찬가지로 이해하기에는 너무 거대하지만, 그 속에서 구축된 우정·정치·연애사처럼 피부에 와닿는 경험으로 실감하는 것들로 이루어져 있다는 뜻입니다. 이 체험은 특히 권력이 정보로 포화상태에 달한 문화, 정보과학으로 포화상태에 이르게 된 문화와 정치, 명령-통제-통신-첩보C^3I 속에서의 경험입니다. C^3I는 베트남전의 맥나마라 작전의 핵심이었습니다. 하와이 토착민 주권 운동, 페미니즘 및 생식과 성의 자유를 위한 투쟁, 하와이로부터 유래한 플랜테이션 농업, 하와이 토박이이거나 아닌 사람들 모두가 힘을 모았던 토지에 대한 권리 쟁취 운동과 노동 운동이 이루어지던 때와 정확히 동일한 시기에 사이버네틱스에 기반을 둔 전쟁이 하와이라는 장소에서 특정한 방식으로 합리화되었습니다.

그리고 저는 늘 생물학, 생명체, 앎의 방식을 깊이 사랑해왔습니다. 이와 같은 지식은 우리가 우리 자신을 포함해 세상을 알아가는 방식이 특정한 앎의 장치라는 역사적 상황 속에 있으며situated 우리는 우리 자신을 일종의 시스템, 정보 시스템, 노동 분업으로 나눈 시스템으로 파악하게 된다는 점을 훨씬 더 날카롭게 인식하도록 만들었습니다. 우리는 우리 자신을 열기관으로, 전화통화로 이해하지요. 절대 은유에 불과한 내용이 아닙니다. 우리는 정말로 이와 같은 지식 실천을 통해 역사적으로 주조됩니다. 그러니까 〈사이보그 선언〉은 이와 같은 세계 속에 존재한다는 것, 그리고 이 세계 속에서 책임 있게 살아간다는 것을 이해하는 방식들, 그러니까 상호 수렴하면서 내폭하는 이해 방식들과 타협하려는 생각으로 썼습니다. 저는 페미니스트, 마르크스주의자, 생물학자, 교사, 친구로서, 아니면 다른 누군가로서 원고를 썼을 수도 있었겠지만, 아무튼 특정한 역사적 순간에 그 글을 썼죠.

CW : 제가 〈선언〉에 반한 이유 중 하나는—과장해서 하는 말이 아닌데요—제가 학자로 살아오면서 이렇게 다양한 분야가 망라된 논문을 본 적이 없다는 점입니다. (웃음) 말하자면 〈사이보그 선언〉만큼 독자층이 다양하고(학계 내부에서 말이죠), 읽는 목적도 서로 다른 글은 없었다는 것입니다. 이 관점에서 보면 〈반려종 선언〉과는 매우 다른 길을 갔던 논문인 셈이죠. 이 선언문은 글이 발표되었던 시대의 산물이자—말씀대로 그때는 말이죠—붕괴되던 경계들을 찾아내는 것으로 유명합니다.

DH : 재구성도 다루었죠.

CW : 네, 재구성도요. 하지만 제 생각에는(보다 미래파적인 〈선언〉의 전유 방식에서 벗어나는 것이라고 말씀하실 수도 있을 텐데), 당시의 과학에서 발생한 인상적인 전환을 글에 모두 담기 위해 글 속에서 순환을 거듭하고 있는 것 같습니다. (말씀하신 내용을 빌자면 생물학적 실체들을 "선택의 여지 없이" 사이버네틱스의 용어를 써서 이해해야 했다는 것이죠.)

DH : 그렇죠.

CW : 하지만 생물학과 문화연구, 페미니즘에서 발생한 이런 지각 변동을 훨씬 오래된 이야기 형식에 새겨두시기도 했습니다. 모두 잘 아는 "신의 장난the God-trick" 우화 같은 것 말입니다.

DH : 여러모로 볼 때 〈사이보그 선언〉의 자매편인 〈상황적 지식 Situated Knowledges〉도 언급할 수 있죠.

CW : 그렇죠.

DH : 하지만 〈사이보그 선언〉에 한정해서 말하자면, 당시에는 이런 문제들을 이런 말들로 표현할 수가 없었어요. 다른 한편에서 보면 비판도 충분하지 못했죠. 애정과 분노는 감응affects의 문제이기도 하고 현재 우리가 있게 된 타임워프time/space warp 속, 바로 이 세계에 존재한다는 사실과 어떤 정서적 관계를 맺을 것인지의 문제이기도 하기 때문입니다. 다양한 말로 부를 수 있겠지만, 두텁게 얽힌 섬유 가닥 같은 현재 말이죠. 다른 이들과 함께, 우리가 사는 시대를 진정으로 사랑하고, 바로 이곳에서 어떻게든 잘 살고 잘 죽을 수 있는 방법은 뭘까요? 또 이 선언문은 특정 맥락의 유색인 여성 페미니즘을 통해 구성된 루프looping에 따라 형성되었고, 지나치게 백인 페미니스트 중심이었던 "우리의" 전망과 이해 방식, 즉 그 무렵 저 자신의 존재 방식을 첼라 샌도벌과 같은 이들에게 해명하기 위해 작성되었습니다. 〈사이보그 선언〉은 페미니즘 내외부의 인종주의적 구성, 공식적인 마르크스주의 분석 내외부에서 드러나는 사회주의의 난국과 같은 것들에 책임 있게 대처하면서 함께 가려는 노력을 담고 있습니다. 저는 특정한 정치 속에 자리 잡거나 하필이면 바로 이 특정한 세계 속에 자리 잡는 데서 생겨나는, 복잡하고 거북한 존재감을 수긍할 필요가 있었죠.

아이러니의 재형상화

CW : 네. 한편으로 〈사이보그 선언〉이 그토록 다양한 독자를 얻게 된 이유 중 하나는, 글의 도입부에서 정말, 정말 중요한 단어가 나왔기 때문이라고 생각합니다. 바로 '아이러니'라는 단어죠.

DH : 네.

CW : 아주 80년대적인 단어이기도 해요.

DH : 네, 비-자기-동일성non-self-identity 이죠.

CW : 그렇죠. 지금 이야기를 나누고 있는 시대의 문학 비평사에서도 위치가 확실한 용어입니다. 하지만 이 모든 것 사이의 균형은, 그러니까 지금 말로 표현하고 계신 것, 진심 어린, 깊은, 본능적인 헌신을 기울여가면서 사이보그의 형상과 관련해 아이러니한 견해를 고수할 수 있는 것은, 제 생각에는….

DH : 중요했죠.

CW : 제 생각에는 그런 균형 감각이 만들어낸 결과 중 하나는 〈사이보그 선언〉이 훨씬 다양한 사람들에게 읽힐 수 있는 글이 되었다는 것입니다. 페미니즘이나 마르크스주의, 생물학과는 아무런 관련이나 지식이 없는 사람들이 다양한 방식으로 전유하게 된 것이죠.

DH : 정말 맞는 말씀입니다. 실천의 공동체를 구성하는 길 또한 열었어요. 행위예술가를 비롯한 다양한 사람들의 공동체 말이죠. 전혀 예상치 못했던 일이죠. 그러니까 의식적으로 이런 공동체들을 염두에 두고 쓴 건 아니었지만, 결과적으로는 수용되었기 때문에 온갖 종류의 협업에 가담한 사람들을 만날 수 있게 되었습니다. 지금은 그런 독자층을 대상으로, 그 사람들과 함께 글을 쓰고 있지요. 당시 제가 하고 있던 일을 지금이라면 아이러니라고 부르지는 않을 것 같아요. 단어 자체가 이렇게 복잡한 역사를 거쳤기 때문이죠. 하지만 모든 통사론은 무언가를 해명하고, 다스리고, 알고, 식별하려는 욕망에 대해 일침을 놓는 방식으로 작용합니다. 문장의 끝을 읽을 시점이면 사실이 아닌 데다가 스스로 믿지도 않는 내용을 적어도 여섯 가지는 말한 상태인데, 문장을 끝내려면 별반 도리가 없어요. 하려던 말을 할 수 없는 거죠. 언어는 그렇게 작동하지 않습니다.

CW : 그렇죠. 그리고 아이러니는 〈반려종 선언〉에서 쓰이는 형상들을 포함해, 훨씬 더 철저하게 발전된 용어 체계를 요약하는 말이기도 했습니다.

DH : 네, 정말 그렇죠. 제가 〈사이보그 선언〉을 쓴 무렵에는 캘리포니아 대학 산타크루스 캠퍼스의 의식사History of Consciousness 프로그램에 갓 임용된 교수였죠. 이 프로그램 자체가 상당히 흥미로운 구성물입니다. 당시만 해도 저는 인간과학human sciences의 최신 이론들을 배우려고 애쓰고 있었어요. 대부분이 저에게는 새로운 내용이었고, 초등학교에 돌아간 기분으로 그 언어를 사용해서 문장을 만들 수 있나 확인해보는 중이었어요. 〈사이보그 선언〉은 여러 면에서 볼 때, 당시 프로그램에 함께 있던 동료 연구자들이나 대학원생들에게 듣기는 했어도 아직 내 자신의 것은 아니었던 지식, 그러니까 다양한 방식으로 해체주의적이거나 포스트구조주의의 일부가 된 내용을 실험해본 결과물이었습니다. 야콥 폰 윅스퀼Jakob von Uexküll이나 롤랑 바르트Roland Barthes 같은 사람들 말이죠. 그 논문은 새로 도착한 놀이터에 자리를 잡기 시작한 순간에 나온 것이기도 했죠.

CW : 그렇죠. 새로운 담론들 속에서 말이죠.

DH : 또, 가끔은, 결과가 좋았기에 망정이지, 실수도 정말 많이 했어요. 어떤 실수는 일부러 한 것이기도 했고요. 그런 언어들을 다른 사람들이 쓰는 방식대로 쓰고 싶지 않았기 때문이죠. 사실 일부는 정말 이해를 못 해서 저지른 실수이기도 했고, 다행스럽게도 재미있는 실수가 되어버린 것들도 있었죠.

CW : 물론 모든 사람이—특히 선생님의 연구경력을 고려할 때—〈사이보그 선언〉이 페미니즘 사유의 전체 역사에서 핵심 저작 중 하나라고 생각합니다. 그런데 사회주의에서는 그렇지 않죠. 제 생각에 그 까닭은 글의 내용보다는 학계 내외부에서 사회주의 문헌의 수용을 과잉결정하는 힘에서 찾아야 한다고 봅니다. 이런 힘은 그때까지만 해도 아주 탄탄한 전통을 이루고 있었던 학계의 마르크스주의와 사회주의의 판도를 크게 바꾸었죠. 전에 이야기한 것과 마찬가지로 프레드 제임슨Fred Jameson은 제 박사 논문을 처음으로 읽은 사람인데, 지금 보기에는—많은 사람에게 말했지만—제임슨은 어떤 면에서 아이러니하게도 최후의 유럽 지식인인 것 같아요.

DH : 아이러니하죠, 그렇죠?

CW : 특정 전통에 있는 지식인이죠.

DH : 글쎄요, 저는 〈선언〉을 쓸 당시에 《정치적 무의식The Political Unconscious》을 읽었습니다. 그 무렵 푸코는 오래된 친구였지만 제임슨은 그렇지 않았어요.

CW : 네. 그리고 우리가 쓰는 글들의 운명이 더 넓은 맥락의, 지적인 것만이 아니라 제도적인 힘에 따라 정해지는 방식을 생각해보면요.

DH : 그러게요. 그리고 아시다시피 동부의《사회주의 리뷰》모임은 〈사이보그 선언〉을 싫어했지만, 버클리가 있는 베이 지역에서는 포용했어요. 제프 에스코피어Jeff Escoffier의 영향이 아주컸기 때문이죠. 정말 다정한 사람이고, 정치 감각이 깊이 배어있고, 훌륭한 편집자였죠. 그 선언문은《사회주의 리뷰》내에서바로 논란을 일으켰고, 다양한 페미니즘 계열에서도 바로 논란을 일으켰습니다. 과학기술에 반대하는 견해나 용어 체계를 단호하게 거부한 것도 적잖은 영향을 주었습니다. 제 사이보그는그런 것들과는 무관했지만, 찬양 일색인 테크노버니technobunny가 되는 것도 거부했죠. (아직도 그렇지만) 정말 진지한 비평이필요하다는 걸 누구나 다 알고 있는 광범위한 주제들에 대해 비판으로만 점철된 접근법은 거부했습니다. 몇몇 중요한 페미니즘 및 신좌파 사회주의 영역에서는 비판 일색의 접근법에 유혹되는 경향이 있습니다. 〈사이보그 선언〉은 과학기술과 맺는 그런 관계에 대해 일부러 대놓고 '안 돼'라고 말했고, 그 때문에 처음부터 논란에 휩싸였습니다.

CW : 그렇죠. 그리고 이 시점에서 그 글에 나오는 아이러니의문형figure으로 되돌아가게 될 텐데요, 그 자체의 중요성이라는관점에서 볼 때 〈사이보그 선언〉이 그토록 장수했던 까닭을 보여주는 것이기도 합니다. 그 글 때문에 화가 난 사람들이 고수하던 내러티브 중 하나를 따랐다면….

DH : 반짝 환영을 받았겠죠.

CW : 바로 그거죠. 괜찮은 논문이 되고, 뭐 그랬겠죠.

DH : 하지만 여전히 거북하고, 저한테도 거북해요.

CW : 그렇죠.

앎에서 벗어나기 위한 작업

DH : 왜냐면 실제로 그 논문은 "둘 다/또한both/and" "옳은데yes/and" "아니지만no/but" "아니고no/and" 등을 다루기 때문이죠. 문형이자 논문이고, 작업하는 방식인데, 이런 말도 하고 있습니다. "최선을 다해 말해보자면, 이게 내가 작업하는 방식일 뿐 아니라, 세계 만들기(세계화)worlding가 바로 이렇다는 것이다." 그리고 바로 그 둘 다/또한—절대 쉬운 일은 아닌데, 합해지지 않거든요—이처럼 심각한 대립적 차이를 넘어 서로 만난다는 것은 변증법적 해결책 같은 것에 도달하지 않습니다. 제가 물려받은 인식의 기술은, 맞지만yes/but, 둘 다/또한both/and을 말하고 느끼는 과정에서 끈질긴 압력을 가하기 때문에 문장에 마침표를 찍을 무렵이면 "앎(알던 것)에서 벗어나기unknowing"라는 소중한 자리로 옮겨가게 된다는 느낌을 절대 벗어날 수 없게 만듭니다.

CW : 그 글이 그렇게 오래 영향력을 발휘한 또 다른 이유이기도 하죠. 그 글을 다시 읽어보면—푸코 같은 당대 유럽 대륙 철학자들의 연장으로 보이기도 하지만 북미(주로 좌파 계열) 실용주의 유형과도 연결하게 되는데요—정치가 무엇인지 다시 생각해보게 만드는 글이 됩니다. "정치적인 것the political"이라는 말은 무슨 뜻인가요? 혹, "정치 이론이란 무엇인가?"라고 물으실 수도 있을 것 같네요. 이후 쓰셨던 글들의 핵심 논점은, 글이 구성의 실천practices of constitution을 다루기 때문에 정치 이론이라는 용어를 쓰고 싶지 않다는 것이지만요. 다른 이들과 함께 세상을 살아가거나 문제를 외면하지 않으면서 살아가는 것과 같은 화제에 대해서 훨씬 폭넓은 화법을 구사하고 계십니다.

DH : 그렇죠, 모두 계속 같이 생각하게 되죠.

CW : 네, 그리고 그 글의 엄청난 성과 중 하나는—작성하면서 의도적으로 얻을 수는 없는 성과인데(그래서 그 글이 쓰인 방식이 중요한 거죠, 형상적 특질figural quality 말입니다)—"정치적인 것"이 무엇인지 생각해볼 수 있는 (제 비유를 섞자면) 반향실 echo chamber이나 모종판을 만들었다는 점입니다. 세상으로 완전히 퍼져나가고 다른 곳에서 이루어지던 시도들과 맞닿기까지는 무려 2~30년 정도가 걸렸지만, 그때까지도 "사회주의"와 같은 딱지 때문에 한계가 정해져 있었죠.

DH : 네, 확실히 그렇죠. 페미니즘이나 반인종주의도 마찬가지고요.

CW : 사이버네틱스도 그 점에서는 마찬가지죠.

DH : 그러게나 말입니다.

CW : 그리고 그런 태도를 보이지 않았다면 얻을 수 없었던 성과는—앞에서도 말했지만, 아이러니는 한 개의 단어이지만 다른 방식으로 해석할 수도 있는 말이죠—다른 사람들이 글의 그런 측면들을 취해서 각자 발전시킬 수 있는 공간을 열어주었다는 것입니다.

DH : 실제 그렇게 되었죠.

CW : 백만 개의 서로 다른 방향으로요.

DH : 아직도 고등학생들이 이런 이메일을 보낸답니다. "이 글을 학교에서 숙제로 내줬는데 이해가 안 돼요. 설명을 부탁드려도 될까요?" 그러니까 제 말은, 고등학생들이 메일을 보낸다는 거예요. 세상에! (둘 다 웃음) 보통 이런 메일에는 조금이라도 답장을 하려고 애를 쓰죠.

CW : 그러게요. 시간이 얼마나 남았나요? (웃음)

상황 속의 반려종

CW : 주제를 바꿔서 〈반려종 선언〉에 대해 이야기를 해보면 좋겠네요. 결론적으로는 두 선언문을 나란히 놓고 이야기하고 싶지만, 현재 많은 사람이 관심을 두고 있는 문제를 다뤘으면 해서입니다. 두 글은 서로 관계는 있지만, 매우 다른 방식으로 뻗어나가죠. 그러니까 생명정치라는 주제와 관련해서요. 하지만 그 전에, 〈반려종 선언〉에 대해 같은 질문을 드려볼까 합니다. 글에서 명시적으로 말씀하시니까요. 글이 작성된 맥락과 쓰게 된 동기를 여쭤보고 싶습니다. 제가 알기로는 개인적인 이유도 있고, 정치적 맥락과 제도적 맥락도 있지만요. 또 다른 질문은 글이 수용된 맥락에 관한 것입니다. 페미니즘, 더 일반적으로는 학계와 문화연구가 지금과는 아주 달랐던 시대였으니까요. 지금은 "동물 문화 연구"나 "인간 동물 연구"라고 부르는 분야가 당시에는 아직 없었지요.

DH : "다종 연구multispecies studies"라고도 하죠.

CW : 다종 연구라고도 하는데, 당시에는 한데 묶어 구성되는 중이었지만….

DH : 딱히 있다고 할 수 있는 상태는 아니었죠.

CW : 바로 그렇죠.

DH : 〈사이보그 선언〉처럼 〈반려종 선언〉도 개인적으로는 감정이 깊게 얽혀 있는 동시에 개인적인 감정 차원을 훨씬 넘어서는 역사적 상황 속에 놓여 있지요. 재세계화reworlding 작업의 일환이라고 할까요. 이 단어는 SF 용어인데, 저한테는 늘 아주 중요했어요. SF보다 오히려 일상적인 사고방식에 훨씬 더 필요한 단어인 것 같아요. 세상을 다시 만든다는 것이요. 그래서인지 〈반려종 선언〉은 이런 질문들 없이는 글을 쓰거나 생각할 수 없는 순간에 쓰인 글입니다. 지금 여기 있는 우리는 누구인가? 우리는 어떤 존재인가? 단순히 인간이라고만 할 수 없는 "우리"는 누구이며 어떤 존재인가? 이 역사적 순간에 반려종이 된다는 건 어떤 의미이고, 그래서 뭐가 어쨌다는 건가? 누가 살고 누가 죽고, 왜 그렇게 될까, 그래서 뭐가 어쨌다는 걸까? 여기서, 바로 이 시점에?

그리고 **반려종**은 제게 반려동물을 의미하는 데서 멈춘 적이 없습니다. 반려동물이 그 일부인 건 사실이지만요. 차라리 이런 이름은 사이보그처럼, 적어도, 거미줄을 짜듯이 바깥으로 빙빙 돌아 뻗어나갈 수 있었어요. 여러 겹으로 된 질긴 거미줄 말이에요. 우리는 반려자들이고 빵을 나누는 이들cum panis이며 한 식탁에 둘러앉아 있습니다. 우리는 서로를 위태롭게 만들고, 남의 살점으로 존재하며, 서로 먹고 먹히고, 소화불량에 걸리다가, 린 마굴리스가 말하는 의미에서, 지구상에서 살다 죽는 접합체입니다. 〈사이보그 선언〉에서 밝혔듯 우리는 시스템을 이루는 세계에 있지만 (자기-생산이나 자기-제작적인 것이 아닌) **공제작적**sympoietic 시스템에 더 주목합니다. 교향악을-통한-생산, 절대 홀로 있지 않은 채 다른 세계들과 늘 얽힌 채로 함께-만들기 말입니다. 그리고 **종**species은 늘 모순어법을 함축하는 단어입니다. 이념형, 주화, 정금, 돈, 생물학적 존재, SF에 등장하는 종, 다른 무슨 종의 것임이 분명한 세부 요소들입니다. **종**은 본성상 상상을 초월할 만큼 복잡한 단어죠. 그 안에서 서로 어울리지 않는 다양한 의미들이 충돌하며 폭발합니다.

CW : 노먼 브라운과의 관계도 이야기할 수 있겠군요. (웃음)

DH : 네. 그러니까 제 말은, 다종적인《사랑의 신체》인 거죠. 맙소사! (함께 웃음)

그러니까 좋은 제 개와 제가 같이 노는 것을 한참 초월한 문제입니다. 또 동시에, 제가 개랑 놀면서 그 과정을 통해 미완성으로 남아 있거나 재구성되는 모습이라고 할 수 있지요. 저와는 종이 다른 이 젊은이는 정말 탁월합니다. 매달 한 주 건너뛴 주말마다, 그리고 매주 몇 시간씩 훈련해서 다른 누군가가 고안해낸 게임을 하는데, 캘리포니아에서, 그것도 페어그라운드fair-grounds에서 스포츠에 몰입합니다. NASCAR 경기장과 기찻길, 킨세녜라 축제quinceañera fiestas—열다섯 살 라틴계 여학생들의 파티예요—가 한창인 바로 곁에서요. 페어그라운드에서, 그러니까 캘리포니아 한복판에서 사회·농업·산업의 역사를 이야기하는 거죠! 미국이라는 국가가 정복한 영토를 횡단하면서 확장되어가는 역사 한가운데서요. 페어그라운드처럼 관계를 위험에 빠트리는 장소가 어디 또 있으면 말씀 좀 해보세요. (웃음)

CW : 제가 무슨 말을 더 보태겠습니까! (둘 다 웃음)

DH : 진짜요! 저랑 제 개, 제 친구들과 친구들의 개가 함께 게임을 하면서 같이 우리라는 무언가가 되어가는데, 이 "우리"는 대체 누구인가를 밝혀내려고 하는 거죠. 정말로, 이 "우리"란 누구인가요? 이 질문을 하는 순간은 생태여성주의자와 심층생태론자, 동물권리론자들이 **우리**가 대체 누구인지 각자 나름의 주장을 내놓고 있는 순간이기도 합니다. 이 사람들도 함께 "우리"를 이루는 데다가, 정말 중요한 질문을 만들거나 제기하고 있어요. 즉 여기서 우리가 함께하고 있다고 볼 수 있는가 없는가? 그러니까 생명체들이 우리와 서로를 위태롭게 만들고 있는 곳에서 "여기"는 어디고, "우리"는 누구죠? 아시다시피 1980년대 초반, 그러니까 〈사이보그 선언〉을 썼던 무렵에 바버라 노스케가 만든 용어를 빌리자면, **동물-산업 복합체**가 문제가 되었습니다. 그 무렵에 서로 뒤얽혀 있는 인간과 비인간 존재들에 관련된 질문들이 서로 교차하거나 내폭하는 지점에서 이미 수년간 연구를 하고 작업을 해오셨던 만큼 잘 알고 계시겠죠.

CW : 네. 그리고 그때는, 적어도 제가 연구를 시작했을 무렵에는 중요한 주제가 아니라고 간주되고 있었죠.

DH : 정말로요. 이 문제를 진지하게 생각하는 사람들이 없었죠. 적어도 대학에서는요. 글쎄, 사실 저는 〈반려종 선언〉의 초안 비슷한 것을 2002년 무렵 제가 있던 대학의 문화연구학회에서 발표했습니다. 지금까지도 가깝게 지내는 친구이자 동료인 제 친구 하나가 와서 말하길, "그 발표 너무 좋았어. 멋지더라. 근데, 〈사이보그 선언〉처럼 히트 치지는 못할 거라는 사실은 알았으면 좋겠네." 흠… (둘 다 웃음) 적중한 예언이었는지는 모르겠네요. (여전히 웃음) 반려종이 그 자체로 하나의 용어로 이 접점에서, 이 세계-만들기에서, 아니면 뭐라고 부르든—"동물 연구", "다종 연구", "반려종 연구"에서—히트를 하냐 마냐 하는 문제는 아니지요. 이 모두에서 나타나는 인간/동물의 분할 문제—글쎄, 다중적인 분할이죠. 한 번의 분할은 아니고요—함께-모이는, 그리고 생명력과 필멸성을 함께 나누고 (담지하는) 이들 사이의 분리, 이 역사적 순간에 바로 이 지구에서 죽을 운명을 지닌 우리들의 문제입니다. 이 문제는 몇 년 전만 해도 전혀 상상할 수 없던 방식으로 퍼져나갔습니다.

CW : 네. 그리고 그 점이 〈반려종 선언〉을 〈사이보그 선언〉과 근본적으로 다른 느낌을 주는 글로 만들었죠. 〈반려종 선언〉에는 유한성과 필멸성에 대한 감각이 있습니다. 〈사이보그 선언〉에서 택하는 것과는 다른 영역register에 있는 삶과 죽음의 현존을 실감하게 되는 거죠.

DH : 다른 영역에 있고, 글쓴이의 어조가 훨씬 더 개인적이고 취약합니다. 〈반려종 선언〉에서 이야기를 끌어가는 화자, 그 글의 "나"는….

CW : 네. 〈사이보그 선언〉은 주로 수행의 모드로 읽혔고, 나중에 얻게 된 목소리와는 상당히 다르죠.

DH : 다른 목소리죠. 이런 질문을 하는 사람들이 있었어요. "〈반려종 선언〉에서는 왜 페미니즘, 반인종주의, 사회주의 비판을 하지 않았나요?" 안 한 게 아니죠. 최소한 그만큼은 예리했다고 생각하는데요. 아주 다른 방식으로 표현했을 뿐이죠. 〈사이보그 선언〉이 분노에서 유래했다면 〈반려종 선언〉은 사랑에서 유래한 것에 가깝죠.

CW : 비판을 그만두었다고는 생각하지 않습니다. 사실—이 점에 대해 곧 이야기를 나눌 생각인데—친구분께서 "사회주의·반인종주의·페미니즘적 헌신"이라고 표현하셨던 것이 지속하고 있지만, 제가 볼 때는 훨씬 더 철저한 생명정치의 맥락에서 다시 사용되고 있습니다.

DH : 사실이면 좋겠네요.

CW : 명령-통제-통신-첩보 및 군산업 복합체, 그리고 〈사이보그 선언〉에서 말한 내용과는 매우 다른 맥락이죠. 당연하지만, 이런 문제들이 사라진다는 뜻은 아니죠.

DH : 다른 방식으로 설정되죠.

CW : 저라면 다른 방식으로 뻗어나간다고 말할 것 같네요. 〈반려종 선언〉에서 말씀하신 것처럼 다른 방식으로 현실화하죠. 눈치를 채고 재미있어했던 사람들이 많았던 부분인데요, 선생님과 카옌의 딥키스 장면이 나오는 〈반려종 선언〉의 도입부가 그 접점이었습니다. 이게 두 선언문을 매개하는 지하 구조라고 할 수 있겠죠.

DH : 소프트 포르노 장면이죠. (둘 다 웃음)

CW : 유명하든, 악명이 높든… 어떻게 보셔도 괜찮을 것 같습니다. 제가 아는 사람들은 다 좋아했지만, 저랑 친하게 지내는 사람들일 뿐이죠. (계속 웃음) 하지만 아시다시피—정점에 달하는 순간에는, 그러니까 잊어버리기 쉬운데—사람들이 놓치는 사실은, 이 선언문이 곧바로 면역계를 형상화하면서 시작된다는 점입니다.

DH : 그렇죠.

CW : 그리고 인종 문제를 제기하면서 시작하죠.

DH : 그리고 정복도요. 정확히는 선주민족과 인종의 역사를 물려받는 문제죠.

생명정치적 세계화

CW : 그러게요. 이렇게 표현할 수도 있을 텐데요, 우리가 하는 작업, 그러니까 인종과 면역에 대해서 논의하는 역사는 현시점에서는 자동으로 생명정치 담론이 됩니다. 또, 생명정치의 면역학적 메커니즘의 근본 논리가 본질적으로 파르마콘pharmakon ['약'과 '독'을 동시에 의미하는 그리스어]의 논리라는 점을 떠올린다면, 어디로 돌아가는 건가요? 사실상 아이러니로 돌아가는 거죠. 〈사이보그 선언〉의 아이러니라는 용어에서 벌어지던 사건들을 다시 사용하면서 허물을 벗는 거지요.

DH : 〈반려종 선언〉에서 말하는 창발된 자연/문화의 문제는 상속의 문제, 그러니까 우리의 육체 안에 물려받은 것의 딜레마 문제이죠.

CW : 그렇죠.

DH : 그리고 아시다시피, "미즈 카옌 페퍼가 내 세포를 몽땅 식민화하고 있다. 이는 생물학자 린 마굴리스가 말하는 공생발생의 분명한 사례다"라는 것이지요.

CW : 그렇죠.

DH : 그러니까 〈사이보그 선언〉이 사이버네틱스 시스템과 유기체의 결합을 관찰하고 있었다면 〈반려종 선언〉은 이렇게 말하는 셈이죠. "잠깐, 우리라는 존재는 공생발생 작용의 결과물이야." 우리는 공제작적 체계입니다. 우리는 쉼 없이 더불어-되기를 하는 중이죠. 되기becoming와 같은 것은 없어요. 더불어-되기becoming-with밖에 없죠.

CW : 그렇죠. 그리고 〈사이보그 선언〉의 아이러니가 그랬던 것처럼 둘 다/또한의 논리이기도 하죠. 제가 이해하는 방식으로 말씀드리면 아이러니 덕분에 가능했던 〈사이보그 선언〉의 도입부를 선택해서 육체로 만들고, 진화할 수 있게 하는 거죠.

DH : 네. 그리고 카옌과 제가, 최대한 문자 그대로의 의미에서, 어떻게 서로와 더불어-되기를 통해 연결되어 있는지 본 다음, 인용문의 다음 문단을 봤으면 좋겠습니다. "우리 둘 중 하나는 목덜미에 마이크로칩을 이식했고, 다른 하나는 증명사진이 박힌 캘리포니아 운전면허증"을 갖고 있다는 점은 분명하죠. 우리는 국가가 규제하는 식별 장치 및 생명정치적 식별 장치와 감시 체계에 종속되어 있습니다. 목덜미에 주입된 마이크로칩은 〈사이보그 선언〉으로 바로 연결되죠. 일부러 그렇게 썼다는 걸 기억하고 있어요. 처음부터 갯과/사람과, 애완동물/교수, 암캐/여성, 동물/인간, 선수/훈련사와 관련된 생물학적/생명정치적 담론 내에서 움직이고 있던 거죠. 이처럼 푸코적인 의미에서의 담론과 담론 생산 속에서 우리의 정체성과 존재를 다각도로 설정하는 문제입니다. 물리기호학적 맹렬함ferocity이죠.

CW : 생체예술가인 에두아르도 카크Eduardo Kac의 훌륭한 작품이 떠올랐어요. 동물 식별용 마이크로칩을 피부 아래 주입하는데, 그 조각이 점차 다른 모양이 되어가면서 마지막에는 수용소에서 살해당한 유대인 친척이 카크에게 있다는 사실이 밝혀지죠.

DH : 세상에.

CW : 그러게요. 그리고 처음에는 한 종류였던 것이….

DH : 상당히 다른….

CW : 종류가 되지요. 운전면허증 이야기를 하자면, 식별과 감시의 형태, 그런 것들이죠.

DH : 그래요, 그리고 이것도 그렇죠. 가벼운 농담에 불과한 것처럼 보이지만 바로 분명해지는 건데요. 카옌은 미국의 양치기 개이고 조상이 금광 채굴 시기 이후 미국의 농산업적 목양업을 발전시키는 데 기여했기 때문에, 저와 카옌은 정복자의 자손이죠.

처음부터 말이에요.

CW : 그렇죠. 의문의 여지가 없죠.

DH : 처음부터 그렇죠. 그리고 백인됨의 문제가 맨 처음부터 등장하고, 선주민과 캘리포니아의 땅에서 살아가는 문제, 위에 계속 겹쳐 쓴 주권의 역사가 맨 처음부터 등장하죠. 그래서 딥키스는 문자 그대로 딥키스에요.

CW : 그렇죠.

간접적인 공제작: 친족 만들기

DH : 그리고 의도적으로 생식기와는 무관하게 했어요—키스는 묘사한 그대로 정말 벌어진 일이지만 다른 건 하지 않았죠. (웃음) 보태자면, 의도적이었어요—이제 그 책에 등장하는 또 다른 화자인 생물학자로 말하고 있죠—키스에는 의도적으로 수평적 전이와 관련된 내용을 담았어요. DNA 개념, "생명의 책"인 DNA의 선형적 전달을 지나치게 강조하는 나무형 계보에 대한 논평이었습니다. 처음부터 소프트-포르노형 선언으로 "말도 안 돼"라고 못 박았죠. 아시다시피 처음 언급된 이름은 린 마굴리스였습니다.

CW : 그 선언문에서 가장 멋진 점은 어떻게 시작되고 끝나는지 한 발짝 물러서서 기억하는 것이었습니다. 그 키스는 누구나 다 기억하지만, 선언문의 끝은 카옌과 윌렘이 연출하는 엄청난 장면입니다. 16킬로그램 무게의 오시 카옌과 50킬로그램 무게의 그레이트 피레니즈 윌렘, 재생산과 아무 관련이 없고 기능적이지도 않지만, 흥미로운 성적 친밀감 말입니다. 그래서 책의 가장 강력하고 간과하기 쉬운—하지만 매우 생명정치적인—측면은 책이 생식과 무관한 성애로 시작하고 끝난다는 것이죠.

DH : 일부러 그렇게 한 거예요! 노먼 브라운의 《사랑의 신체》와 캐리스 톰슨의 용어인 존재론적 안무를 함께 놓고 보면, 그게 누가 되었든 "우리"가 있는 이 두터운 현재 속에서, 역사적 교차점에서, 존재론적 안무는 우리의 정체/존재를 만드는 것이기도 하고 우리가 개입해야만 하는 그 무엇이기도 합니다. 우리는 존재론적 안무에 개입해야만—춤을 춰야만—합니다. 문제들을 떠안고 있는 서로와 더불어 잘 살고 죽기 위해서는 말입니다. 〈반려종 선언〉에도 얼마간 언급되는 여러 이유로, 요즘 제 슬로건은 "아기 대신 친족을 만들자Make Kin Not Babies!"입니다.

CW : 그 마지막 장면이 보여주는 것 중 하나는….

DH : 재밌게 보셨다니 다행이에요. 지금 봐도 대단하다고 생각하거든요!

CW : 아 네, 너무 웃겼다고 생각해요. 이 사례를 학생들에게 들려줄 때마다 저는—학생들이 존재론적-생물학적 수학을 파악하는 데는 시간이 좀 걸리죠—비키 헌의 글 중 (제 기억이 바르다면) 〈와쇼와 함께 걷기: 얼마나 멀리 갈 수 있을까〉라는 제목의 글에서 제가 제일 좋아하는 구절을 떠올리게 됩니다. 비키는 와쇼Washo[침팬지 이름]가 얼마나 똑똑했는지 보여주는 제일 확실한 징표가,《플레이걸Playgirl》잡지를 보면서 나무 안에서 자위 행위를 하는 모습을 봤을 때라고 생각해요. (둘 다 웃기 시작한다.) 이 이야기를 들려주면 학생들의 머릿속에서 생각이 굴러가는 걸 볼 수 있죠. (더 크게 웃음) 지금은 새로울 것도 없지만 당시 생물학에서는 이건 정말 큰 "스캔들"이 될 만한 이야깃거리였죠.

DH : 아직도 새롭죠. 어휴….

CW : 비생식적 성애의 문제에서는요. 그리고 이게 서로 다른 종들 사이에 서로 겹치기도 하고 그렇지 않기도 한, 보다 복합적이고 이질적인 현상학적 세계로 넘어가는 문턱이 되기도 하는 방식입니다.

DH : 사람들은 **적대**와 **경쟁** 같은 개념을 다른 생명체들에게 너무 쉽게 적용하는 데 익숙해져버렸어요. 마치 특별한 인간형태화anthropomorphisms가 아니라 [바로 써도 문제없는] 전문 용어인 것처럼 말입니다. 하지만 욕망이나 노동, 우정의 문제를 다룰 때는 몹시 나쁜 결과를 불러오는 단어들이죠. 그 구절은 욕망에 대한 것이지, 우리 자신에 대한 게 아닙니다.

CW : 동의합니다. 그리고 제 생각에는 바로 이 부분이 책의 맨 첫 부분으로 돌아가면서 놀이가 매우 중요해지는 지점이라고 생각합니다. 선생님의 작업만이 아니라 그 이상의 연구로 나아가기 위한 일반적 주제로 말입니다. 생명정치적 사유의 가장 큰 문제는 이것이 많은 사람이 "죽음의 정치thanatopolitics"라고 불렀던 것이 되어버렸다는 데 있습니다. 신체를 폭력에 직접 노출된 "헐벗은 삶"으로 담론화하게 되었지요.

DH : 강요된 삶, 강요된 죽음⋯.

긍정의 생명정치

CW : 그렇죠. 에스포지토의 표현을 빌리자면 긍정의 생명정치가 어떤 모습이 될지 생각해보려 한 사람들이 많지요. 하지만 이런 시도들은 전형적인 문제가 하나 있었습니다. 대문자의 "삶/생명Life"을 무비판적으로 긍정하는 형태가 되어버리는 것이었죠. 푸코의 유명한 선언인 "저항은 삶의 편이다"라는 문구를 LSD[환각제] 알약 위에 붙이고 아무에게나 막 나눠주는 것처럼…. (둘 다 웃음)

DH : 그러면서 보르그 여왕Borg queen[〈스타트렉〉의 등장인물]처럼 차려입고, "저항은 부질없다"는 피켓을 걸고 있는 것처럼요. (계속 웃음)

CW : 그렇죠. 그리고 (에스포지토의 경우) 이탈리아, 천주교라는 맥락에서 "삶"의 철학자로 작업을 해나간다는 것. 무슨 말씀이신지 아시겠지만요. 〈반려종 선언〉의 주요한 갈래 중 하나는 긍정적으로 평가된 엘랑 비탈élan vital의 연속체에 대한 평면적인 존재론의 유형처럼, "대문자 '삶'에 대한 무비판적 긍정에 머물지 않는 긍정의 생명정치는 어떤 모습일까?"라는 질문에 대한 기여라고 할 수 있을 것 같습니다. 그래서 책의 도입부는 단순히 놀이에 대한 것만이 아니라 기쁨에 대한 것이기도 하기 때문에 중요한 것입니다.

DH : 그리고 확립된shared 권위에 대한 질문도 있죠. 훈련에 대한 장에서는 비모방적인 방식으로 경험되는 고통과 성취의 문제들이 제기됩니다. 〈반려종 선언〉은 요즘 쓰고 있는 글들만큼 죽음의 문제를 많이 다루지는 않습니다. 이는 멸종에 대해 더 잘 생각해야만 하게 되었기 때문이기도 합니다.

CW : 그렇죠.

DH : 멸종, 절멸, 인종학살 말입니다. 근본적으로 〈반려종 선언〉은 이와 같은 생명정치적 문제들 깊숙이 함입된 글은 아닙니다. 하지만 긍정의 생명정치는 생명-우선 정치pro-Life politics가 될 수는 없습니다.

CW : 아니죠, 아니죠, 거기서는….

DH : 미국의 맥락에서 "저는 생명-우선 사상가가 **아닙니다**"라고 말하면 반응이 바로 나옵니다. 임신중절 투쟁과의 공명은 물론 즉각적이고 의도적입니다. 하지만 저는 긍정의 생명정치는 유한성에 대한 것이고, 끝없는 실패에 대한 가능성을 열어두고 더 잘 살고 잘 죽기, 잘 살고 잘 죽기, 최대한 잘 기르고 잘 죽이기에 대한 문제라고 생각합니다. 저는 절대적으로 비-생명-우선 페미니스트입니다. 긍정의 생명정치는 그 점을 표현하기에는 꽤 괜찮은 표현일 테지만, 슬로건으로서는 쓸 수가 없죠! 엘리자베스 버드Elizabeth Bird가 〈사이보그 선언〉에서 좋은 슬로건을 뽑아

냈답니다. "지구에서 생존하려면 사이보그가 되자Cyborgs for Earthly Survival!" 하지만 〈반려종 선언〉의 긍정적 생명정치를 표현하는 슬로건은 없어요. 그러니까 절대적으로 비모방적인 차이 속에서 필멸의, 유한한 존재로 함께 살아간다는 것에 대한 슬로건 말입니다. 이건 소중한 타자성의 문제입니다. 어쩌면 에코섹슈얼 예술가인 베스 스티븐스Beth Stephens와 그 반려자인 애니 스프링클Annie Sprinkle이 저한테 준 스티커에 있는 슬로건이 그 역할을 할 수 있을지 모르겠네요. "퇴비 만들기는 핫하다Composting is so hot!"

강요된 삶, 이중의 죽음, 홀로코스트

CW : 제 생각에는 이 지점이 생태적 사고(앞에서 멸종을 말씀하셨죠), 생태정치ecopolitics라고 말씀할만한 것, 그리고 생명정치가 서로 교차하거나 적어도 부대끼면서 마찰을 일으키는 지점인 것 같습니다. 선생님과 자크 데리다Jacques Derrida를 비롯해 많은 사람이 언급했던 흥미로운 문제 중 하나는 죽임killing, 죽음 death, 죽게 내버려두기letting die의 문제입니다.

DH : 그렇죠.

CW : 그리고 이 각각이 얼마나 같고 다른 폭력인지의 문제도요.

DH : 거기에 더해서, 살게 만드는making live 끔찍한 폭력이 있지요. 의식사 프로그램에서 논문을 쓴 에릭 스탠리Eric Stanley가 특히 아주 비판적이었습니다. 스탠리는 아주 확고한 친-동물파이고, 놀라운 사유체계를 섬세하게 전개하는 사람인데, 잘 살 수 있는 가능성이 이미 막혀 있을 때 살게 만드는 것이 어떤 방식으로 폭력적인지 더 깊이 생각할 수 있게 해주었습니다. 가치를 추출하고 도살하려는 목적으로 삶을 강요하는 거대 장치 말입니다. 다른 생명체들에 관한 한 지구상에서 가장 큰 폭력의 원천은 다중적인 삶-강요 장치forced-life machines일 것입니다. 그리고 감옥supermax prison에서 강요된 삶도 그렇고요. 에릭이 논의한 다중적인 삶 강요 장치가 보여주듯 생명정치의 문제를 생각하려면 죽음의 정치necropolitics만으로는 불충분하죠.

CW : 그렇지요. 그 관점에서 볼 때―어쨌든 여쭈어보려 했던 것인데―〈반려종 선언〉에서 택하셨던 관점을 조금 바꿀 수 있으신지요. 데리다뿐 아니라 많은 사람이 채택했던 **형상**(잘 모르겠지만, 그 표현을 쓰면 될까요?), 그러니까 "홀로코스트" 말인데요, 어떤 사람들은 지구상의 여섯 번째 대멸종과 연관시키기도 한 비인간의 삶, 북미에서 식용으로 매해 9백만의 동물을 도살하는 문제 말입니다.

DH : 그 이상이죠. 무척추동물과 어류를 고려하면 훨씬 더 많죠.

CW : 대단히 많은 수의 동물을 생각하지 않은 숫자죠. 물론 데리다는 여기서 제기된 문제가 얼마나 복잡한지 잘 인식하고 있었습니다. 그 자체로도 흥미로운 측면이지만, 본인이 알제리 출신 유대인이라는 것과 관련해서 말입니다. 유대인됨의 문제, 그리고 "유대인으로서 쓴다는 것의 문제"는 매우 흥미롭고 복합적이죠.

DH : 그렇지요. 그리고 서구 철학의 전통에서 그는 한 번도 온전히 "인간"인 적이 없었지요.

CW : 그렇습니다.

DH : 유대인은 한 번도 "온전히" 인간인 적이 없어요.

CW : 그렇죠. 그런데 그 유비가 아직도 유효한지 의문입니다. 이해할 수 있는 이유지만, 그 글에서는 상당히 거슬릴 수 있는 말씀을 하시니까….

DH : 지금 쓴다면 아주 다르게 쓸 것 같아요. 일단, 마르코와 저는 동물 보호소 훈련 수업에 가기 전에 버거킹에 가지 않을 거예요! (웃음) 산업화된 동물 사육 문제에 대한 제 정치적 견해가 변했어요. 저는 아직도 생명-우선 활동가는 아니에요. 생명–우선은 절멸주의적 입장이라고 생각해요. 먹기 위해 죽이고 내다 팔기 위해 죽이는 걸 포함해 생명을 관장하는 문제는 아직 중요하고 필요하다고 생각합니다. 그 외에도, 일하는 동물들도 중요하지요. 동물들이 하는 일은 존경을 받아야 합니다. 저는 긍정의 생명정치에 개입된 것 같습니다. 이 자리에서 말하기에는 긴 이야기가 되겠지만, 저의 경우 그 문제에 관한 한 2003년 이후로 의견이 바뀌었습니다. 그리고 동물 학살과 동물 멸절의 문제는… 무엇보다도….

CW : 죽임과 죽게 만듦을 통해….

DH : 그리고 살게 강요하는 것을 통해….

CW : 네, 살게 만드는 것….

DH : 엄청나게 많은 수를 죽이려고 살게 만드는 거죠. 끔찍한 조건에서 죽이기 위해 끔찍한 조건에서 살게 만드는 것은… 이윤을 위해서죠. 자본주의 문제를 고려하지 않을 수 없습니다.

CW : 그렇죠.

DH : 그리고 아직도 엄청나게 확장되는 인구 문제, 그리고 인간 집단에서 무엇을 부로 간주하는가의 문제가 있죠. 그래서 그 글을 쓴 다음에 변화가 있었습니다. 저는 언제나—그때나 지금이나, 지금은 더욱더 그렇고요—한 번에 하나 이상의 단어가 필요하고, 이 말들을 서로 연관 짓는 방식에 주의를 기울여야 한다고 느꼈습니다. 이와 같은 문제들에 대해 말하거나 쓸 때, 저는 데버라 버드 로즈Deborah Bird Rose와 톰 밴 두렌Thom van Dooren을 비롯해 멸절과 멸종의 시대에 삶은 어떤 의미가 있는지 질문하는 오스트레일리아 멸종 연구자들의 의견을 따르게 됩니다. 그리고 저는 다종적인, 그러니까 인간과 비인간의 종족 학살genocide 문제를 보태게 되었습니다. 산다는 것—확장된 시간 속에서 이런 문제들의 시점을 설정하는 방법은 다양하지만, 자의적으로 설정할 수 있는 건 아닙니다—그러니까 잉여의 죽임과 잉여의 죽음이 유례없이 퍼진 시대에 산다는 것은 어떤 의미일까요? 데버라 버드 로즈가 "이중적인 죽음double death"의 시대라고 부르는 시기에 말이에요. 죽음 자체는 문제가 아니지만, 지속을 분절하는 것은 문제가 됩니다. 절멸, 멸종, 종 학살의 시대에 진정한 책임을 지고 살아간다는 건 무얼 뜻할까요? 여기에 홀로코스트를 추가할 수 있습니다. 인간의 수와 인간이 떠맡아야 하는 부담이 유례없이 커지는 문제 역시 추가할 수 있지요. 그리고 인간-동물의 분할은 이런 말들과 구분되지 않습니다. 인간과 동물을 분리해서 각자에게만 적용되는 말을 쓸 수 없지요. 이 사안은 다종적입니다.

CW : 불가능하지요. 그리고 이와 같은 종의 구분이 문제의 필수 요소가 아니라는 것이 생명정치의 요점입니다.

DH : 문제의 핵심이 아니지요. 다만 판단을 내릴 때, 각각 다른 생명체들의 특이성이 문제가 되지 않는다는 뜻은 아닙니다.

CW : 그렇죠. 언제나 중요한 문제죠.

DH : 바로 그게 중요하지요. 구체성이야말로 중요한 문제입니다. 그래서 네, 저는 "홀로코스트"와 그 연관 개념 모두에 대해 다른 글을 쓰게 될 것 같아요. 저는 〈반려종 선언〉에서 공장식 목축, 동물-산업 복합체의 문제를 약간 다루었지만, 지금 〈반려종 선언〉을 다시 쓴다면 더 강한 태도를 보일 것 같네요. 사실 바버라 노스케와 캐럴 애덤스Carol Adams 같은 사람들이 제가 이 문제에 관해 쓰기 20년도 더 전에 얼마나 강경한 입장을 취하고 있었는지 기억할 필요가 있습니다.

CW : 여기서 선생님께서 이 시기에 쓰신 다른 글들에서도 분명히 표현된 다짐으로 되돌아오게 됩니다. 생명정치적 맥락뿐 아니라, 종족이나 종을 지정해서 죽일 수는 있지만, 살해할 수 없게 만드는 문제를 내다보시면서 말입니다. 그리고 여기서 제 생각에 선생님과 데리다는, 참 의외이지만 완벽한 짝처럼 보입니다. 이미 연루된 폭력을 벗어날 수 있다는 생각이 결국 환상이라는 것이 두 분 모두의 요점이니까요.

DH : 우리 둘 다 그럴 수 없다고 생각하죠.

CW : 그래서 문제는 "죽일 수 있지만 살해할 수는 없게" 뿐 아니라, 또 "죽이지 말지어다"가 아니라, 선생님의 말씀을 빌리면 "죽여도 되게 하지 말지어다"가 됩니다. 바로 이런 특수한 영역에서 틈이 벌어지고, 그 틈에서 더 철저하게 생각해야 하는 것 같습니다. 그러니까 생명정치적 사유와 생태적 사유의 교차점인데요, 선생님께서 택하신 입장에 비춰볼 때 쓰신 글들을 살아 있게 만드는 말은 이런 것이 되겠죠. "보세요, '죽여도 되게 하지 말지어다'가 관건이라면, 죽이는 행위를 피하거나 죽음을 벗어나는 게 핵심이 아니죠. 삶과 생명에 대해 어떤 태도나 견해를 밝히는가가 문제 아닐까요."

DH : 바로 이 죽임에 대한 태도….

CW : 바로 이 죽임에 대해서거나 아니면 이 구체적인 생명/삶에 대해서….

DH : 바로 이 삶과 죽음, 이 길러냄과 죽임….

CW : 그 특수성 속에서….

DH : 이중성을-넘어선-것 속에서….

생명정치와 생태정치를 교차시키기

CW : 그렇습니다. 그리고 이 질문이 서로 다른 수많은 방향으로 확장되어가는 방식 중 하나는, 생명정치와 생태적 사유의 교차라는 관점에서 '죽게 내버려두는 것'의 문제를 화두로 삼는 것입니다. 선생님의 논점, 그리고 데리다가 매우 강하게 주장하는 논점은 '우리'의 '삶'의 방식 전체가 **엄청난 규모로** '죽게 내버려두는 것'의 폭력으로 수식되기 때문입니다. 직접적인 죽임이나 처형이 아니라, 분명히 죽일 수 있지만 살해할 수는 없게 만드는 관행을 통해 대대적으로 죽게 내버려두는 것 말이죠. 공장식 축산의 경우처럼요.

DH : 그리고 소수의 사람을 '불멸로 만드는' 장치와 더불어서요. 가능한 일이라면요.

CW : 그렇죠. 점점 더 적은 수를 점점 더 '불멸'로, 뭐가 되었든 끝내주게 환상적인 과학기술 해결책을 통해서죠. 우리 의료 체계는 이 영향을 너무나 많이 받고 있죠. 하지만 다른 방식으로 이야기해보고 싶네요. 아주 복잡한 질문들의 연쇄인데….

DH : 정말 진지하시네요. 갈래 하나를 고른 다음, 바로 그 때문에 방금 여섯 가지 주제를 놓아버렸다는 걸 파악하고 계시는군요. 하지만 생명정치적인 것과 생태적인 것 사이의 교차―제가 볼 때는 죽일 수 있게 만드는 것과 관련해 지금 화제는, 종 복원 계획 및 서식처 복원 계획, 다양한 방식의 생태 복원, 생태 재생, 종 재생, 그런 것들과도 관련되는데요―너무 복잡하고 절대 결백할 수 없는 개입, 너무나 중요하지만, 문제투성이인 그런 개입 말입니다. 지난 주말 있었던 학회에서 캘리포니아 해변의 섬에 관련된 딜레마에 대한 발표가 있었어요. 이른바 **침략종**invasive species의 제거 문제입니다. 이 말 자체가 "죽여도 되게makes killable" 만드는 용어고, 침략종이라는 말을 쓰는 것 자체가 죽여도 되게 만들죠. 섬에 있는 것이 중앙아메리카에서 이주해왔든, 쥐든 고양이든 말이죠. "침략종"은 말 그대로, 죽여도 되게 만드는 매우 강한 언어입니다. 섬으로 된 세계를 하나 생각해보죠. 바닥에 둥지를 트는 새들ground-nesting birds과 다른 생명체들이 지속될 수 없고, 쥐와 고양이 때문에 사라지는 상황을요. 어떤 사람들은 그저 "자리를 벗어난 종"이라고 부르고 싶어 합니다. 글쎄요, 사실이고, 진실이 포함된 말이지요. 그리고 부를 수 있는 말이 아주 많이 있어요. 완곡한 화법이 아주 많죠. "종 제거"….

CW : "종 재배치"….

DH : 그래서, 이 발표를 했던 생물학자/생태학자는 감수성이 아주 예민했는데요, 저는 이렇게 말했습니다. "음, 글쎄요, 제 생각에는 여성이 임신했는데 출산을 할 수 없다는 사실을 알게 되고, 자신이 태아를 죽이고 있다는 점을 알게 되는 문제랑 비슷한 것 같네요. 왜 이게 적출, 죽임이 아닌 척하게 되는 걸까요? 이건 어떤 종류의 무고함인가요? 우리가 죽이고 있다는 사실을 모르거나 인정하지 않으면 어떻게 되나요? 인간이든 아니든, 죽여도 괜찮은 것이 되어서는 안 되고, 죽이는 것이 가끔은 가장 책임 있는 행동, 심지어는 좋은 행동일 수도 있지요. 하지만 절대 무고한 행동은 아닐 거예요." 어떻게 하면 정말로 무고하지-않음 속에서 살 수 있을까요? 정말로 우리가 그렇게 살아야 한다고 생각한다는 이유로요.

　저는, 생명우선 입장을 취하는 한은 책임감 있게 살 가능성이 없다고 생각합니다. 무고함에 대한 추구는 절멸주의와 마찬가지입니다. 제 생각에는 필멸이라는 우리 삶의 조건에서는 생명우선이 아닌 지속우선의 태도가 필요하다고 생각합니다. 이를테면, 그 섬 생태계를 판단하게 됩니다. 이런 판단은 오류가 있기 마련이고 역사적으로 특수하며, 특정 생명체를 위한 결정이지만, 다른 생명체를 위한 것은 아니고, 어떤 사람들을 위한 결정이지만 다른 사람들을 위해 내리는 것은 아닙니다. 그리고 죽이게 됩니다. 왜 이렇게 인정하면 안 되나요. "사실 나는 고의로 죽음에 개입할 것이다. … 이 섬에 사는 쥐와 고양이 모두가 지역에서 완전히 사라질 때까지 죽일 것이고, 이 행위를 완곡하게 표현하거나 변명을 덧붙이지 않을 것이다. 그래도 나는 여전히 이 일을 해야만 하며, 동시에, 내가 무고하지 않다고 할 것이다. 이런 죽임, 이런 죽음, 이 생명체 하나하나는, 중요하다." 이것이 제가 "죽여도 되도록 만들지 않기"라는 말로 표현하려 하는 내용의 일부입니다. 삶과 죽음에 관련해 어떤 방식은 지지하고 다른 방식은 지지하지 **않으려면**, 그리고 (이 사례에서) 바닥에 둥지를 트는 새들을 **위해** 행동하고 이 섬의 식물, 동물, 미생물 생태계를 부분적으로 복원하기 **위해** 나/우리는 죽여야만 합니다. 하지만 나는 침략종과 같은 용어 뒤에 숨지는 않을 것입니다. 나는 죽여도 되도록 만들지 않을 것입니다. 나는 이 "우리"는 우리의 운을 함께 시험해보려는 "우리"인가 아닌가를 묻는 방식으로 이와 같은 세계화를 지지할 것입니다.

인간의 유산: 인류세와 자본세

CW: 그리고 이 문제는 정말 불안한 방식으로 앞에서 이야기를 나누었던 인구의 문제로 되돌아갑니다. 왜냐면, 아주 날 선 방식으로 단순하게 묻자면—아시다시피 60년대와 70년대부터 계속된 논쟁으로 되돌아가게 되죠—"호모 사피엔스라는 종에 속하는 구성원에 대해서도 똑같은 이야기를 하실 수 있겠습니까?"

DH : 왜 그래야 하죠? 문제는 상황의 구체성 안에 있는데요.

CW : 바로 그겁니다. 왜냐면 생명정치적으로 문제 되는—아니면 생태학적으로 문제 되는—종 내부에 문제 자체가 있지 않다면, 첫 반박은 "음 글쎄요—그냥 '파괴적인 종'이라고 부르죠—아무튼 거기에 대해 말하려면 출발점이 될 사례는⋯." 정도가 되겠지요.

DH : "지금 있는 목록의 맨 위로 가보면"이 어떤가요. "인류세人類世, Anthropocene"가 바로 여기서 나오는 것이니까요. 인류세라는 명칭은 그 목록의 맨 위에⋯ 파괴적인 "종"으로 인간the Anthropos을 둡니다. 다시, "종"으로서의 인간Man이죠.

CW : 그렇지요.

DH : 그리고 인간이라는 형상이 문제인 까닭이기도 합니다. "종의 행위"가 아닌 거죠. 이런 일들은 "종"으로 하는 게 아닙니다. 인류세라고 부르는 것과 관련해 생겨나고 있는 것은, 상황 속에서 복합적인 역사를 통해 구성된 행위의 그물망입니다. 그리고 다를 수 있었고, 달라질 수 있죠. 하지만 사람들은 말이 갖는 힘 때문에, 다를 수 있다는 사실을 잊곤 합니다. 사람들은 인간이 라는 종이 정말로 인간 본성에 맞춰 이런 일을 한다고 믿습니 다. 이건 경험적으로 사실이 아니죠.

CW : 음, 그게 그 용어의 웃긴 점이죠. 제가 작년에 베를린에서 엄청나게 큰 인류세 관련 행사에 참석했었는데요. 엄청나게 으리으리하고 유럽다운 행사였죠. 훌륭한 참석자가 많아서 좋은 행사였지만, 논의의 핵심이 되었던 것 중 하나가 오늘 아침에 이야기한 용어와 관련되어 있었습니다. 그 사람들 중 절반에게 는 궁극적인 포스트휴먼의 용어였던 겁니다. 완전히 탈중심화 한다는 의미에서요.

DH : 어떤 면에서 그렇죠.

CW : 나머지 절반의 사람에게는 앞에서 말씀하신 것과 같은 의 미였습니다.

DH : 그리고 다른 절반의 사람들이 있죠. 왜냐면 늘 반쪽들이 많 이 있으니까요…. 아침에 말씀드린 것처럼 단지 하나의 용어만 을 고를 필요는 없어요. 혹시 저더러 하나를 고르라 한다면 자본세Capitalocene를 고르겠네요. 문제를 다른 방식으로 형상화하는 단어죠. 인류세를 궁극의 포스트휴먼 용어로 보는 사람들한 테도 그 단어만큼 흥미로운 단어입니다. 자본세 말입니다. 같은 종류의 필요에 어느 정도는 부응할 수 있지만, 성격이 약간 다른 문제들을 불거지게 할 겁니다. 자본세에 적절하게 반응하려 면 육신과-피, 상황 속의, 복잡한 역사 속에서 체계적 변화를 지향해야 합니다.

CW : 음, 확실히 종을 하나만 골라서 맨 앞 중앙에 놓지 않지요. 마르크스의 분석을 알고 있다는 전제하에.

DH : 자본주의는 단순히 종의 행위가 아닙니다. 그리고 자본세 는 다른 무언가에 대한 질문을 제기하지요. 자본주의는 절대 하나의 단위가 아닙니다. 뭣보다도, 매우 복잡하고 **역사적으로 체 계적인 현상**이죠. 시공간적으로 역사가 매우 다양하고 균일하지 않아요. 18세기 중엽과 증기기관에서 시작되는 것도 아니고요. 플랜테이션 체계가 확실히 더 근본적입니다. 그리고 지금도 계속되고 있지요(팜유 플랜테이션 때문에 숲과 인간, 비인간의 삶 의 방식이 파괴되는 사례를 생각해볼 수 있습니다). 이 문제를 농경의 발명, 심지어는 플라이스토세Pleistocene의 수렵인, 아니면 지구상 **현생 인류**Homo sapiens sapiens의 출현, 그런 것들과 동등하게 다루는 심층생태론자를 한편에 두고, 인간을 화석연료를 사용하며 내연 기관을 쓰는 존재로 간주하는 사람들을 다른 편에 두고, 인류세가 무엇인지 논쟁을 하게 만들 수는 없어요.

마르크스주의 정치생태학자인 제이슨 무어Jason Moore가 좋은 출발점을 제시합니다. 지구형성 요인으로서 자본주의의 복잡성은 15세기의 인도양 연안 무역 지대를 살펴보지 않으면 생각하기 시작할 수조차 없어요. 거래 지대와 부의 축적 지대, 플랜테이션 농법의 발명, 동식물과 미생물, 사람들의 이동, 그리고 16세기 강 연안의 삼림 파괴 같은 세계형성 과정들 말입니다. 인류세에 대해 말하기 시작하는 순간 바로 생겨날 수밖에 없는 이분법적 시간 개념으로는 이런 문제들에 대해 첫 문장조차 꺼낼 수가 없어요. 지난 200년간에 관해 이야기하든가, 아니면, 아시잖아요, 종의 탄생 시기에 대해 말을 하든가. 그다음 차례는 심층생태론을 지향하는 사람들과 화석연료 경제만 걱정하는 사람들 사이에 싸움이 벌어지는 겁니다. 이렇게 해서는 일이 되지 않을 겁니다. 애초에 시공간의 복잡성이 잘못 설정되니까요. 이 점에서는 자본세의 개념이 낫습니다. 그리고 자본세는 동물, 식물, 인간―그리고 미생물(왜냐면, 보세요, 자본의 역사와 관련해서 발효와 질병은 근본적이고 중요합니다. 발효 문제를 빼고 2차 대전에 대해 무슨 말을 할 수 있겠어요!)―들 중 어떤 집단이, 어쨌든 자본세에서의 행위자들은 최소한으로 말해도, 상황 속에 있는 식물, 동물, 인간, 미생물, 그러니까 이 모든 것들의 안팎을 가로지르는 다중적 층위의 기술들인 거죠. 아주 어설프

게나마 자본세에 대해 생각을 해보면 인류세와는 아주 다른 배역들이 나오게 됩니다.

CW : 앞에서 이야기한 것 중 하나, 그러니까 인류세라는 용어와 연관된 관심사 하나—여기서 사실상 〈반려종 선언〉으로 돌아가는데요—는 인류세라는 말이 환기시키는 것에는, 한 층위에서는 급진적으로 비인간ahuman적이고 사유 불가능한 지질학적 시간 스케일뿐 아니라, 함께 묶여서 선생님께서 자본세라고 부르는 것을 만들어내는 서로 다른 유형의 생물학적·기술적 힘들 사이에서 확보되는(생성적인 것으로 이해될 수도 있고 아니면 다른 방식으로 이해될 수도 있는) 시간적 비동시성도 있습니다.

DH : 인류세를 말할 때는 꺼내볼 수도 있는 주제지만, 자본세를 말할 때는 반드시 다뤄야 하는 내용이죠.

CW : 그렇지요.

DH : 이렇듯 비동시적이면서도 시공간을 따라 분포된 힘들과 복합적인 체계-속성의 방식들….

CW : 우리가 숭고함의 문제로 돌아가지 않는 까닭 중 하나죠!

DH : 그러지 말아야죠! (둘 다 웃음.) 어쩌면, 제 생각이지만 인류세라는 용어가 유행한 까닭,—여러 이유가 있겠죠, 좋든 나쁘든—과학자들 사이에서 유행한 까닭이기도 하고, 지질학자들 사이에서 유행한 까닭일 겁니다. 그리고 아시지만, 이 용어는 사실 2000년을 전후해서 나온 말인데, 이 용어를 처음 제시한 사람이 오대호에서 담수 조류freshwater diatoms를 연구하던 생물학자죠? 이 사람의 관찰 대상은 생물지질화학적biogeochemical 과정입니다. 사실 생태계, 그러니까 생태계라는 말 자체가 담수호 생태계와 초원 생태계에서 나왔습니다. 재미있는 현상이죠. 그리고 생물지질화학 과정에서 용어가 도출될 때, 1910년에 공생발생이라는 용어를 발명한 러시아 생물학자들과도 연결 고리가 어느 정도 생겨납니다. 제 경우에는 논문 지도 교수였던 에벌린 허친슨G. Evelyn Hutchinson을 통해 이 러시아 생물지질화학자들을 접하게 되었습니다.

어쨌든 여기서 말하려는 건 인류세라는 용어를 만들고 (놀랄 일도 아니지만) 대기화학자와 팀을 이뤘던 생물학자예요. 이 팀은 수온 상승과 수질 산성화 때문에 산호초가 탈색되는 현상을 우려하고 있었어요. 그 과학자들은 아주 현세적이고 육체적이고fleshy 생명정치적이고 생태정치적인 멸종 문제에 관심이 있었습니다. 그리고 다른 과학자들은 산호 탈색의 원인이 어쩌면 부분적으로는 비브리오균 감염일 수 있다고 우려했습니다. 이 감염을 야기하는 비브리오균은 한편으로는 콜레라를 일으키는 것과 같은 생물체(박테리아) 집단에 속하고 생태·진화·발생생물학적 공생에서 발달 신호 체계와 관련된 집단이기도 합니다. 유진 스토머Eugene Stoermer와 파울 크뤼천Paul Crutzen은 탈색된 산호초를 집중적으로 살펴보다가 암석·물·대기에 인간 활동에서 비롯된, 인간이 야기한 과정이 새겨진 데 충격을 받게 됩니다. 그다음 차례로 지구물리학자들이 조사 위원회를 만들어서 지층 형성과 관련된 값들이 새로운 지질시대를 명명하기에 충분한 수치인지 전문적이고 엄밀한 기준에 맞춰 판단합니다. 인류세는 백악기와 고제삼기를 가르는 K-Pg 경계(스콧 길버트의 생각)와 같은 경계 사건인가, 아니면 하나의 지질시대인가, 아니면 더 큰 지질학사적 범주인가?

우리가 나눠야 하는 대화는 이런 것입니다. 그래서 빈대 잡다가 초가삼간 태우지는 않을 겁니다. 저는 인류세라는 용어가 본래 의도보다 너무 많은 걸 함축하기 때문에 차라리 그 말을 쓰지 않는 편이 나았으리라고 생각해요. 하지만 용어를 그렇게 정한 마당에, 2016년에 조사 위원회가 보고서를 내면 지질학자들이 인류세를 공식 용어로 채택했으면 좋겠네요. 주요 현안에서 시급성을 더 잘 짚어낼 뿐 아니라 이 담론적 물질성 안에서 작동할 수 있어야 할 것입니다. 저는 자본세가 강한 담론적 물질성이 있어야 한다고 생각하지만, 그걸 실제로 연구하는 기관이 없지요. 미국에서는 자본주의를 언급할 수조차 없어요. 말을 입에 담는 순간 반역 행위로 받아들여지죠. 정말로, 웬만한 곳에서는 입에 담을 수 없는 말이에요!

CW : 이건 결국….

DH : 본인이 자본주의자여도, 자본주의자라는 말을 입에 올릴 수가 없어요. (둘 다 웃음)

CW : 그렇죠, 그렇죠. 그냥 "경제학"에 대해 이야기하는 거죠, 당연한 것처럼.

DH : 제 친구인 크리스 코너리Chris Connery는 중국인들이 자본주의(와 냉전의 지속)에 대해 늘 얘기한다고 하더군요. 자본주의 혁명이 한참 벌어지는 곳이 있다면 중국이죠. 여러 면에서 형식적인 표현의 자유가 더 제약을 받지만, 중국인들끼리 하는 일상적인 정치적 대화는 우리들보다 **훨씬** 더 풍부하죠(다른 측면에서는 그렇지 않지만요).

CW : 더 세지는 않겠죠! (웃음)

DH : 음, 세지는 않을 겁니다. 하지만 다른 측면에서 보면 중국의 좌파―그 담론―의 몰살은 불행한 일입니다. 하지만 여기에도 좌파 담론은 거의 남아 있지 않죠. 어쨌든 지금 할 수 있는 자본주의 이야기는 다 한 것 같네요.

평범한 생명정치

CW : 조금 덜 우울할 수도 있고, 좀 더 작은 규모에서 이야기되는 주제로 돌아가고 싶습니다. 〈반려종 선언〉의 생명정치적 차원과 관련된 것이죠. 기쁨, 놀이, 관심의 깊이, 그리고 해당 생명체와 관련된 책임의 종류라는 주제입니다. 제 머리에 떠오른 것은—여러 해 전에 제게 말씀해주셨고, 〈반려종 선언〉에 나오기도 하죠—메타 리트리버에 대한 구절입니다. (해러웨이의 웃음) 비키 헌에게 편지를 쓰면서 메타 리트리버와 카옌을 해변으로 데려가는 이야기를 하죠.

DH : 롤런드와 카옌 둘 다예요.

CW : 떠올리신 그 일이[개에게 목줄을 채우지 않는 것] 제가 알기로는, 지금은 불법 아닌가요.

DH : 하지만 했었죠.

CW : 불법이지만 했었죠. 그러니까 제 질문은 이렇습니다. 반려동물이라는 말이 역사적 시점을 정확히 밝힐 수 있는 의료화 복합체와 학계의 제도적 삶에서 출현한 것이라고 하십니다. 그리고 이와 같은 (푸코가 말한 것처럼) 생의학적이고 생명정치적인 맥락에서 나오는 관련 용어들을 더 열거할 수 있겠죠. 우리 관점에서는 썩 달갑지 않지만요. 함께 생각해보고 싶은 것은— 그리고 선생님의 책에서 생각에 필요한 단어들을 찾을 수 있습니다—인간과 비인간 생명체들이 상호작용하는 방식이 점차 규제와 의료화의 대상이 되는 현상 자체는 훨씬 더 폭넓은 생명정치적 장에 귀속된다는 것입니다(물론, 모두 다 더 안전하게 만들기 위해서라고 말하지만요). 그리고 이 점을 이해하려면 "정치"를 생각하는 방식을 바꿔야 합니다. 질문의 첫 부분으로 돌아가보면, 그 선언문에서 하시는 것 중 하나—즉 어떻게 시작해서 어떻게 끝내는가, 그리고 다른 것들도—는 생명정치란 무엇인지에 대한 이론적 질문이 아니라는 점을 분명하게 밝히는 겁니다. 삶의 구조를 함께 이루는 일부일 뿐….

DH : 매우 평범한 것들이죠.

CW : 그리고 세속적이지만, 또 칼로 천 번 베는 사형과 같은 것이기도 하고….

DH : 하지만 천 번 웃는 기쁨 같은 것이기도 하죠.

CW : 동시에 말이죠. 그 이면도 참이니까요. 선생님의 개들은 말 그대로 역사상 유례없이 자유롭습니다.

DH : 유례없이 부유하기도 하고요.

CW : 반려견들에게 수의학적 관리, 좋은 음식, 기타 등등 모든 것을 제공합니다.

DH : 이 나라에 있는 닭장은 세계의 여러 대도시에서 사람들이 사는 판잣집보다 큽니다. 전쟁 지역 난민들의 숙소인 텐트보다 크지요. 알고 있어요.

CW : 이야기가 이렇게 흘러가다 보니, 좀 더 깊은 곳에서 흥미를 자극하는 것이 나옵니다. 그러니까 선언문의 도입부에 관해 토론했던 것인데요, 글이 면역학 패러다임에서 출발한다는 사실로 돌아가게 되는 겁니다.

DH : 상속과 면역계 모두요.

CW : 이 전부는 최소한 라이스Rice 대학에서는—산타크루스는 어떤지 모르겠네요—캠퍼스 내 모든 엘리베이터 바깥에 손 소독제를 붙여두는 구조의 일부인 것 같습니다.

DH : 그리고 이제는 "항생제 무함유" "순수 알코올"이라고 하더군요. 이 작은 펌프에서 진화한 담론이 꽤 많죠.

CW : 그렇죠. 그래서 이런 표지판도 눈이 돌아갈 만큼 자주 보입니다. "개똥을 주워 담으세요." 사람들이 개똥을 밟기 싫어해서가 아니라 "개 분비물은 병을 전파하기" 때문이죠. 동시에 음식에 대한 알레르기 반응, 자가면역질환들이 폭발적으로 생겨나고 있죠.

DH : 완전히 전염병 친화적인 글로벌 산업 식량 체제도요.

CW : 그러니까 〈반려종 선언〉이 하는 건—제 생각에는 확실히 〈사이보그 선언〉의 일부를 물려받는 방식으로—이런 점을 이해할 수 있도록 해주는 단어들을 한데 모으는 것입니다. 보세요, 이런 건 그냥 좀 민망하거나 짜증 나는 "윤리"나 "라이프스타일"의 문제가 아니에요. 이런 문제들은 실제로는 훨씬 더 큰 정치적 지각 변동의 일부죠. "살게 만들기"의 이름으로, "개선"의 이름으로, "안전"의 이름으로.

DH : 생명정치의 일부인데….

CW : 실제로는 약화하고….

DH : 사유에 대한 도발이 되죠.

CW : 예. 저는 가끔 궁금합니다. 저희 세대의 어린 시절을 돌아보면 이런 생각이 드는데, 글쎄, 어쩌면 이런 진보가 없었으면 더 잘 살지 않았을까. 제 학생들에게는 이렇게 말합니다. "흙 좀 더 먹어야겠네!"

DH : 애나 칭이요, 아시겠지만 아주 가까운 친구이고 나도 이런 사람이 되고 싶다는 느낌의 동료인데….

CW : 네, 이런 문제에 관해 함께 이야기를 나누면 너무 좋을 거 같아요.

DH : 같이 저녁을 먹으면서 지루한 텔레비전 프로그램을 보려고 하던 참에 애나가 저에게 이런 이야기를 들려주었어요. 그때 저희는 개 이야기를 하면서 카옌의 습관에 대해 말하고 있었어요. 당시 가뭄이 계속되고 있었기 때문에 화장실 물을 자주 내리지 않았어요. 하필 카옌이 변기 물을 마시는 버릇이 있는데, 집안 문제가 되어버렸죠.

CW : (둘 다 웃음) "와서 엄마한테 뽀뽀해줘!"

DH : 우린 함께 산다는 것의 물질성과 그것의 바로 이것임과 그 어이없음과 서로 용서해주는 것에 관해 이야기하면서 웃었어요. 애나가 말을 이었죠. "글쎄, 저는 현지 조사를 본래 보르네오 섬에서 했는데요, 지역 사람들은 당시 농부들이었어요—숲이 파괴되어서 생계유지 방식에 엄청난 타격을 입고 있었거든요— 지역의 무슬림 집단과 거래를 많이 했고요. 아주 인도네시아적인 사회조직의 복잡한 일부였지요. 하지만 아시잖아요, 사실 주변에 개들이 대단히 많았고 사람들 사는 집을 계속 들락거렸는데, 독립된 삶을 사는 거나 다름없었지만 사람들하고도 상당히 가깝게 지냈어요. 아이들과 어울리면서요. 그리고 개들이 기저귀 역할을 했어요. 아이들 똥을 먹어 치운 거죠. 사람들은 개들이 당연히 그렇게 하리라고 기대했고. 집 안을 깨끗하게 관리하는 데 도움이 되었어요. 일회용 기저귀는 물론 없고 천기저귀도 없었으니까. 개들도 즐겼고 아기들도 확실히 좋아했고, 이게 문제가 된다고 생각하는 어른은 없었어요. 정반대였죠. 개들이 아기 똥을 먹었어요." 제가 확실하게 말씀드릴 수 있는 건, 이게 미국에서 기저귀 매립을 해결하는 대안으로 인기를 끌지는 않을 거라는 겁니다. 하지만 위생, 안전, 쓰레기, 생명정치와 바이오테크놀로지의 문제를 다시 설정해보게 해주긴 하지요.

CW : 과잉 위생화. 생명정치적 사고방식에서는 전부 푸코로 돌아갑니다.

DH : 그리고 역사적인 다종적 삶에 대한 오해….

CW : 면역과 자가면역의 맥락 안에서 모두 계급, 인종 관련 개념에 기초한 웰빙 모델의 형태로요.

생명체는 생태계다

DH : 모두 웰빙의 이름으로 진행되죠. 생의학 장치, 미생물학에서 면역학의 장치, 그런 것들이 자라 나온 뼈대는 식민주의적 제도, 그리고 적을 제거하고 종속된 자들을 관리하는 것과 관련됩니다. 소독, 배제, 멸절, 이송, 그런 것들 말입니다. 생의학은 "다종성, 문화 다양성, 생태계 건전성을 유지할 수 있는 배치를 만들어낼 수 있는 방법은 무엇인가?"라는 질문 속에서 형성된 것이 아닙니다. 전 세계적으로 생물학, 의학, 미생물학에서는 정말로 판구조적인 변동이—고르지 않게, 너무 느리게—진행 중이지만, 지구상의 어떤 생명체도 그 외부에 있지 않고—실험 관행, 진료 관행 등에 정말 심층적인 영향을 주는 방식으로—생명체들은 그 자체가 생태계인 걸로 이해되고 있어요. 다른 것이 아닌, 특정 생태계의 건강을 증진하겠다는 마음이 진심이라면 생태계적인 관점에서 생각해야 합니다. 어떤 동료/반려자들이 여기 있어야 하고 누구는 있어서는 안 되는가? 늘 가장 극단적인 방식으로 악영향을 주는 질병을 일으키는 생명체는 누구이며, 어떻게 하면 이들을 내보낼 수 있고, 원치 않는 생명체를 내보내는 데 어떤 생명체들이 정말로 효과적인가? 등이요. 완전한 소독은 말 그대로 불가능하잖아요. 손 소독제라니, 말도 안 됩니다. 핵심은 생명정치에 관한 한, 생태계 배치라는 이 문제가 지구상에서 벌어지는 생명 게임의 이름이라는 겁니다. 끝. 다른 게임은 없어요. 개체 더하기 환경이 아니죠. 다양한 방식으로 구성되고 역사적으로 역동적인 접촉 지대로 이루어진 생태계의 그물들만 존재합니다. 제 동료이자 친구인 캐런 바라드Karen Barad와 스콧 길버트의 도움을 받아, 저는 가끔 이런 내작용적이고in-tra-active 회절하는 복잡성을 지질-생태-진화-발생-역사-기술-심리적 공제작GeoEcoEvoDevoHistoTechnoPsycho sympoiesis 이라고 부르죠! 이 계열은 확장되면서 접혀듭니다.

CW : 전前 산타크루스의 교수인 그레고리 베이트슨이 말해주는 것처럼요. 제 생각에 두 선언 사이 깊은 곳을 가로지르는 연결선을 발견할 수 있는 맥락이 바로 여기인 것 같습니다. 반려종 같은 용어들(지금까지 이야기한 다른 용어들도 마찬가지고요), 그리고 〈성, 정신 그리고 이윤〉〈상황적 지식〉 면역계에 대한 논문 〈괴물의 약속Promises of Monsters〉 〈가상의 검시경Virtual Speculum〉 같은 논문들도 마찬가지고요. 어떤 면에서 이 논문들과 두 개의 선언은 가상의 책 비슷한 것이 되는 듯합니다. 〈반려종 선언〉과 연결되는 선은 알아보기가 좀 더 힘들죠. 표면적으로 너무 다른 글이니까요. 하지만 근본적인 의미에서, 내부에서 서로를 연결하는 이론적인 역동성은….

DH : 단단히 땋아져 있지요.

CW : 근본적으로 변한 것은 없습니다. 어떻게 서로 다른 방식으로 갈라져나가느냐의 문제지요.

DH : 모두 기술과 진화에 대한 이야기지요. 둘 다 친밀성과 쾌감을 이야기하고요. 두 선언문 모두 스토리텔링의 모든 형태에 관여하지만, 서로 다른 균형을 이루고 전면/배경, 장르가 서로 다릅니다.

CW : 그리고 같은 역학이 다른 현장에서 전개된다는 의미에서, 걸려 있는 사안들도 다르다고 생각합니다. 이 때문에 저는 〈반려종 선언〉이 푸에르토리코의 사토, 거리의 개들에 대한 매력적인 이야기로 끝나는 게 정말 좋았어요.

DH : 네.

CW : "동일한" 이론적 운동을 이야기해도 지정학적으로나 문화적으로나 얼마나 다르게 갈라져나가는지 보여주는 훌륭한 사례입니다.

DH : 개의 세계에서 인종과 국가 권력의 문제를 강조하려고 했어요. 다른 내용도 많이 있었고요. 인간과 개의 다양한 생명정치를 평범하게 만들려고 했죠. 저는 푸에르토리코의 사토 개 이야기에서는 노숙자들이 거리의 개를 돌보는 내용이 정말 매력적이라고 느꼈어요. 노숙자는 아니어도, 간신히 먹고사는 형편에 있는 사람들이 개를 돌보는 이야기도요. 이 사람들이 거리의 개들과 관계 맺는 방식은 부각하고, 이야기로 만들고, 지키고, 존경할 가치가 있습니다. 매사추세츠의 "영원한 가정"의 이미지, 늘 "구조rescue"라고 이야기하는 것은 큰 문제입니다. 정말입니다. 미국에서 개의 삶과 관련해서는 "구조" 담론이 "입양" 담론을 이겨버렸죠. 좋은 개는 구조된 개라는 것은 무엇보다도 식민주의적 담론입니다. 저는 사토에 대한 부분이 이 특정한 국제적 입양 이야기를 입체적인 것으로 만들면서도 개와 사람의 국제 입양을 적the enemy으로 만들지 않기를 바랐어요.

CW : 그런 일이 벌어지지요. 그런 종류의 압력 지점이 계속 생겨납니다. 앞에서 카트리나, 휴스턴, 뉴올리언스 이야기를 했지요. 같은 문제들이 뉴올리언스에서 휴스턴으로 이주하는 "난민"의 담론적 위상과 관련해 제기되었습니다. 글쎄요, 어쩌면 여기서 무슨 일이 벌어지고 있는지, 이들의 처지는 어떤지, 어떤 일을 겪었는지에 대해 어떻게 하면 더 책임감 있는 방식으로 이야기를 할 수 있는지 생각해볼 필요가 있겠네요.

DH : "난민"이라는 명칭은 무엇보다도 사람들을 비-국민으로 만들죠.

CW : 바로 그렇습니다.

DH : 그리고 물론, 뉴올리언스를 재건해온 방식은 의미심장하게도, 그 사람들을 가능한 한 배제하는 방식을 취해왔습니다.

기쁨의 실천: 친족 만들기

DH : 이야기가 더 나아가기 전에 앞에서 언급한 주제 두 가지를 다시 이야기해봤으면 좋겠네요. 하나는 기쁨의 문제와 관련되고, 필멸의 존재인 우리가 더불어 살아갈 때 기쁨을 실천하는 것 the practice of joy의 중요성과 관련됩니다. 정치적 전망을 구성하고 "어려움"에 대해, 그리고 서로에 대해 책임감 있는 방식으로 살고 죽는 것에 대한 감각을 배양하려면 기쁨의 실천이 결정적으로 중요하다고 봅니다. 놀이는 그 실천의 일부이죠. 상대가 지닌 능력을 북돋을 수 있도록 관심을 두고 서로의 삶에 개입하며 살아가는 것이 기쁨을 만들어낸다고 생각합니다. "망가진 행성에서 살아가는 기술"에 대한 학회에서, 데버라 버드 로즈는 이 것을 "삶의 반짝임"이라고 부른 뒤, 다시 "광채"라고 불렀어요. 버드 로즈는 자신의 스승들, 특히 오스트레일리아의 선주민족 스승들이 그러한 삶의 측면을 "광채"라고 부르는 방식에 관해 이야기했죠(최선의 번역어였다고 합니다). 오스트레일리아의 박쥐와 그들이 먹고사는 과일나무의 문제, 꽃과 박쥐가 분명하게 드러내는 감각적 쾌락, 그들이 서로에게 다가가는 방식들에 관해 이야기합니다. 너태샤 마이어스Natasha Myers와 카를라 후스탁Carla Hustak이 이러한 감각적 수다를 비자발적인 삶의 모멘텀이라 부르는 것과 관련해서요. 이 담론은 무엇보다도 생물학적입니다. 제 생각에는 이런 삶의 반짝임에 참여하는 게 아주 중요해요. 광채를 짚어내고 묘사할 수 있는 능력 말입니다.

CW : 제 생각에는 앞서 토론한 것처럼, 생명정치의 사유가 현재 놓여 있는 구체적인 역사적 시점, 그러니까 긍정의 생명정치가 어떤 모습인지 제시하려 하는 시점에, 매우 중요한 자원이 되는 내용이라고 생각합니다. 그런데 "이론" 작업에서 기쁨과 놀이에 관해 이야기를 시작하면, 정치 문제에 진지하지 않은 것처럼 자동으로 낙인이 찍히는 건 문제가 있죠.

DH : 저도 그건 반대에요. 저는 요즘 같은 시대에는 그런 측면이 없으면 정치적으로 된다는 것이 무슨 뜻인지 전혀 감을 잡을 수 없을 것 같거든요.

CW : 그럴 수 없죠. 그리고 제 생각에는 이건 선생님의 초기 작업과 〈반려종 선언〉을 심층에서 연결해주는 거점이기도 합니다. 제가 볼 때 이건 페미니즘에서, 그리고 기쁨과 긍정에 대한 것이었던 여성 운동과 페미니즘의 측면들로부터 상속한 엄청난 자원과 유산입니다.

DH : 퀴어 정치도요. 그리고 지배만 있는 것이 아니죠.

CW : 예, 그리고 잠시 후 퀴어됨queerness에 대해 얘기를 나눠보고 싶습니다.

DH : 제 생각에는 공적 실천으로서 쾌락pleasure의 정치는 퀴어 운동에서 가장 생생하게 사유되고, 전개되고, 실천되고, 제안되었던 것 같아요.

CW : 어떻게 느끼고 계시는지 모르겠지만, 제가 느끼기에 〈반려종 선언〉을 쓰시면서 사이보그의 형상에서 멀어진 이유 중 하나는….

DH : 둘은 같은 둥지에 있어요.

CW : 네, 둘은 같은 둥지에 있죠. 하지만 〈반려종 선언〉에서는, 그 당시 하길 원하셨던 일에 비춰볼 때 사이보그가 충분히 퀴어하지 않았기 때문에 반려종이라는 다른 형상을 선택했다고 말씀하셨죠.

DH : 예, 그건 사실인 것 같네요.

CW : "이론적"으로는 퀴어할 수 있었는데요.

DH : 피부에 와 닿기는 했지만, 충분하지 않았죠.

CW : 하지만 조금 전 쾌락이라는 단어를 쓰실 때 손가락을 그 위에 놓으셨는데요.

DH : 맞아요.

CW : 퀴어함과 쾌락의 연결이죠. 비생식적 성과 친근감과 기쁨을 환기하는 긍정의 영역으로 옮겨가게 하는 것이요. 책을 여닫는 주제들이죠.

DH : 비-이성애 규범적인 것, 음절의 조합이 참 안타깝게 되어 있는 단어인데(웃음)… 그냥 하던 말을 다시 하지요. 아기 대신 친족을 만들자!

CW : 두 가지 일을 하는 데 필요한 자원인 것 같습니다. 긍정의 생명정치에 대해 생각하는 것만이 아니라—대화 앞부분으로 돌아가자면—서로 별로 관련이 없다고 여겨져 온 윤리와 정치의 유형들, 이른바 생명정치와 생태적 사유의 관계를 생각하는 것입니다. 그 일부로, 생태적 사유는 아주 최근까지도(선생님 같은 분들 덕분에 가능했지만, 다른 사람들도 있었죠) 충분히 퀴어하지 않은 재생산 담론의 상당수에—심지어는 생명 다양성의 이름으로—몰래 되돌아왔습니다.

DH : 모두 다 사실입니다. 다만, "네, 하지만"이라는 말도 해야겠어요. 생태정치는 거슬러 올라갈 수 있는 가장 이른 시기부터 따져보면 가령 밸 플럼우드Val Plumwood 라고 생각해왔습니다. 오늘날에는 톰 밴 두렌이겠죠. 제가 생각하는 생태정치는 그런 것이 아닙니다.

CW : 그렇지요. 하지만 말씀하고 계신 생태정치의 계보야말로 필요한 것이죠.

DH : 물론이에요. 제대로 알려진 계보가 아니지만, 알 필요가 있어요. 주류 저널리스트가 기사를 쓰다 보면 배경을 좀 알고 싶을 때가 있죠. 알 수 없는데도 알 필요가 있지요.

이야기하기, 응답-능력을 기르기

DH : 생명정치 이야기를 끝내기 전에 하고 싶은 이야기가 하나 더 있습니다. 그다음에는 사실 종교 이야기를 하고 싶네요. 다른 주제로 이야기할 수도 있겠지만, 종교 이야기를 할 필요가 있죠. 하지만 좀 전에 하고 있던 이야기는 우리가 고양이, 개, 앵무새, 닭… 아무튼 동물들과 살아가는 방식이 엄청나게 변했다는 것입니다(또, 앵무새를 기른다는 것 자체가 생태적으로나 다른 관점에서나 석연치 않다는 점도 알고 있어야 하겠지요). 1950년대까지만 해도 상상할 수 없었던 일인데, 래시Lassie 등과 가족, 친족이 되죠. 그리고 물론, 좋든 나쁘든 동물들은 건강에 대한 권리만이 아니라 의무까지 얻게 되는데, 정말 모호한 성과죠! 동물들도 좋건 말건, 생명정치 안에 있습니다.

CW : 강제적으로 살게 만드는 것이요.

DH : 강제적으로 살게 만드는 거죠. 생의학, 애완동물 의학의 장치… 지금은 대대적으로 이 장치 속에 있습니다. 사실 돈도 많이 들어요. 하지만 저는 사소한 이야기와 작은 세부사항들을 통해, 커다란 세계로 열리는 쪽으로 넘어지면서 생각할 때가 많습니다. 한 가닥 한 가닥을 엮어서 작은 꾸러미에서 실을 자아낼 때, 이런 세부사항들을 갖고 바로 이 세상에서 살고 죽는 데 필요한 세계들을 다시 감아나가는 것이죠. 그래요, 그래서 저는 이제 노년의 개가 된 카옌과 살고 있는데, 난소 적출을 받은 노년의 암캐(와 폐경 이후의 여성)가 겪게 되는 일 중 하나는 요도 괄약근이 느슨해져서 새기 시작하는 거랍니다. 약이 하나 있어요. 페닐프로판올아민phenylpropanolamine, PPA이라고. 일반적으로 처방되는 약인데, 요실금에 꽤 잘 들어요. 카옌이 실내에서 살 수 있게 해주고, 뭣보다도 침대 위에서 자도 괜찮게 해주죠. 소변으로 젖은 침대에서 자고 싶은 사람은 없잖아요.

그런데 페닐프로판올아민은 앤지오텐신angiotensin 계열이라 혈압을 높게 만듭니다. 카옌은 심장판막에 문제가 있어서 말초계 혈압이 높아질 때 힘들었어요. 말초계 혈압을 낮게 유지해서 심장에 주는 부담을 줄이고, 울혈성 심부전을 늦추거나 완전히 막아야 했지요. 그래서 카옌은 이 문제를 두고 고심하는 심장병 전문 수의학자와 함께 의학 처방의 세계에 들어갑니다. 이 의사가 약을 하나 추천해줬어요. 탁자 위에 흰색 캡슐 알약이 있더군요. 그 의사 말이, "카옌은 이제 이 약을 먹어야겠네요. 효과가 있는 최소 복용량이 얼마인지 실험해보고, 필요하면 양을 늘리도록 하세요. 효과가 꽤 좋아요. 이전에는 큰 제약회사들이 만들었는데 이젠 안 만들어요. 길 끝으로 내려가면 작은 조제약국이 하나 있는데, 거기서 사시면 됩니다." 이 말을 듣는 순간 20세기 초반으로 되돌아간 느낌이 들죠. 아시겠죠. CVS[미국의 대규모 드러그스토어 브랜드]가 나오기 전에 있던 작은 약국이요. 안에 막자사발이 있고, 가족이 운영하는 약국 말이에요. 하지만 이런 약국들이 그런 약을 짓는 까닭은, 가격이 높은 약물은 이윤이 남지 않으면 큰 회사들이 만들지 않기 때문이랍니다. 아시겠죠?

하지만 문제가 되는 약, 작은 흰색 캡슐에 들어 있는 이 약은, 디에틸스틸베스트롤diethylstilbestrol, 즉 DES라고 부르는 약물이에요. 저는 듣는 순간 숨이 턱 막혔어요. 제가 특정 세대에 속하고, 여성 보건 운동의 영향을 받고 자라난 페미니스트라는 점을 의사가 알았으면 했습니다. DES는 임신한 여성이 복용하면 유산을 막아준다고 여겨졌는데요, 실제로는 아이가 성장한 뒤 암 발생률을 증가시키고, 3대까지 딸과 아들 모두에서 생식기 발달 장애를 일으킵니다. 이 약은 아주 큰 스캔들을 낳은 몹시 나쁜 약이었고—큰 제약회사들은 데이터를 내놓지 않고, 제시된 데이터에 대해 답변하지도 않았어요—여성 보건 운동이 지속하면서야 이런 내용을 전부 폭로할 수 있었습니다. 제 관심사 때문에 다른 사실도 알고 있어요. 동물-산업 복합체에서 식량으로 쓰이는 동물들의 체중을 늘리는 약으로 개발되었던 거죠.

할 이야기가 더 많지만요.

저는 이런 에스트로겐 유사 물질에 대해 많이 알고 있었습니다. 인간 의학과 수의학 및 농업에서 쓰이는 자연 및 합성 에스트로겐에 대해서도요. 그런데 신체에서 가치를 추출하는 고도로 복잡한 체계의 한복판에 다시 있게 된 것입니다. 그 체계를 생명정치, 자본주의, 인류세 혹은 그 무엇으로 부르든 말입니다. 동종 요법 의약품을 함께 팔고 있는 동네의 가족 경영 조제약국에서 이 작고 흰 알약을 사게 되면서 문제의 한복판에 다시 들어간 거죠. DES는 개에게도 발암 물질입니다. 카옌의 복용 일정과 용량으로는 발암 효과를 나타내지 않을 수 있겠지만요.

그래서 약과는 늘 균형을 잡아야 합니다. 저는 그래, 이 약을 한번 써보자고 생각했죠. 결국, 아주 낮은 용량으로도 충분하더군요. 하지만 제 영혼의 짝인 개에게 이 약을 먹이면서, DES 선언문을 써야 할 지경이 되었죠. 저 자신이 프레마린Premarin 때문에 겪은 역사, 임신한 암말의 소변, 그 끔찍한 이야기에 드러나는 잔인함과 잘못에 대해서요. 카옌과 저는 역사적 상황 속에 있는 생의학과 생명정치의 지대에서 포유류 암컷의 상처로 연결되어 있었죠. 저는 그 글의 제목을 "흘러넘치는 소변 Awash in Urine"이라고 붙었어요. 그러다가, 여성 보건 운동에서 미국 유대인 여성들이 보인 활약상을 다시 떠올리게 되었습니다. 말을 꺼낼 만큼 용감했던 여성이 누구였을까. 젠더·인종·종을 넘어서는 연대를 가능케 하고, 그 시대 페미니즘의 민족적 차이를 지지한 여성들. 저는 그 전체의 역사로 되돌아갔습니다. 이 작은 알약―제개가 먹은 그 작은 알약―이 생명정치로 돌아와 복수할 수 있게 했죠.

CW : 말씀을 듣고 보니 로베르토 에스포지토가 생명정치와 관련해 내놓은 탁월한 견해가 몇 개 생각났습니다. 생명정치는 "인격"의 수준에서 작동하지 않는다는 거지요. 심지어는 "몸the body"의 수준에서도 아니고요. 그의 표현을 빌리면 "살flesh"의 수준에서 작동합니다.

DH : 그렇죠.

CW : 에스포지토가 "공동으로-있기being-in-common"라고 부르는 수준에서 작동합니다. 생명정치에서―가치의 추출에 대해 말씀하고 계셨으니까요―종 구분은 구성적 역할을 담당하지 않습니다.

DH : 구성하는 게 아니라, 이용되죠.

CW : 이용되고, 그다음에는 젠더·인종·종의 차이를 따라 가치 추출 방식이 다변화되며 갈라져나갑니다. 하지만 종 자체가 변화의 원인은 아니죠.

DH : 변화의 원인은 아니죠. 종도 변화의 원인은 아닙니다. 제 생각에 "살"은 다른 역할을 합니다. 인종과 종이 공유하는 밑바탕에 잠재력을 부여하는 것도 포함되죠.

CW : 하지만 인종 담론이 그토록 많고, 우리가 토론하고 있는 주제에서도 가장 중심이었는데도, 종에 대해 언급하지 않고 인종에 대해 말하는 게 불가능하다는 점을 사람들이 이해하는 데 왜 이렇게 오래 걸렸는지 궁금해하실 것 같습니다.

DH : 확실히, 종에 관한 이야기 없이는 불가능하죠.

CW : 제가 자주 언급하는 내용인데요, 우리 연구 분야가 "인문학"이라고 일컬어지는 건 괜한 일이 아닌 것 같습니다. 실제로는 논리에서 곧바로 도출되는 내용을 이해하는 데 그렇게 오래 걸렸다는 게 놀라운 일이죠. 그러니까 우리가 대화하는 주제가 인종에서 종으로 또는 그 반대 방향의 이행 같은, 그럴듯한 두 단계의 문제가 아니라는 거죠.

포스트휴먼(주의) 말고 퇴비

DH : 아시다시피 저는 **포스트휴머니즘**이라는 용어는 좋아한 적이 없어요. 우리가 볼 때 포스트휴먼은 불합리하죠.

CW : 그렇죠.

DH : 하지만 **포스트휴머니즘**이라는 용어를 쉽게 여겼던 적은 없어요. 지지하기도 하고, 그렇지 않기도 하죠.

CW : 물론입니다.

DH : 선생님의 책과 분석을 좋아하고, 포스트휴머니즘이 필수불가결하다는 점도 알고, 제 친구들은 실질적으로 모두 그 기호를 빌어 꼭 필요한 창조적 사유를 내놓지만, 저는 그럴 수가 없네요. 러스틴이 저에게 이렇게 말해주었죠. "글쎄, **포스트휴먼**이 아니라 퇴비compost가 되어야 하는 거 아닐까!" (둘 다 웃음) 그러니까 구호가 필요하다면 이런 게 있겠죠. "포스트휴머니즘이 아니라 퇴비다!" "끝내주는 퇴비를 만들자!" (베스 스티븐스와 애니 스프링클의 표현입니다.) 그다음 차례로—다시 러스틴이 말해준 것인데—"인문학humanities 말고 후무시티humusities를. 후무스(부엽토)humus."라고. (울프의 웃음)

어원학적으로, 인간human은 후무스humus에서 나옵니다. "인간"이라는 말은 지나치게 호모homo를 연상시킵니다만—"나쁜" 방향이죠—후무스로 가는 "휴먼"도 있는데, 이게 "좋은" 방향이죠. 너무 단순해지면 안 되고요. (둘 다 웃음) 흙, 지구, 후무스를 만드는 방향의 일부가 될 수도 있고, 호모 방향으로 가는 남근적 "(남성)인간"이 있습니다. 늘 포물선을 그리며 바로 그 "인문학"의 방향으로 팽창하고 수축하는 호모가 있지만, 후무시티에는 다른 가능성이 있지요. 그래서 제 구호는 "포스트휴머니스트 말고 퇴비를Not Posthumanist But Compost"입니다. (둘 다 웃음) 저는 물론 포스트휴머니즘에도 연루되어 있지요. 따지고 보면《종들이 만날 때》도 그 기호를 빌어 출판했으니까요.
(숨을 크게 들이쉬고 잘 숙성된 스카치위스키를 마신다.)

페미니즘의 갈래를 따라

CW : 두 선언문이 각각 다른 방향으로 가지를 쳐나갔지만, 그들 간에 상당히 깊고 예측을 벗어난 연결선들이 어떻게 형성되었는지 앞에서 이야기하다가 말았습니다. 이 연결선은 생명정치, 더 넓게는 생명철학과 생태적 사유까지 확장되는 현대의 관심사와 관련되어 있습니다.

DH : 생명-기술-정치적 사유와도 연결되어 있죠. 사이보그는 계속해서—상호 충돌을 가정하지 않으면서—유기체적인 것, 기술적인 것, 인간적인 것과 비인간적인 것, 그러니까 이분법으로 용해되지 않고 마릴린 스트래선이라면 부분적 연결이라고 부를 관계 속에 있음이 분명한 그 무엇을 포함할 필요를 떠올리게 만듭니다.

CW : 그렇죠. 그리고 저에게 떠오르는 것은 앞에서 다룬 생명정치 사유의 두 주요 갈래입니다. 하나는 아감벤적Agambenian 취향으로, 매우 하이데거적인 스타일에 관심을 두죠. 존재신학적 질문과 주권의 문제에 대한 관심 말입니다. 그리고 선생님과 푸코를 포함하는 갈래가 있죠. 저 역시《법 앞에서 *Before the Law*》에서 니클라스 루만Niklas Luhmann을 비롯한 체계 이론의 내용을 포함해 푸코의 작업을 실제로 확장하고 급진화하려 했습니다.

DH : 아감벤 계열보다 저와 훨씬 더 관계가 깊다고 느끼는 계열이죠. 아감벤의 논변에는 사려 깊은 논의 줄기가 있다고 생각합니다. 문제들도 많이 있고요. 하지만 저에게는 큰 문제가 아닙니다. 사실 제 문제가 아니죠. 수긍하실 수 있다면요. 선생님께서 하시는 작업 유형, 선생님께서 땋고 계시는 갈래들은 제가 직접 다루는 내용은 아니더라도 깊이 관여하고 있습니다. 또, 제가 볼 때는 생명정치적인 것에 세 번째 계열도 있습니다. 가장 깊은 곳에서는 페미니즘 계보와 맞닿아 있죠. 일부는 학계에서 출현한 것이고, 다른 일부는 그렇지 않습니다. 일부는 생태페미니즘의 질문과 깊이 관련되어 있고, 일부는 보건 문제에 개입되어 있고, 일부는 인종 문제에 연결되어 있고, 일부는 감각 능력이 있는 생물체들, 그러니까 동물·식물·미생물·균류의 세계와 우리가 맺는 관계의 문제에 연결되어 있지요.

그 자체로 상이한 갈래들이 많이 있습니다. 저는 다른 문헌과 논의 주제에도 상당히 많이 개입해왔지만, 제가 느끼기에 저에게 가장 두터운 갈래는 무엇보다도 생물학적인 것입니다. 체계에 관한 사고인데요, 린 마굴리스를 통해 접했습니다.

CW : 생명, 생명….

DH : 린 마굴리스, 에벌린 허친슨, 그레고리 베이트슨의 생물학 (베이트슨의 저작 중 생물학 부문)…. 저에게 중요한 체계론은 그런 저작을 통해, 그리고 에벌린 허친슨도 한때 참가했던 메이시 학회Macy conference, 그러니까 개구리 눈/개구리 두뇌 연구, 그런 것들을 통해 저에게 전수되었습니다. 저는 이런 맥락에서 생물학을 통해 체계 이론을 접하게 되었습니다. 그리고 바버라 노스케와 밸 플럼우드를 비롯한 다른 생태여성주의적 사유, 그리고 데버라 버드 로즈와 같은 사람들의 글도 있지요. 아시겠지만 제가 속한 계보는 아주 깊은 곳에서부터 페미니즘적입니다. 그리고 제가 인용하는 다른 페미니즘 저자―전부는 아니지만 대부분 여성입니다―는 정치적 올바름 때문에 선택한 것이 아니었습니다. 진정으로 제 생각의 출처가 된 사람들입니다. 이 사람들은 제가 도반道伴으로 삼고 싶어 하는 사람들입니다.

CW : 그렇지요. 그리고 페미니즘에서 나와 되돌아가는 또 다른 중요한 자원은 아시다시피 "긍정의" 생명정치라고 부르는 것을 더는 두려워하지 않는 것이죠. 다른 생명/삶의 형태들과 이루는 필멸의 연결에 대해 긍정하는 감각을 갖는 것 말입니다. 그리고 궁극적으로는 그 지점을 넘어서 페미니즘의 계보에서 재생산과 같은 주제에 관련된 생물학적 개념들과 거리를 두려면 상당히 급진적인 퀴어되기가 필요하다는 사실을 아는 것입니다.

DH : 페미니즘 안에 다른 계열들도 있죠. 하지만 과잉 비판 내지는 비판이 과열된 상태를 중단할 필요가 있다는 점에 대해서는 찬성합니다.

CW : 그렇기 때문에 사상가로서 선생님은 푸코와 같은 사상가라면 절대 맺을 수 없을 종 간 관계에 열려 있다고 생각합니다.

DH : 확실히 그렇죠. 자연과 함께, 자연에 대한 사랑을 통해 망설임 없이 생각하는 것이 종 간 관계에 대한 긍정의 다른 측면이었습니다. 긍정의 페미니스트 생명정치, 세계화를 긍정하는 관계, 세계에 대한 전망과 다른 생명체를 필요로 하는 세계 속에 살아가는 것. 학술 문헌 대부분에 수반되는 인용 장치를 따라가 보면, 근본적인 페미니즘 사유를 읽어낼 수 있죠.

천주교 페미니즘, 천주교 기호학: 살에 새겨진 부정의 방식

CW : 그 말씀과 관련해, 선생님의 작업 중 아감벤적 측면의 일종으로 여길 수 있는 것으로 돌아갔으면 합니다. 물론 관계가 대단히 복잡하지만요(아감벤에게서 분명히 드러나는 하이데거적인 측면이 아니라요). 이 점은 〈반려종 선언〉에서 숨김없이 말씀하신 내용과 관련되어 있습니다. 천주교 배경, 천주교적 사유를 계속 탐색하고 협상하면서 활용하시는 방식 말입니다. 저는 사실 두 측면에 관심이 있는데요, 첫 번째—가장 눈에 띄는 입장이죠—는 〈반려종 선언〉에서 "부정의 명명법" 내지는 "부정의 앎의 방식", 사랑의 한 형태라고 부르셨던 것입니다.

두 번째 측면은 아마 말씀도 더 많이 하셨고 독자가 파악하기도 더 쉬울 텐데요, 반복해서 등장하는 "육신이 된 말"이라는 주제입니다. 여기에 대해 좀 더 듣고 싶습니다. "육신이 된 말"은 부정신학에서 이해된 대로의 "부정의 사유 방식"과 반대 방향으로 나가기 때문이죠. 생명철학에 대해 생각하고, 삶/생명에 대해 생각하는 문제에서 어떻게 다른 방식으로 연결이 되나요?

DH : 유한성의 테두리 안에서의 세계화, 특히 SF의 세계화죠. 사변을 통한 구성, 과학적 사실, 사변적speculative 페미니즘과 SF.

CW : 예. 하지만 더 큰 맥락에서 질문을 드려보면, 천주교적인 것의 배경 안에서 어떻게 그 두 가닥이 연결되고 분리되는 것인지요?

DH : 글쎄요, 이 둘은 핵심 갈래죠. 아시다시피 우리 가족은 천주교 집안이었고, 저는 천주교 학교에 갈 만큼 신앙에 진지했습니다. 저만큼 진지했던 사람들이 보기에는 다 연결되는 문제입니다. 저는 사춘기를 한참 지난 다음에도 신앙심이 깊었고, 신앙 실천도 열심히 했습니다. 그저 아무렇지 않게, "어, 나 천주교 학교 다녔는데 별 의미는 없어"라고 할 정도가 아니었던 거죠. 그렇게 경험한 사람들도 있지만, 저는 전혀 그렇지 않았어요. 신앙은 정말 근본적으로 저 자신을 만들었습니다. 그리고 냉담한 사람들이 있죠. 우선, "냉담"하다는 것은 "사라진lapsed" 내지는 "타락한fallen"이라고 부르죠? 여기에 관련된 농담 문화도 있답니다. 천주교 신자들에게만 허락되는 농담이 있는 거죠. 교회에 대한 저의 미움은, 교회를 사랑한 적이 한 번도 없는 사람들보다 훨씬 강할 겁니다.

그래서 저는 저 자신이나 같은 처지에 있는 사람들에 대해 "냉담"하다는 표현을 쓰지 않게 되었답니다. 저는 차라리 세속적 천주교인secular Catholic이라는 표현을 좋아합니다. 이런 표현을 쓰게 된 배경에는 수전 하딩의 영향도 일부 있었습니다. 하딩이 계속 주장한 것처럼 개신교는 미국이라는 국가의 형성에 다양한 방식으로 관여했고, 여기에 보태 종교와 세속은 구체적 상황 속에서 서로를 구성해왔다는 점이 중요합니다. 하딩은 지금 복음주의 계열, 그리고 계몽주의 및 과학 계열에 속하는 개신교 세속주의자들, 그리고 이 둘—하나는 알려져 있지만 다른 하나는 그렇지 않죠—모두의 형성 과정에 개신교가 극단적으로 중요한 영향력을 행사했다는 논의를 담아서 아주 도발적인 글을 쓰고 있습니다. 현대의 복음주의 개신교 세속주의, 세속적 개신교the secular Protestants, 세속적 분리주의the secular separatists 사이의 줄다리기를 추적하는 거죠. 세속적 분리주의자는, 아주 사소한 기회라도 있으면 정교분리를 법제화하고 강화하려는 사람들을 뜻합니다. 논란의 핵심이 되는 대상은 학교입니다. 어쨌든 수전은 제 생각에 정말 큰 영향을 주었습니다.

저는 저 자신이 세속적 천주교인이라고 생각합니다. 개신교 세속적 분리주의자가 아니지요. 미국인이니 좋든 싫든 무관할 수는 없지만요. 저는 리처드 도킨스Richard Dawkins 타입, 그러니까 "비합리주의"에 전쟁을 선포하는 타입은 아닙니다(물론

도킨스는 영국 사람이라 미국의 맥락에 끌어들이는 건 좀 이상합니다). 하지만 저는 상당히 다른 구성을 통해 종교에 접근합니다.

물질기호학: 누구를 먹는가?

DH : 무엇보다 천주교의 물질기호학이 있습니다. 육신이-된-말의 측면이죠. 임시로 이렇게 말할 수도 있을 거예요. 세속적 세속주의자들, 특히 유럽 계통의 세속 개신교가 기표와 기의를 분리하고, 기표와 기의 사이에 절대적인 무작위적 관계를 설정하고, 말이 육체를 만질 수 없게 하는 기호학을 발전시켰다고 말입니다. 천주교 신학의 성사중심주의sacramentalism와 근본적으로 단절되었고, 찰스 퍼스Charles Peirce의 기호학과는 상당히 다른, 미국 대학의 주류 기호학에 파묻혀 있다고 생각해요. 이런 점을 짚고 넘어가야 할 것 같습니다. (잊지 말아야 할 점이 있어요. 퍼스의 기호학과 미국 실용주의의 요소들이, 제게는 가까운 동료이자 친구인 브뤼노 라투르Bruno Latour와 이자벨 스텐저스Isabelle Stengers의 생각에 영향을 주었습니다.) 제 생각에 미국 실용주의에 체현된 전통은, 가톨릭의 영감을 받지는 않았겠지만, 저에게는 양립 가능한 내용이었고, 생각을 해나가는 데도 도움이 되었습니다. 하지만 은유(및 은유 이상)와 수사와 세계의 내폭, 곧 기호 작용의 과정과 육신성fleshliness이 촉수가 서로 감기듯 아주 밀착된다는 점, 바로 이것이 인간과 다른 모든 존재 사이의 분할을 의심하게 만드는 감응과 인지 장치의 수준에 자리 잡을 수 있게 합니다. 그리고 정신과 육체라는 인간 내부의 분할도요. 궁극적으로 세계 속에 있는 사람으로 구성된 저는, 이와 같은 분리나 거대한 분할에 매우 불만을 느끼게 됩니다.

겉으로 드러난 천주교 실천과 내면의 경험은 당연히 중요했습니다. 저는 일곱 살 때 처음으로 예수를 먹는 경험을 했죠. 그 강력함, 정말 무섭고, 훌륭하고, 놀라웠죠. 시각적으로 선명한 밤의 악몽, 꿰뚫는 듯한 낮의 평면, 강렬한 사랑, 끝없는 질문의 층위에 놓여 있는, 대단히 심오한 관습이자 경험입니다. 의심할 바 없이, 감응과 인지 장치 모두의 수준에서, 세계를 다양한 방식으로 정화하고 분류하는 것 말이죠. 아시겠지만 둘씩 묶어서, 자연/문화, 생물학/사회, 정신/육체, 동물/인간, 기표/기의 등등 저는 이런 이분법에 능숙해진 적이 정말 없어요. 제가 글을 쓸 때 깊은 영향을 준 측면이죠.

CW : 예. 그리고 이른바 동물 연구라고 하는 분야에서 제가 처음 쓴 글 중 하나—조너선 엘머Jonathan Elmer와 함께 쓴 〈양들의 침묵The Silence of the Lambs〉에 대한 글—에서 저는 한니발 렉터의 형상을 통해 육체, 동물성, 종의 문제가 정확히 어떻게 연결되는지 겨냥해 분석했지요. 그러니까 선생님께서는 예수를 먹는 이야기를 하시고….

DH : 세상에.

CW : 렉터는 불신을 통해 계몽 담론 전체를… 그리고 불신을 정확히 폭로하면서….

DH : 안 그런 때가 있나요.

CW : 분리의 양상과 깨끗한 양심을 전부 의심하죠. 그래서….

DH : 완벽한 사례네요.

CW : 저희가 글에 쓴 것처럼 렉터의 입장은 "나는 동물을 먹으므로 인간은 먹지 않는다"가 아닙니다. 그는 희생을 통한 대리를 믿지 않죠. 그의 논리는 "나는 동물을 먹으므로 인간도 먹는다"입니다. 그래서 괴물성은….

DH : 세상에….

CW : 늘 바로 곁에 있죠. 다음과 같은 이야기를 할 때….

DH : 그리고 먹는 행위에는 이와 같은 문제들을 특별히 강력하게 폭로하는 뭔가가 있다는 점을 부정할 수 없어요. 〈반려종 선언〉은 의도적으로 입과 관련된 수사를 제시합니다. 처음에 나오는 키스 장면도 그렇고, 반려자의 어원학적 뿌리, 그러니까 식탁에서 함께 빵을 나누는cum panis 것 말이죠. 저는 의도적으로 흡수, 소화, 소화불량의 문제를 다룹니다.

CW : "식구messmates"의 중요성이죠.

DH : 임신gestation은 불어로는 gestión인데, 이는 품고 키우는 것이죠. 그런데 자궁의 관점에서가 아니라 먹는 행위의 관점에서 볼 때의 소화gestation, 그러니까 실질적으로 먹고 먹히는 것의 공共실체성consubstantiality은 재생산이나 발생의 공실체성과는 다르죠. 그냥 달라요.

CW : 네.

DH : 제게 육신화와 성찬식은 늘 절대적으로 육체 속에서 육체를 함께 먹는 것이었습니다. 육욕은 대단히 천주교적입니다. 사이보그와 개 그리고 두 선언 모두 그 점을 증언하죠!

CW : 아시다시피 "관습적인" 기독교는 이 점에 관해서는 축의 중심이 뚱뚱해지면서 끝나죠. 왜냐면 사실 데리다는 선생님이 끝나는 지점에서 끝나지만, 등식의 반대쪽에서 끝나죠.

DH : 데리다는 유대계 알제리인으로서 글을 쓴다는 점을 기억해야겠죠.

CW : 그래서 데리다는 미친 유대인이고 선생님은 미친 천주교인이죠! (웃음)

DH : 그리고 데리다는 희생의 문제를 제가 할 수 있는 것보다 훨씬 급진적인 형태로 제시했어요. 그가 희생의 구조를 파악하는 방식의 깊이를 저는 상상조차 할 수 없습니다. 그렇죠? 저는 데리다에게 배웠습니다. 제가 문제를 "죽이지 말라"가 아니라 "죽여도 되게 만들지 말라"로 설정할 수 있었던 건 데리다 덕분입니다. 이런 문제들은 희생의 구조 없이 담판을 지어야 합니다. 희생의 구조를 물려받지 않는다고 될 일이 아니에요. 그냥 내려놓을 수는 없는 법이지요. 짐을 그냥 내려놓을 수는 없어요. 하지만 희생의 문제, 예를 들어 과학 실험실에서 동물을 죽이는 문제는 아직도 "희생"이라고 부릅니다. 산업적 축산에서 "희생"이라는 말을 쓰지 않는 단 한 가지 이유는 언어가 좀 더 세속화되어 있기 때문이지만, 여전히 희생의 방식으로 실행되고 파악된다는 점을 말해야 합니다. 제 생각에 희생의 구조를 둘러싼 문제들의 깊이를 이해하고 소통할 수 있는 데리다의 능력은, 그러니까 이삭Issac 내지는 그 이전에 시작해, 성체 성사Eucharist까지 바로 들어오는…. (웃음)

CW : 선생님께 새로 이름을 지어드려야 할 것 같습니다. 왜냐면 그 경우에 데리다는 "나쁜" 사람(이라고 적고 알제리인 및 무슬림, 유대인이라고 읽어야겠군요)이 되기 때문인데, 천주교의 경우에는 어떤 게 적당할까요? (웃음)

DH : (웃음) 글쎄요, 모르겠네요. 하지만 제가 어느 쪽으로 갔는지는 알지요. 그래서 곧 이자벨 스텐저스로 돌아가게 되겠네요. 하지만 제가 말할 수 있는 건… 음 글쎄, 모르겠네요. 그러니까 종교라는 말은 이 맥락에서는 정말 이상한 말이 된다는 거죠.

CW : 네.

DH : 왜냐면 종교라는 범주 자체가 근대적인 범주로 발명된 것이니까요.

CW : 네, 그렇게 줄여서 쓰는 거죠.

DH : "과학"과 "문화"가 그렇듯 종교도 근대적 범주입니다. 그 역사도 알려졌지요. 이 말을 하고 난 다음에는, 글쎄요, 제가 제일 편안하게 느끼는 건 대지의 종교the Earth religions랍니다. 위카 Wicca[현대 서구의 신흥 대중 마법], 스텐저스Stengers, 스타호크 Starhawk의 실천 양식을 좋아하지만, 무엇보다도 옛것이자 새로운, 지구와 그 아래에 있는, 위대한 지하의 신들chthonic ones에게 이끌립니다. 마리자 짐부타Marija Gimbutas의 '위대한 어머니Great Mother'는 저와 맞지 않아요. 위대한 어머니의 세계에 매력을 느낀 적은 한 번도 없거든요. 매력적이라고는 생각해요. 파괴된 어머니 여신mother goddess의 몸 위에서 가부장제를 발명하는 이야기들 말이죠.

그러니까 제가 하늘의 산물이 아니라 진흙의 산물이라 할 때는, 저는 대지의 힘에 종속된 실체라고 말하는 것입니다. 저는 지구인이죠. 저는 아스트랄하지astralized 않고, 주인공 위치에 있는 신들이나 유일신들을 경배하지 않아요. 저는 지구인이죠. 테라Terra의 존재들과 연대해서… 가이아도 그중 하나지만, 헤시오도스나 《신통기Theogony》에서 출발하면 가이아도 문제가 되죠. 그런데요, 이런 문제들을 생각하다가 《신통기》 구절들을 다시 읽는데 언어의 아름다움 때문에 소름이 돋았어요. 사실 현대 영어로 된 번역문을 읽고 있을 뿐이었잖아요? 그런데도 그 힘… 저는 그 언어의 아름다움에 숨이 멎을 뻔했습니다. 대단했어요. 그리고 헤시오도스는 그리스 신전과 올림피아드를 세우기 위해 가이아를 계보에 정리해서 넣어버렸죠. 이렇게 말해도 될까요.

가이아를 정상적 이성애자로 만들어버린 거죠. 그다지 정당하다고 할 수가 없어요. (웃음) 가이아는 여전히 아주 퀴어한데 말이죠. (계속 웃음) 하지만 헤시오도스 이후의 가이아에는 이성애적 정상성이 생겼고, 삼키기가 좀 힘들죠.

CW : 좀 길들여졌죠.

DH : 너무 고분고분해졌어요. 그리고 저는 올림피아드, 그리스인, 로마인, 그리고 그들의 후예인 유럽인을 걸러내는 깔때기에 들어가지 않는 가이아의 계보, 어쩌면 그물이라는 말이 나을 텐데, 거기에 더 관심이 생겼죠. 저는 더 오래되고 야생적인 가이아, 고르고네스Gorgones, 나가스Nagas, 파차마마Pachamama, 오야Oya에 정말 관심이 많아요. 가이아 이상의, 그리고 그와 다른 무엇 말이죠. 에두아르두 비베이루스 지 까스뜨루Eduardo Viveiros de Castro와 데버라 다노프스키Déborah Danowski가 브라질에서 "가이아의 천 개의 이름Os Mil Nomes de Gaia"과 관련된 학회를 열었어요. 지구의, 전 지구적인, 이언어적인heteroglot, 이름 붙일 수 없는 것들. 그 이름들은 꼭 서로를 환기시키거나 서로에게 영향을 주는 건 아니에요. 각각은 역사적·정치적·문화적 맥락이 있을 수도 있고 아닐 수도 있죠. 어떤 건 그렇고 어떤 건 아닙니다. 하지만 저는 범주화가 불가능한 필멸의 진행이 야기하는 위험, 공포, 약속이 아직도 발견될 수 있는 대지에서 사라지지 않고 남아 있는 무서운 힘들에게 제 표를 주고 싶네요. 제 천주교 신앙은 결국 거기로 갔죠. 제 생각에는 자연으로의 회귀의 일종인 것 같아요. 무엇보다도 자연주의적인 회귀죠. 지하의 무서운 신들은 초월적이지도 않고, 신도 아니고, 전지적인 존재도 아니고, 고정된 실체도 아니고, 대상/사물도 아니고, 믿음은 물론이거니와 종교를 요구하지도 않습니다. 힘의 이름이고—어쩌면 고정된 힘을 탈명명화unnaming하는 것인지도 몰라요—이런 힘이 저를 부정의 명명법으로 이끕니다.

CW : 그렇군요, 사실 제가 다시 꺼내려던 주제였어요. 모두가 다, 선생님을 진흙으로, 먼지로 되돌려놓게 되니까요.

DH : 돼지와 그들과 같이 사는 사람들과 육욕, 그러니까 일신론자들이 전혀 감당할 수가 없었던 것들. (웃음)

CW : 그러니까 저는 육신이 된 말, 그리고 천주교는 무엇보다도 말을 물신으로 다룬다는 점을 이야기해봤으면 합니다. 지금까지 쓰신 글들에서 아주 강력한 용어들을 많이 만드셨어요.

DH : 손에 올리면 낱알이 되는 말들이 되길 바랐어요.

CW : 그래도 이 용어들 중 상당수가 물신적인 힘을 갖습니다.

제 생각에는요. 많은 사람들한테요.

DH : 그렇게 모아둔 지식을 알기도 하고 모르기도 하고, 욕망을 투자하고….

CW : 그렇죠, 그리고 이런 용어들이 수백만 개 있죠.

DH : 그리고 그 용어들을 고정시키거나 특이성을 지닌 것으로 만드는 순간 바로 우상숭배에 연루되고, 어떤 면에서는 물신숭배에 연루되죠. 게다가 올바른 사랑은 절대 할 수가 없어요. 사랑은 언제나 부적절하고, 절대 적절하지 않고, 깨끗하지도 않거든요. 제 글 깊숙이 그런 측면이 깊이 새겨져 있죠.

CW : 네. 그리고 제 생각에 육신이 된 말은, 가령 생명철학이나 테크노페미니즘, 퀴어 생명철학을 글쓰기 실천 양식으로 실행하는 것과의 관련성을 표시하는 방법입니다.

DH : 사실인 것 같아요.

CW : 하지만 거기서 흥미로운 점은….

DH : 하지만 거기로 가기 전에, 육신이 된 말. 아시다시피, 요한은 복음서 저자가 아니에요. "육신이 된 말씀"은 정말 문제적인 어구죠.

CW : 네, 네. 그렇죠.

DH : 그래서, 그 점을 알고 있어요. 그래서 저는 그 말을 뭐랄까, 쓰기도 하고 안 쓰기도 하는 셈인데, 다시 물신숭배의 문제와 관련되죠. 그런데 다른 말씀을 하시려 했죠.

부정의 명명법

CW : 글쎄요, 저는 이런 질문을 해야 한다는 사실로 계속 돌아가게 됩니다. 정말 매력적인 질문이기도 하고요. 그러니까 이 질문입니다. 부정신학을 통해, 부정의 앎의 방식을 통해 우리에게 친숙한 구조, (말하자면) "다른" 헌신은 무엇인가? 그리고 신학적이라는 말을 실제로 사용하십니다.

DH : 물론입니다. 저는 문제가 되는 신학 서적들을 학부생일 때 아무런 마음의 준비 없이 읽었어요.

CW : 옳습니다. 하지만 저에겐—어쩌면 선생님께서는 다른 방향에서 접근하시는 걸 텐데요—부정의 명명법은….

DH : 생성적인 마찰 속에 있지요.

CW : 아니면 대지에서 멀어지게 하는 것은 아니지만, 육신의 모습으로는 절대 드러날 수 없는 형태의 지식으로 이끕니다. 그런 방식으로 쓰고 계신 것인지요, 아니면 다른 방식인지요? 그 밑에는 무엇이 있습니까?

DH : 지금 말씀하신 것과 조금 다른 방식으로 쓴답니다. 의혹도 이해하고, 묻고 계신 순전한 모순도 이해합니다.

CW : 아, 모순이라고 생각하지는 않습니다. 왜 그렇게 생각하는지 곧 말씀드리겠지만, 먼저 말씀하세요.

DH : 제 생각은 이래요. 말이 육신을 통해 **현시하게** 만든다는 것은 아닙니다. 기호 작용과 육신은—뭐죠?—하나도 아니고 둘도 아니라는 것… 그다음에는 무슨 말을 할 수 있을까요? 상징보다 심층적인 수준에 다른 뭔가가 있어서 또 다른 뭔가를 통해 현시되는 것이 아니에요. 글쎄, 뭘까요? 여기에는 더 급진적인 동일성/비동일성identity/nonidentity의 구조가 있습니다. 근본적으로 유물론적인, 더 급진적인 비동일성의 구조가 있지요. 이건 이름의 문제입니다. 무언가를 어떤 식으로 부르는 순간 이미 잘 못 부른 거죠. 지하의 힘을 명명하는 순간, 이름 자체 때문에 물신이나 우상 같은 것을 고정하는 일을 저질러버린 것입니다. 제 생각에 이건 우로보로스ouroboros가 자기 꼬리를 삼키는 지점인 것 같아요. 진흙 속으로 그리고 말의 증식으로 들어가는 것으로써, 제 생각에는 제가 증식시키는 말들과 형상 자체가 육신이고 그 자체가 많은 일을 하는 것 같아요. 하지만 대개의 철학자를 만족시키고 "그저 은유"라고 말한 뒤 끝내게 만드는 개념적 장치 속에 가만히 있을 수 없는 존재들이죠. 저는 이렇게 생각하게 됩니다. "여러분, 잠깐. 이건 그냥 은유가 아니라, 뭣보다도 유형적인 인지를 실제로 실행시키는 건데요."

CW : 그렇지요, 음, 그래서 앞에서 물신을 말씀드린 건데요, 왜 냐면 물신의 첫 번째 특징은 그 물질화의 장소를 벗어난 다른 무언가를 물질화시킨다는 것입니다. 하지만—그리고 이로 인해서 "부정의 방식"으로 돌아오게 되는데—주어진 것 너머, 고정된 것 너머, 선행하는 것 너머, 그 모두 적절한 표현이 아닙니다.

DH : 글쎄요, 부정의 방식은 본래 신의 문제와 관련해 발전된 사유의 양태지요.

CW : 물론입니다.

DH : 신의 정의… 신에 대해 긍정신학을 산출하려는 노력은 애초에 성공할 수가 없어요. 신은 모든 가능한 구체화를 초과하니까요. 모든 가능한 이름은 애초부터 실패할 수밖에 없는데, 명명될 수 없는 것의 초과성exeedingness 때문이죠. 게다가 명제 없이는 대상이 있을 수 없고, 명명될 수 없는 것, 이미 틀린 것을 통해 부를 수밖에 없습니다. 설령 그게 잘못되었어도 마찬가지입니다. 이 무한성, 비-실증성nonpositivity의 무한성.

CW : 아 이런, 다 이해했습니다.

DH : 음, 저에게도 완전히 이해돼요. 하지만 우리는 소수파라고 장담할 수 있어요! (웃음) 이제 뒤집어서, 문제가 더 이상 신이나 존재, 무한성과 같은 것이 아니라면, 결국은 유한성과 필멸성의 문제가 되죠. 신학에서 부정의 명명법은 무한성의 문제를 둘러싸고 발전했습니다. 제 생각에 문제는, 글쎄요, 이항적 대립…. 아시다시피 말하기가 좀 난감한데, 음, 왜인지 쉽게 아실 수 있을 것 같아요. (둘 다 웃음) 제 말은, 이런 일이 벌어지면 웃게 된다는 겁니다. 언어가 이렇게 만들죠.

CW : 물론이죠! 하지만 아시다시피 앞에서 관심사를 이야기하셨을 때(가이아에 대해 말씀하시기 전에요)….

DH : 지하의 신들이요.

CW : 네, 하지만 제 생각에 부정의 방식, 부정의 명명법은, 선생님의 사유를 최종적으로 전일론적인 어머니 대지Mother Earth와 같은 개념에서 구분해야 한다는 주장의 형태로 글에서 작동하고 있는 것 같습니다.

DH : 물론입니다. 둘이나 여럿에서 하나가 될 수는 없을 거예요. 바로 그게 부정의 방식이 막으려 하는 우상숭배거든요.

CW : 그렇지요. 그래서 제가 볼 때, 여기서 우리는 선생님의 작업과 니클라스 루만 같은 체계 이론의 후속 세대가 진행하는 작업 사이에 놓인, 매우 깊은 연결 관계로 돌아가게 되는 것 같네요. 왜냐면 루만은 자신이 하는 이차-등급 체계 이론second-order systems theory은 니콜라우스 쿠자누스Nicolaus Cusanus의 부정신학이라고 말한 적이 있거든요.

DH : 아, 그렇군요.

CW : 그리고 사실 제 생각에는 바로 같은 이유로, 육신이 된 말이란 더 크기 때문에 근본적으로 현존할 수 없기도 한 무언가의 물질화의 일종인 것 같습니다. 하지만 그건 "아, 손가락으로 찍을 수 있고 잡을 수 있죠"라는 의미에서 더 크지는 않습니다.

DH : 지시적으로indexically 다룰 수 없고, 전일론적으로 다룰 수 없고, 표상적으로 다룰 수 없죠. 제 말은, 부정의 방식은 무엇보다도 아주 진지하게 겸손함을 명령한다고 생각하거든요.

CW : 네, 네.

DH : 주말에 있었던 학회에서 나왔던 질문 같은 거죠. 도구가 벽에 부딪히면 어떻게 할까? 부정의 방식은 계속 이 질문을 해요. 도구가 벽에 부딪히면 어떻게 할까? 제가 진흙의 피조물이라고 말할 때는 저는 진흙으로 되어 있고—피조물이라는 말은 잊어주세요—저는 진흙으로 되어 있고, 진흙다움이 지속한다는 겁니다. 세계화, 공제작….

CW : 진창the muddling….

DH : 정말로, 저는 진창이 되고 있어요. 그리고 진창 속에 있죠 (최근 강의 제목에 그 단어를 썼답니다. 진창은 멋진 단어죠). 그래서 "진창 속에서 계속 되는대로 해나가기muddling along"는 생각 없음의 정의로 받아들여지지만, 사실 생각이 없는 것과는 꽤 다르죠. 그래서 제 생각에는 우리가 기호학적 육신성에 헌신하고 있을 때 우로보로스, 자신의-꼬리를-삼키는-뱀 같은 순간에 있다고 봐요. 이 표현은 요한의 "육신이 된 말씀" 대신 쓰는 건데요, 그 말이 전개된 신학적 경로와 좀 거리를 두고 싶기 때문이에요. 저는 기호학적 육신성semiotic fleshliness을 "물질적인 기호the material semiotic", 기호적 물질이라고 부르게 되었는데, 그 분리 불가능성을 일컫는 것이죠.

CW : 다 끝난 협상과 신학적으로 결별하려 하시는 거군요.

DH : 글쎄요, 저는 요한이 우리에게 다가온 경로인 헬레니즘과 거리를 두려 합니다. 그 특정한 신학 전통과 거리를 두고 싶은 거지요. 그리고 **우로보로스**를 포함해 촉수를 뻗은 존재들로 가득한 진흙 속에서, 아니면 진창 속에서, 뱀은 언제나 자기 꼬리를 삼키고 있습니다. 그것은 거대한 완성의 형상으로 여겨질 수 있지요.

CW : 전일론의 형상으로요. 그렇죠.

DH : 하지만 그렇게 되면 안 되죠. 무엇보다도 뱀… 글쎄요, 마지막에는 분비물 문제가 생길걸요. 왜냐면 또 다른 구멍이 있으니까요! 제 말은, 여기에서 다른 구멍이 활동하고 있다는 거죠! 뱀을 진지하게 생각하기 시작하면 전일론의 형상으로 쓸 수가 없어요. 하지만 물질적 기호, 육체적 기호 작용이 부정의 방식과 만나는 특별한 형상으로 간주할 수 있죠. 우로보로스적인 성질과 같은 것이 있는데요, 나사에서 촬영한 지구 전체 사진이든, 살아 있는 지구에 관해 러브록Lovelock이 주장한 가이아 가설의 변형(라투르가 설득력 있게 논의한 것처럼 잘못된 해석이죠)이든, 지구 전체의 형상을 그릴 수 없다는 걸 염두에 두게 되죠. 지구 전체는 어떤 형태로든 없어요. 더 오랜 전통을 따라도 마찬가지고, 우주 시대에 좀 더 가까운 방식이어도 마찬가지고요.

CW : 그래서 유토피아도 디스토피아도 받아들이지 않으시는 거군요.

DH : 그렇죠.

CW : 왜냐면, 문제가 되는 건—제가 볼 때는 선생님의 글에 대해 나누던 이야기의 내용과 데리다가 하는 것과 같은 작업을 한데 모이게 하는 아주 강력한 지점인데—문제가 되는 건 미래성 futurity과 미래성을 만드는 것이죠.

DH : 동의합니다.

CW : 정확히 말해, 어떤 방식으로든 무한성과 결부되지 않기 때문이죠.

DH : 과거-현재-미래와 관련이 없죠.

CW : 없죠. 그래서 이와 같은 역동적인 물질화 과정으로 강조점이 옮겨가게 됩니다.

DH : 동의해요. 그리고 바로 그 점 때문에 데리다를 좋아합니다. 선생님은 제게 데리다를 소개해주고, 필요하다고 느끼게 만들고, 읽고 싶게 만드는 분 중 하나죠. 그런 영향이 없다면 저는 그냥 "어, 무슨 이야기인지 다 알아. 그러게. 분명 훌륭하겠지"라고 말하고 말았을 겁니다. (둘 다 웃음) 하지만 제가 정말로 읽는 건….

CW : 하지만 저는 지금 두족류에 대한 글들을 읽고 있는데요!

DH : 지금 두족류에 대한 글을 읽고 있어요. 저런! (둘 다 웃음) 그뿐만 아니라 어슐러 르귄Ursula LeGuin을 다시 읽으면서 정말 많이 배우고 있지요! 정말로, 한 마디 한 마디 음미하고 곰곰이 생각하면서 읽고 있어요. 르귄과 저는 오늘 지구 생명체에 관한 이야기를 들려주고 이들을 보살피는 문제에 대해 짧은 이메일을 주고받았어요. 르귄은 거기에 "음악 하는-것"을 넣고 싶어

했어요. 그런 거예요. 디스토피아나 유토피아 없이 하는 것이요. 르귄 식의 "언제나 집으로" 오는 것 말입니다. 그리고 그녀의 책 《세상을 가리키는 말은 숲 *The Word for World Is Forest*》을 떠올려보면, 이 책의 끝에서—블록버스터 영화인 〈아바타 Avatar〉가 지적 재산 권 문제는 안중에도 없이 무참하게 짓밟은 책이죠—어쨌든, 르 귄과 관련된 또 다른 주제입니다. 하지만 《세상을 가리키는 말 은 숲》의 끝에서 토착민 지도자가 말하길, 서로를 죽이는 방법 을 모르는 척하는 게 불가능하다는 거예요. 르귄은 데리다와 마 찬가지로 유토피아적인 미래에 안착하거나 거기서 위안을 받 지 못합니다. 저는 데버라 버드 로즈가 오스트레일리아 선주민 족 스승 및 대화 상대와 더불어 두터운 현재 속에서 어떻게든 대답할 수 있는, 또 책임질 수 있는 상태에 있는 것, 그래서 이후 에 오는 사람들이 좀 더 조용한 세상에서 살 수 있도록 하는 것 이라고 부를 무언가에 의지하게 됩니다. 우리보다 앞서왔던 사 람들을 대면하는 거죠. 어쨌든, 저는 데리다와 공명하는 많은 작가에게서 배웠습니다. 그리고 저에게는 인용 장치가 아주 문 제가 된답니다. 데리다는 이론가로 굉장히 많이 인용되지만, 르 귄은 전혀 그렇지 못하거든요. 저는 제 생각의 출처를 정확하게 인용하는 문제에서는 타협의 여지 없는 구식 페미니스트입니 다. 데리다와 형제애로 맺어져 있지만, 아이디어를 얻는 건 아 니에요. (웃음) 제 자매들이 최고예요!

CW : 제 짐작이지만, 데리다는 르귄이 책으로 번 돈을 좋아할 것 같은데요. (웃음)

DH : 글쎄요. 하지만 제 위치는 아실 겁니다. 반쯤 농담이지만, 저 역시 엘리트 교육을 받았죠. 저는 중세 신학자들을 읽고, 하이데거를 읽고, 야스퍼스를 읽고, 생물학책을 읽고, 제임스 조이스도 읽었어요. 그러니까 저는 완벽한 엘리트 교육을 받았죠. 고마워라, 스푸트니크 덕분이죠. 천주교 신자 소녀의 두뇌가 교육을 받은 덕분에, 아이를 열 낳은 생명우선주의 활동가가 안 된 거죠. 스푸트니크 이후로 저는 국가의 인적 자원이 되었으니까요. 제 두뇌에 가치가 생겼고, 저는 아일랜드 천주교 생명우선주의 활동가가 되는 대신에 미친 듯이 교육을 받은 거죠.

CW : 스푸트니크 가톨릭이시군요!

DH : 저 스푸트니크 가톨릭 맞아요! 그러니까 분기점이 있었어요. 그때 저는 단정한 사람 같은 게 될 수 없었던 거죠. 그러니까 저는 냉전 시대의 특정 시점에 국가 자원이 된 거죠. (둘 다 웃음) 겸손할 수밖에 없어요!

CW : 상황을 설명하는 데 아주 좋은 틀인 것 같아요. 그리고 선생님 작업의 훌륭한 측면이라고 생각합니다. 어쩌면 이에 대해 더 많이 이야기해볼 수도 있을 것 같네요. 어쩌면 더 말씀하고 싶으실 수도 있을 것 같고요. 제 생각에, 선생님의 글에 등장하는 천주교의 힘에 물꼬를 트고 산소를 불어넣어 주는 것이, 우리가 해낸 것이라고 생각하지만, 아시다시피 혼자 계셨던 건 아니죠. 앞서 언급하신 것처럼요. 그러니까 이자벨 스텐저스가 있고 라투르가 있지요.

DH : 어머나, 천주교가 꽤 큰 몫을 했군요!

CW : 저는 이런 게 궁금해지는 거죠. "어, 무슨 일이 벌어지고 있는 거지?!" (웃음)

DH : 어휴! (웃음) 잠시만요. 정말로 유대인과 천주교인이 다 점령하는 중이군요! 의미심장한 데가 있다고 봐요. 제 생각에 개신교인들은 기름이 다 떨어진 거 같은데요. 신의 가호가 그들과 함께해서, 너무 빨리 떨어지지는 않기를. 물론 농담이에요.

CW : 하지만 재미있는 현상인 것 같은데요.

DH : 하지만 앞서 말한 내용 중에서 특별한 소명은 언급하지도 않고, 다루지도 않았죠, 다행히도. 문자화된 기록으로 남아 있는 다양한 토착 전통의 사상가들 말인데요, 더는 간과할 수 없습니다. 이와 같은 전통에서 나온 사람들은 자신들의 현재와 과거 유산을 새로 구성하는 중이지요. 전 세계의 다양한 이슬람 사상가들과 다른 사람들은 말할 것도 없고요.

CW : 그건 다른 선언문이 되겠죠.

DH : 정말로 거대한 현상이죠. 우린 아직 다른 위대한 문자 전통에 대해서는 말조차 꺼내지 않았어요. 우리는 지역적으로 너무 편협한 데다가 편협함을 곧바로 언급까지 하고 있죠.

CW : 그러게요.

DH : 이 말을 하고 난 다음에는 다시 말할 수 있죠. 천주교인과 유대인들이 점령하고 있죠! (둘 다 웃음) 결국, 신의 가호 덕분에 마침 이 자리에 있네요! (계속 웃음)

코스모폴리틱스, 구성, 퇴비

CW : 음, 이 질문으로 대화를 마무리했으면 싶네요. 이자벨에 대해 이야기를 했죠. 말씀드린 것처럼, 포스트휴머니티 시리즈에서 번역 출간된 〈코스모폴리틱스cosmopolitics〉 프로젝트에서 제일 좋아하는 점은, 이자벨이 본질적으로 종교에 대한 리처드 도킨스의 공격에 대응했다는 겁니다. 그리고 거기에 대한 그녀의 코스모폴리틱한 대답인데, 제 생각에는….

DH : 아주 근본적인 대응이죠.

CW : 눈에 띄게 사려 깊고 예리하지만, 또 매우 강력하고 날이 선 때도 있습니다. 그리고 선생님께는 이걸 여쭤보고 싶었는데, 철학에 관해서도 이야기했고, 이론에 관해서도 이야기했고, 전부가 아닌 특정한 부류의 독자들과 특정한 부류의 전문성이 개입된 주제들에 관해 이야기를 나누었죠. 진짜 쟁점이 이런 게 아닌가 싶은데요, 선생님의 글을 비롯해, 많은 사람에게서 배운 것이죠. 정치적 효과와 사회 변혁의 관점에서 말입니다. 저로서는 답이 정말로 묘연한 질문을 하나 드리고 싶습니다. 현재 미국에서 50퍼센트 이상의 사람이 창조론을 믿는 시점에 코스모폴리틱한 반응은 어떤 형태가 될까요? 바로 이 50퍼센트 이상의 사람들이 지구온난화는 없다고 말할 겁니다. 나라의 절반이 이걸 믿고 다른 반쪽은 그 사람들이 미쳤다고 생각하고, 그 반대도 마찬가지인 상황에서 코스모폴리틱한 반응은 뭘까요?

DH : 반대도 마찬가지죠.

CW : 거대한 질문인 것 같습니다.

DH : 절대적으로 동의합니다. 시급한 문제이고, 이런 구조와 연결된 질문들의 더미 중 하나일 뿐이고 그래서….

CW : 그래서 어디서 시작하면 좋을까요?

DH : 시작할 수 있는 지점이 있는 것 같아요. 이미 시작한 사람들과 꼭 연결된 상태에서 확장하고 생각해야 해요. 저는 이자벨의 "너무 빨리는 말고not so fast"에서 출발하고 싶네요. 다원주의적 입장은 사람들을 한 테이블에 불러다 앉혀놓고 충분히 오래서로 이야기를 나누게 할 수 있다면, 어떻게든 서로 충분히 이해하게 되어서 공동선을 위한 결정을 내릴 수 있게 된다고 상상해왔죠. 근본적으로 자유민주주의의 다원론 모델인데, 고장난 게 분명합니다. 아시다시피 그 모델에 마음이 끌리지 않는 사람이 누가 있겠어요? 이 모델에 어떤 문제가 있는지 알고 있지만, 버리는 건 지나치죠.
　　그래서 이자벨은 코스모폴리틱한 사유를 통해 이 점에 주의를 기울이게 합니다. "불러주셔서 감사하지만, 저는 아닙니다. 당신 테이블에 앉기는 싫어요. 저는 빼주세요. 당신으로서는 무한히 포용하고 있다고 생각하실 수도 있겠지만, 솔직히 저는 빼주시고요, 서두르지는 마세요"라고 진심으로 말하고 싶어 하는 사람들은 어떻게 할까요. 여기서 조금 엿보이는 구조가 이런 것이라고 생각해요. 이처럼 근본적인 분열은 다면적입니다. 굉장히 중요한 종류에 해당하는 잘못된 동일시misidentification가 있어요. 예를 들어서 지구온난화/기후변화 복합체에 관련해서요. 수전 하딩은 이게 음모론이라고 주장하는 많은 사람, 그러니까 벌어지지 않는 일이라거나, "주님께서는 그런 일이 벌어지게 하지 않으실 것"이며 섭리가 다스릴 것이라거나, "과학 거부자"든 뭐든, 이런 사람 중 상당수가 거대 정부에 정말로 화가 나 있고, 콕 집어 말해 거대 정부가 늘 우리를 망하게 만들고, 거대 과학이 늘 우리를 망하게 했다고 생각할 수 있죠. 물론 같은 사람들이 주요 농업 보조금 수혜자일 수 있습니다. 예를 들어 캔자스의 경제가 연방정부에서 얼마나 많은 보조금을 받고 있는지 생각해보세요. 하지만 수전의 말로는, 벌어지는 일이 많을 때는 전체가 근본적으로 종교적 문제로 부쳐지고, 이때는 무슨 일이 벌어지고 있는지 정확하게 가려내는 게 중요합니다. 그렇다면, 이런 문제에 관한 한―캔자스를 다시 예로 들면―"창조/보살핌" 파의 사람들은 기독교인의 사명이라고 할 수 있는 윤리적인 자연 관리의 실패에 정말 화가 나 있어서, 동물을 더 잘 보살피고 기후를 망치지 않으려 대단히 애를 쓰고 있다는 사실을 언급할 필요가 있습니다. "진화"라는 말을 꺼내는 순간 문을 열고 나가버리겠지만, 좋은 관리란 어떤 것인지 물으면 실용적인 대화를 할 수가 있지요.

그렇다면, 왜 질문들을 단번에 제기해야 하겠어요? 확신하는 것을 좀 쪼개서 생각하면 안 될까요? 저는 과학자이고요, 저는 지구상 생명 진화의 역사를 아주 확신합니다. 그리고 저는 기후 모델을 만드는 사람들이 틀렸기보다는 옳다고 확신해요. 아시죠, 저는 대단히 많은 것들을 확신하는데, 그 이유는 제 생각에, 브뤼노가 말하는 의미에서, 네트워크가 매우 강하기 때문이에요. 이런 것은 강한 검증을 버텨낼 수 있지요. 글쎄요, 저 같은 사람들은 나라의 절반을 차지하는데 좀 흩어질 각오를 해야 하고, 이자벨이 코스모폴리틱한 사유를 통해 "실천의 생태"라고 부르는 것에 개입할 필요가 있지요. 그래요, 여기 캘리포니아 중부 연안은 가뭄이 심해요. 물에 대해서 생각을 해보죠. 물에 대해서, 아시겠지만 "지구온난화가 일으킨"이라는 말로 문장을 시작하지 맙시다. 어떤 사람들은 그렇게 생각하고, 다른 사람들은 아니겠죠. 우리 공동체에서 우려하는 것은 물이에요. 그 문제만으로도 매우 힘들죠.

CW : 우리 모두에게 공유되었다고 동의하는 문제에서 출발하자는 말씀이시군요.

DH : 모두가 공유하는 문제인데, 해결 방법에 대해서는 상당히 다른 생각을 지니고 있죠. 지금까지 매우 힘들었습니다. 기후변화에 대한 과학적 입장이 성립되지 못했다거나, 상대주의가 통치한다는 뜻이 아닙니다. 끝없이 분산되는 세계들 속에서 지속성을 가능한 형태로 구성하는 방법을 배우는 것이죠. 그리고 확고한 결심을 통해 코스모폴리틱한 실천을 지속해야 합니다. 충분히-공통된 세계를 구성할 수 있는 실천 양식들에 집중해서요. 브뤼노도 이런 이야기를 하죠. 공통성은 대문자 C의 "Common"이 아닙니다. 어떻게 하면 캘리포니아주와 그 지역에서 더 나은 물관리 정책을 만들 수—구성할 수—있을까요? 어떻게 하면 매도하거나 강요하는 대신, 구성하는 방법을 정말로 배울 수 있을까요?

CW : 그리고 여쭤봐야 할 것이—지난 며칠 동안 아주 중요한 용어인 "우리"라는 표현을 쓰면서 이야기를 해왔는데—여기서 "우리"는 누구인가요? (저에게는 독자가 누구인가라는 문제인데요.)

DH : 그러면 그 경계를 밟고 서서 "나는 이 과정의 일부가 되고 싶지 않아"라고 말하는 사람들이 있지요.

CW : 그렇죠. 그리고 그다음 차례가 되는 질문은, 보통 이론이 아니라 화법의 문제죠. 청중과 화법에 신경을 쓰지 않으면—20년에서 25년 전에 동물권 활동가였던 경험을 얼마간 떠올리면서 말씀드리는 것인데—바로 깨닫게 되는 점은 청중에 따라 다른 화법을 쓸 수 없다면….

DH : 일에 요령이 없는 거죠.

CW : 아무런 결실도 생기지 않죠.

DH : 음, 다른 화법을 구사하거나 다른 도구 상자를 구하지 않는다면 동물을 진심으로 아끼지 않는 거죠. 그리고 또, 다른 **존재론적 접근법**도 있어야겠죠. 다른 구성compositions, 다른 세계화에 적절히 대응할 방법이요.

CW : 맞아요. 그리고 이 점에서 저는 이자벨의 작업이 브뤼노의 작업보다 더 쓸모 있다고 생각합니다.

DH : 저는 이자벨의 생각이 매우 급진적이라고 봐요.

CW : 제 생각에 이자벨은 듣는 능력이 더 뛰어난 것 같아요. 어쩌면 더 잘 듣기만 하는 게 아니라, 화법의 문제가 얼마나 신속하고 유연하며, 말씀하시듯이 뭐랄까, 머뭇거리면서 자문한 결과인지에 대해 더 나은 감각을 지닌 게 아닐까, 이렇게 말씀하시지 않을까 합니다.

DH : 이자벨과 브뤼노에게 겹치는 점도 많아요.

CW : 아, 물론, 많이 겹치죠.

DH : 오랫동안 깊고, 밀도가 있고, 애정 어린 교환을 해왔죠.

CW : 물론이죠.

DH : 그래서 말인데….

CW : 둘은 다른 종류의 작업을 하죠.

DH : 다른 종류의 작업을 하죠. 다른 공동체를 참조해서 생각하기도 하죠—이 점에 대해 저는 이자벨이 스타호크의 글을 많이 참고한다고 생각해요—프리고진Prigogine, 들뢰즈, 화이트헤드 같은 사람들뿐 아니라….

CW : 마지막으로 이자벨을 만났을 때 또 누구 이야기를 했었는지 알려드리죠. 윌리엄 제임스William James였어요.

DH : 틀림없죠. 제임스는 이자벨에게 정말 중요해요.

CW : 그리고 실용주의가 있지요. 이자벨에게 이렇게 말했습니다. "저는 선생님을 우선 실용주의 사상가라고 생각합니다."

DH : 분명 수긍했겠죠.

CW : 수긍한 정도가 아니라 이렇게 말씀하시더군요. "이건 유럽에 없으면서도 저에게는 정말, 정말로 중요한 철학적 원천이자 전통입니다. 제임스 같은 사람만이 아니라 더 넓은 실용주의 전통을 만난 덕분에 저 자신의 생각에 도달하게 되었죠."

DH : 네. 한번 보죠. 들뢰즈, 제임스, 그리고 실천의 전통들. 이자벨은 실천에 관심이 있습니다. 위카를 종교로서 신봉하는 게 아닙니다. 한데 모여서 세계를 만들 수 있는 실천 양식에 관심을 갖는 거죠. 들뢰즈, 제임스, 스타호크 이 세 사람 모두 이자벨과 브뤼노가 다른 점을 일부 잘 보여줍니다. 제 생각에 이 둘은 서로의 차이를 높이 평가하는 것 같습니다. 제 생각이지만, 행위자-네트워크의 질문들과 관련해서는 둘 사이에 겹치는 부분이 정말 많죠. 음, 기호학이죠. "행위자-네트워크 이론Actor-network theory"은 너무 환원적이에요.

CW : 가장 일반적인 의미에서 기호학이죠.

DH : 퍼스Peirce 전통의 기호학이죠. 사실 그 측면에서 브뤼노와 이자벨은 실용주의의 유산에서 수렴합니다. 제 생각에 브뤼노는 상황에서 비롯된 여러 가지 이유들 때문에 현재의 조합에서 생각하는 데 중요한 자원들 일부에 대해 저항감을 보였던 것 같아요. 푸코가 그중 하나고, 마르크스가 또 그렇죠. 페미니즘 전통 전체도 그렇지만 이제 변하는 모습이 보여요. 브뤼노는 페미니즘 사유는 훨씬 더 많이 인식하게 되었고 궁금해하지만, 그 성과물을 자신의 주장이나 형상화에 활용하는 건 아주 힘들어했던 것 같아요. 이제 페미니즘 글들은 훨씬 더 많이 인용하지만, 막 실제로 사용하기 시작한 정도에요. 그런데 왜 그럴까요? 저는 그 사연 전체를 알지는 못해요. 저는 브뤼노를 매우 가까운 친구이자 대화 상대로 생각합니다. 한때 브뤼노는 "부엌 싱크대 증후군"이라고 부른 것(짐 클리포드Jim Clifford는 실제로 그렇게 불렀어요) 때문에 저한테 몹시 화가 났어요. 제가 갖고 싶은 걸 모조리 다 집어넣어버리고 말았거든요! (둘 다 웃음) 하지만 브뤼노는 훨씬 신중하게 생각하죠! 저보다 진창에는 덜 빠져 있는 것 같네요.

CW : 저라면 그가 더 신중한 사상가라고 하지는 않겠지만, 무슨 말씀이신지 알 것 같아요.

DH : 무슨 말인지 아시겠죠.

CW : 무슨 말씀이신지 알겠고, 제 생각에 다른 사람들도 동의할 것 같아요. 그러니까 제게는, 사유의 실천은 글쓰기의 실천입니다. 말씀하신 것처럼, 물질화의 실천 양식이죠. 만약 20세기 철학이 가르쳐준 것이 있다면 바로 그 점이죠.

DH : 그렇죠.

CW : 그 때문에 하이데거는 "세계는 세계화한다 the world worlds" 같은 말을 남겼고, 우리가 하는 일들의 전체 계보가 거기서 비롯되죠.

DH : 물론입니다.

CW : 그리고 대부분이 "기표"라고 부르는 것이 "육신이 된 말"에서는 물신이 된다고 여기시는 이유가 되겠죠.

DH : 네, 저는 좀 다른 일을 하고 있죠.

CW : 그래서 제가 볼 땐, 브뤼노와는 좀 다른 일을 하고 계신 것 같아요.

DH : 정말 많이 겹치지만, 또 굉장히 다르기도 하죠.

CW : 이론적으로 겹치지만, 실천으로서는 실제로 매우 다르죠.

DH : 실천 양식으로서는 다른 작업이에요. 하지만 잠깐, 브뤼노가 파리의 시앙스포Sciences Po에서 하는 작업, AIME 프로젝트, 그리고 이자벨이 브뤼셀의 GECOgroupe d'etudes constructivistes에서 하는 일들을 보세요. 둘 다 정말로 서로에게 연결되어 있어요. 글쓰기도 그렇고 다른 많은 점들에서 그렇죠. 예를 들어 브뤼노의 경우 연극 연출에 참여한다거나, 지구과학자들과 공동 작업을 하거나, 차이를 만들기 위해 서로 다른 세계들을 함께 모으는 것에 참여하는 새로운 방식들을 고안합니다. 여기에는 브뤼노의 실천 방식이, 제가 볼 때에는, 그에게 잘 맞는 스타일의 진창 속에 머물러온 방식이 있어요. 이자벨도 마찬가지죠. 공동작업자, 학생, 동료들의 글에서도 엿볼 수 있죠. 둘의 프로젝트에서 드러나는 측면입니다. 제 생각에 파리에 있는 브뤼노와 브뤼셀에 있는 이자벨은 생성으로 연결되는 작업을 다양한 형태로 육성하는 데 크게 기여한 것 같습니다. 저는 우리가 함께 실뜨기 놀이를 하고 있다고 느낀답니다.

CW : 그리고 선생님은 북미에서 천주교 요새를 점령하고 계시죠! (둘 다 웃음)

DH : 적어도 산타크루스에서는요!

산타크루스에서 온 크툴루세

DH : 우리 대화를 〈크툴루세 선언Chthulucene Manifesto〉의 씨앗으로 마무리하고 싶습니다. 나의 크툴루세는 필멸의 구성체가 서로에 대해, 서로와 함께 위태로운 관계에 있는 시대입니다. 이 시대는 회절하는 그물망의 그 모든 시간성, 특수성, 물질성으로 된 무수한 촉수들이 발산하는, 땅의, 지속적 힘의 카이노스(-세)입니다. 카이노스는 섬유질이 두텁게 뭉친 "현재"의 시간성으로, 고대의 것이며 아니기도 합니다. 크툴루세는 있었고, 지금 있으며, 다가올 현재입니다. 크툴루세는 끝없이 회절되는 시공간입니다(캐런 바라드가 양자장quantum fields에 대해 쓴 글을 염두에 두길 바랍니다). 이런 힘들은 모두 테라에서 솟아오릅니다. 이 힘들은 파괴적/생성적이며 쉽게 다룰 수 없습니다. 힘들은 아직 완성되지 않았습니다. 어쩌면 매우 무서운 힘일지도 모릅니다. 그 재출현은 섬뜩한 사건일 수도 있습니다. 이런 사건이 속한 장르는 희망이 아니고 도전적인 응답의-능력, 책임일지도 모릅니다. 대지의 힘은 도발을 일삼는 어리석은 자들을 죽일 것입니다. 죽어도 사라지지 않는 이 어리석은 자들의 영령은 끝을 모르는 파괴의 촉수에 갇힐 것입니다.

생성하고 파괴하는 지하의 힘들은 라투르와 스텐저스의 가이아와 친족입니다. 이 힘들은 어머니가 아닙니다. 이들은 길들여지지 않고 죽을 운명인 메두사, 뱀과 같은 고르곤입니다. 그들은 위를 올려다보는 자들, 스스로를 인류라 부르는 사물에는 관심이 없습니다. 위를 올려다보는 자들은 방문하는 법, 예의 바르게 행동하는 법, 고통을 주지 않고 호기심을 추구하는 법을 전혀 모릅니다(뱅시안 데스프레Vinciane Despret와 한나 아렌트를 기억하십시오). 인류세에서(저 또한 필요해진 명명법입니다) 지하의 존재자들은 바다·육지·대기·물에서 산업·초이동·자본화를 추구한 이들의 오만함이 야기한 이중의 죽음을 가속화하거나 그 과정에 가담할 수 있습니다. 인류세에, 촉수가 달린 이는 핵이며 탄소 섬유입니다. 이들은 화석을 만드는 인간, 더 많은 화석을 강박적으로 태우고 암울하게 지구의 에너지를 비웃고, 점점 더 많은 화석을 만드는 인간을 불태웁니다. 인류세를 맞아 지하의 신들도 활동합니다. 모든 활동이, 최소한 인간의 것은 아닙니다. 암석 안에, 바다의 화학식으로 쓰인, 솟구쳐오르는 저 힘들은 무섭습니다. 이중의 죽음은 신들린 허공과 밀월을 즐깁니다.

지하의 존재들은 다른 존재들과 잡다하게 뒤섞인 채 더불어-되기를 해가는 인간 거주자들human people을 아우르며 땅에 속하는 모든 이들에게 스며들 수 있습니다. 그들 마음먹기에 달린 일입니다. 이 모든 존재는 살고 죽습니다. 잘 살고 잘 죽을 수 있으며, 고통과 죽음을 겪는 한이 있어도 번성할 수 있지만, 삶을 위해서 이중의 죽음을 집행할 필요는 없습니다. 지구의 존재, 인간인 사람들을 포함해 다채롭고 사치스러운 세계의 허기를 채우는 생명력의 재출현(애나 칭의 유형)을 재촉할 수 있습니다. 크툴루세는 "홀로세"였고, 홀로세이며, 그 재출현—지속—으로 가득 찬 것일 수 있습니다. 홀로세는 야생적이고, 가꾸거나 가꾸지 않았으며 위험하지만, 인간 거주자를 포함해 언제나 진화하는 생명체들에게는 늘 풍족합니다. 위험하고 뒤죽박죽인 크툴루세는 우리의 고향 세계, 테라의 시간성입니다. 회복, 부분적 연결, 재출현에 관심을 기울이는 우리는 모두 촉수의 뒤얽힘 속에서 모든 것을 우리 식으로 재단하고 묶으려 애쓰지 않으면서도 잘 살고 잘 죽는 법을 배워야만 합니다. 촉수는 감각기관입니다. 촉수에는 침이 박혀 있습니다. 촉수는 세계를 맛봅니다. 인간 거주자들은 촉수의 생물군계holobiome 안에서 그것을 이루고, 인류가 연소시키고 추출하는 시간은 한때 균류의 물질성 및 시간성과 매우 다른 방식으로 연대하던 숲과 농장 그리고 산호초가 있던 곳에 놓인 단작單作 플랜테이션 지대 및 점균의 판과도 같습니다.

인류세는 짧을 것입니다. 인류세는 시대라기보다는 K-Pg 경계(백악기-고제3기의 경계)와 같은 경계 사건입니다. 이는 스콧 길버트가 제안한 것입니다. 두터운 카이노스의 돌연변이가 또 하나 이미 시작되었습니다. 질문은 오직 하나. 인류세/자본세/플랜테이션세라는 "경계 사건"이 짧은 까닭은, 이중의 죽음이 모든 곳을, 하물며 인류와 그 친족의 무덤까지도 다스리기 때문일까요? 아니면 인간 거주자들을 포함한 다종적 존재자들,

크툴루세의 생성적 힘들과 찰나 속에서 연대하며 되돌릴 수 없는 손실에 직면해 힘을 다시 분출시키고 망가진 세계를 군데군데 치유함으로써, 오래됨과 동시에 새로운 세계화가 풍성한 모습으로 뿌리내릴 수 있게 하기 때문일까요? 포스트휴먼 대신 퇴비를.

크툴루세를 채우는 이들은 이야기꾼입니다. 어슐러 르귄은 글이면 글마다 최고의 입담을 과시합니다. 미야자키 하야오도 있습니다. 〈바람계곡의 나우시카Nausicaä of the Valley of the Wind〉를 기억하십시오. 그리고 이누피아크Iñupiaq의 온라인 게임 '네버 얼론 Never Alone'을 기억하십시오. 예고편을 보십시오! (http://never-alonegame.com)

이러한 이야기꾼들과 함께 등장할 나의 다음 선언은 "아기 대신 친족을 만들자!"가 될 것입니다.

감사의 글

친구, 학생, 동료, 친족, 동지, 비평가, 사서, 개, 개의 반려인들, 개가 아닌 생명체들, 출판사, 편집자, SF 작가, 예술가, 사회 운동, 서점, 펀딩 지원자, 번역자 그리고 다정하면서도 악의 넘치는 디지털 존재자 등 이 책이 출간될 수 있도록 도움을 준 이들을 모두 열거하고 감사의 마음을 전하기란 불가능하다. 나는 글의 맨 처음부터 분명하게 밝힌 것처럼 서로 생각을 자극하면서 함께 글을 구성하는 과정이 얼마나 밀도 깊었는지 인용을 통해 표현하려 했다. 두 선언문은 크고 건방진 두 공동체에 뿌리내리고 있으며, 이들 공동체에 읽게 하고 그들을 옹호하려는 생각으로 작성했다. 나는 감사의 뜻을 충분히 표현할 수 없을 만큼 큰 신세를 졌다. 하지만 인용은, 강도 높은 작업과 공력을 쪽마다 채우는 출판사와 편집자의 도움을 정당하게 표현하는 방법이 되지 못한다. 여기서 나는 내 책과 논문들이 지난 40년에 걸쳐 공공재로 성장할 수 있도록 해준, 매우 너그럽고 솜씨 좋은 사람들 몇몇의 이름을 적고 싶다.

너무나 보고 싶은 동지이자 동료 제프리 에스코피어는 1980년대 초반 《사회주의 리뷰》에 〈사이보그 선언〉을 게재할 수 있도록 해주고 편집도 해주었다. 이후 벌어진 일들은 전부 제프리의 책임이다. 윌리엄 제르마노William Germano는 《영장류의 시각*Primate Visions*》부터《겸손한_목격자@제2의_천년.여성인간©_앙코마우스™를_만나다*Modest_Witness@Second_Millennium*》에 이르는 책들을 가꿔주었다. 윌리엄은 루틀리지 출판사에서 책다운 책을 정말 오랫동안 계속해서 낼 수 있도록 하면서, 진지한 출판물에 위협이 되는 신자유주의적 기업화가 만연한 세상에서 우리를 보호해주는 방패가 되었다.《한 장의 잎사귀처럼*How Like a Leaf*》으로 출간된 책 분량의 인터뷰를 수행하고 편집한 사이어자 니콜스 구디브*Thyrza Nichols Goodeve*는 대화를 출판할 때 협업이 어떻게 진행될 수 있는지 알려준 사람이다. 그레이트 피레니즈 파수견을 데리고 있는 마셜 샐린즈*Marshall Sahlins*는 프리클리 패러다임 프레스에서 〈반려종 선언〉을 출판할 수 있도록 해주었다. 마셜 역시 매슈 엥겔키*Matthew Engelke*와 함께 이후 벌어진 일들에 책임을 져야 한다. 캐리 울프는《종들이 만날 때》를 출판할 수 있게 해주었고, 이 책에 수록된 공동 작업 텍스트를 계획하고 인터뷰하고 대담을 진행하고 편집하는 데 여러 날을 보냈다. (캐리와 나는 라이스 대학교 영문학과의 세스 모턴*Seth Morton*에게 이 책의 후반부에 수록된 장장 다섯 시간에 이르는 대화를 녹취해준 데 감사의 뜻을 표하고 싶다.) 캐리의 우정과 동료애는 매우 드문 재능인데, 이 우정은 훌륭한 개들 덕분에 가능하기도 했다. 더군다나 캐리는 나를 미네소타 대학교 출판부에 있는 더그 아르마토*Doug Armato*에게 소개해주어서, 깊은 배려를 받을 수 있게 해주기도 했다. 더그는 다른 소중한 대학 출판부의 가까운 동료들과 함께, 학술서가 많이 출간될 수 있도록 노력을 계속해가고 있다. 특히 듀크 대학교 출판부의 켄 위소커Ken Wissoker는 내가 가장 좋아하는 저자들과 논문들(그리고 나의 논문들)이 수록된 책들을 매우 많이 출간할 수 있도록 도움을 주었다.

일일이 열거할 수 없을 만큼 많은 교열 편집자, 새로 임용되거나 오래 근무해온 학계 동료들은 막 나가는 내 선언문을 한 쪽 한 쪽 살피면서 읽을 만한 글로 만드는 데 도움을 주었다. 그래도 지나친 감이 있지만, 그들의 잘못은 아니다. 내가 얼마나 분명하고 호들갑스러운manifestly, excessively 감사의 뜻을 표하고 싶은지 모두 알아주었으면 한다!

해러웨이 선언문

인간과 동물과 사이보그에 관한 전복적 사유

초판 1쇄 발행 2019년 7월 15일
초판 4쇄 발행 2023년 9월 25일

지은이 도나 해러웨이
옮긴이 황희선
펴낸이 김현태

펴낸곳 책세상
등록 1975년 5월 21일 제2017-000226호
주소 서울시 마포구 잔다리로 62-1, 3층(04031)
전화 02-704-1251
팩스 02-719-1258

이메일 editor@chaeksesang.com
광고·제휴 문의 creator@chaeksesang.com
홈페이지 chaeksesang.com
페이스북 /chaeksesang **트위터** @chaeksesang
인스타그램 @chaeksesang **네이버포스트** bkworldpub

ISBN 979-11-5931-364-6 03330